Wahl der Schwerbehindertenvertretung 2026

Irene Husmann

Wahl der Schwerbehinderten-vertretung 2026

Handlungsanleitung mit Wahlordnung und allen Formularen

9., überarbeitete und aktualisierte Auflage

BUND
VERLAG

Bibliografische Information Der Deutschen Nationalbibliothek
Die Deutsche Nationalbibliothek verzeichnet diese Publikation in der Deutschen Nationalbibliografie; detaillierte bibliografische Daten sind im Internet über http://dnb.d-nb.de abrufbar.

9., überarbeitete und aktualisierte Auflage 2026
Nachdruck Juli 2026

Umschlag: Bernd Adam, Weinheim
Coverabbildung: mauritius images/Rawf8/Alamy/Alamy Stock Photos
Satz: Dörlemann Satz, Lemförde
Druck: CPI books GmbH, Birkstraße 10, 25917 Leck

ISBN 978-3-7663-7606-0

kontakt@bund-verlag.de
www.bund-verlag.de

Vorwort

Alle vier Jahre finden die Wahlen der Schwerbehindertenvertretungen statt. Mehr als eine Million schwerbehinderte Beschäftigte in deutschen Unternehmen wählen dabei ihre Interessenvertretungen. Die Kolleginnen und Kollegen, die dieses Amt ehrenamtlich übernehmen, leisten eine großartige und unverzichtbare Arbeit: Sie sorgen dafür, dass Menschen mit Behinderungen gehört und ihre Belange im Betrieb angemessen berücksichtigt werden. Beschäftigte mit Behinderungen sind in besonderem Maße auf starke und durchsetzungsfähige Interessenvertretungen angewiesen. Deshalb setzen sich der DGB und seine Gewerkschaften mit Nachdruck dafür ein, diese wichtige Arbeit zu unterstützen.

In den vergangenen Jahren hat die Arbeit der Schwerbehindertenvertretungen noch weiter an Bedeutung gewonnen. Als Inklusionsexpertinnen und -experten befassen sich die Vertretungen mit komplexen und anspruchsvollen Aufgaben. Sie tragen unter anderem dazu bei, dass langzeiterkrankte Beschäftigte ihren Arbeitsplatz behalten können, und eröffnen jungen Menschen mit Behinderungen Perspektiven für eine betriebliche Ausbildung.

Gleichzeitig bestehen in der Praxis nach wie vor zahlreiche Hürden, die die Arbeit der Schwerbehindertenvertretungen erschweren. Gewerkschaftlich organisierte Kolleginnen und Kollegen bringen diese Erfahrungen in die Gremien und Arbeitskreise der Gewerkschaften und des DGB ein. Dort werden Probleme miteinander besprochen, genau analysiert und gemeinsam geeignete Lösungsansätze entwickelt. Zentrale Themen der vergangenen Jahre waren dabei zum einen die unzureichenden Ressourcen der Schwerbehindertenvertretungen wie auch ihre oftmals mangelhafte Beteiligung durch die Arbeitgeber. Der DGB hat daher immer wieder klare Forderungen an den Gesetzgeber formuliert, um die Rechte und Handlungsmöglichkeiten der Schwerbehindertenvertretungen abzusichern und auch zu stärken. Eine zentrale Forderung ist und bleibt, dass alle personellen Einzelmaßnahmen, die schwerbehinderte Beschäftigte betreffen, immer dann unwirksam sind, wenn die Schwerbehindertenvertretung nicht informiert und angehört wurde.

Einige wichtige gewerkschaftliche Forderungen konnten in den letzten Jahren aber auch durchgesetzt werden. Bereits 2017 gab es deutliche Verbesserungen bei der Freistellung der Schwerbehindertenvertretungen, bei der Einbindung der Stellvertreterinnen und Stellvertreter sowie bei deren Schulungsansprüchen. Zudem wurde klargestellt, dass die Kündigung eines schwerbehinderten Beschäftigten ohne vorherige Anhörung der Schwerbehindertenvertretung unwirksam ist. Darüber hinaus wurde der Behinderten-Pauschbetrag in der Einkommensteuer im Jahr 2021 verdoppelt – die erste Erhöhung seit 1975. Ebenfalls von großer Bedeutung ist die Einführung einer vierten Staffel der Ausgleichsabgabe im Jahr 2024: Unternehmen mit einer Beschäftigungsquote von null Prozent zahlen nun deutlich höhere Beiträge. Diese Verbesserungen sind ein gemeinsamer Erfolg von DGB, Gewerkschaften und Schwerbehindertenvertretungen.

Dennoch bleibt weiterhin viel zu tun. Menschen mit Behinderungen werden am Arbeitsmarkt weiterhin strukturell benachteiligt. Die Arbeitslosenquote schwerbehinderter Menschen liegt deutlich über dem Durchschnitt. Im Jahr 2024 betrug sie 11,6 Prozent, während die vergleichbare allgemeine Arbeitslosenquote bei 7,3 Prozent lag. Zudem bleiben schwerbehinderte Arbeitslose weiterhin deutlich länger ohne Beschäftigung als andere Arbeitslose – und dies trotz ihrer im Durchschnitt besseren Qualifikationen. Dieser Zustand steht im Widerspruch zur UN-Behindertenrechtskonvention, die Deutschland im März 2009 ratifiziert hat. In Artikel 27 wird das gleiche Recht von Menschen mit Behinderungen auf Arbeit anerkannt. Darüber hinaus fordert die Konvention eine inklusive Arbeitswelt mit sicheren und gesundheitsförderlichen Arbeitsbedingungen für alle Beschäftigten. Von diesem Ziel einer inklusiven Arbeitswelt sind wir in der Praxis jedoch noch weit entfernt.

Als Gewerkschaften treiben wir die Inklusion in der Arbeitswelt weiterhin entschlossen voran. Ein flächendeckend gutes Betriebliches Eingliederungsmanagement, barrierefreie Arbeitsstätten und starke Interessenvertretungen sind für uns die nächsten wichtigen Schritte für eine barrierefreie Arbeitswelt im Sinne der UN-Behindertenrechtskonvention. Gleichzeitig gilt es, Menschen mit gesundheitlichen Einschränkungen und Behinderungen in die Arbeitswelt von morgen mitzunehmen und sie insbesondere in wirtschaftlichen Krisen besonders zu schützen. Die Schwerbehindertenvertretungen sind dabei unverzichtbare Akteure. Ihr täglicher Einsatz für die Rechte von Menschen mit Behinderungen ist ein aktiver Beitrag zur Verwirklichung der Menschenrechte.

Für diesen Einsatz möchte ich Euch an dieser Stelle herzlich danken und Euch auch weiterhin viel Kraft und Erfolg wünschen!

Anja Piel
Mitglied des Geschäftsführenden
Bundesvorstandes des DGB

Inhaltsverzeichnis

Abkürzungsverzeichnis

a. a. O.	am angegebenen Ort
Abs.	Absatz
AiB	Arbeitsrecht im Betrieb (Zeitschrift)
a. M.	anderer Meinung
Anm.	Anmerkung
AP	Arbeitsrechtliche Praxis (Nachschlagewerk des Bundesarbeitsgerichts)
Art.	Artikel
AuR	Arbeit und Recht (Zeitschrift)
BAG	Bundesarbeitsgericht
BayPersVG	Bayerisches Personalvertretungsgesetz
BB	Der Betriebs-Berater (Zeitschrift)
Bbg	Brandenburg
BetrVG	Betriebsverfassungsgesetz
BGB	Bürgerliches Gesetzbuch
BGBl.	Bundesgesetzblatt
BlnPersVG	Berliner Personalvertretungsgesetz
BPersVG	Bundespersonalvertretungsgesetz
BremPersVG	Bremisches Personalvertretungsgesetz
BTHG	Bundesteilhabegesetz
BVerwG	Bundesverwaltungsgericht
bzw.	beziehungsweise
DB	Der Betrieb (Zeitschrift)
f., ff.	folgende, fortfolgende
GVBl.	Gesetz- und Verordnungsblatt
HmbPersVG	Hamburgisches Personalvertretungsgesetz
HPVG	Hessisches Personalvertretungsgesetz
i. S. d.	im Sinne des (der)
i. V. m.	in Verbindung mit

KSchG	Kündigungsschutzgesetz
LAG	Landesarbeitsgericht
LPersVG Bbg	Landespersonalvertretungsgesetz Brandenburg
LPersVG BW	Landespersonalvertretungsgesetz für das Land Baden-Württemberg
LPersVG NW	Landespersonalvertretungsgesetz für das Land Nordrhein-Westfalen
LPersVG RP	Landespersonalvertretungsgesetz für Rheinland-Pfalz
LSA	Land Sachsen-Anhalt
MAV	Mitarbeitervertretung
MAVO	Mitarbeitervertretungsordnung der katholischen Kirche
MBG Schl-H	Mitbestimmungsgesetz Schleswig-Holstein
Meckl-Vorp	Mecklenburg-Vorpommern
MVG-EKD	Kirchengesetz über Mitarbeitervertretungen in der Evangelischen Kirche in Deutschland
NdsPersVG	Personalvertretungsgesetz für das Land Niedersachsen
NW	Nordrhein-Westfalen
§, §§	Paragraf, Paragrafen
PastVG	Pastorenvertretungsgesetz
PersR	Der Personalrat (Zeitschrift)
PersVG LSA	Personalvertretungsgesetz Land Sachsen-Anhalt
PersVG Meckl-Vorp	Personalvertretungsgesetz für das Land Mecklenburg-Vorpommern
Rn.	Randnummer
RP	Rheinland-Pfalz
S.	Seite
s.	siehe
SächsPersVG	Sächsisches Personalvertretungsgesetz
SBV	Schwerbehindertenvertretung
SchwbG	Schwerbehindertengesetz
SchwbVWO	Wahlordnung Schwerbehindertenvertretungen
SG	Soldatengesetz
SGB	Sozialgesetzbuch
SGB IX	Sozialgesetzbuch Neuntes Buch
SaarPersVG	Personalvertretungsgesetz für das Saarland
ThürPersVG	Thüringer Personalvertretungsgesetz
u. a.	und andere
u.A.	unter Anderem
vgl.	vergleiche

WahlO-MVG	Wahlordnung zum Kirchengesetz über Mitarbeitervertretungen in der Evangelischen Kirche in Deutschland
WfbM	Werkstatt für behinderte Menschen
WO	Wahlordnung
z. B.	zum Beispiel
ZB	Zeitschrift für behinderte Menschen im Beruf

Literaturverzeichnis

Altvater/Baden/Baunack/Berg/Dierßen/Herget/Kröll/Lenders/Noll, Bundespersonalvertretungsgesetz mit Wahlordnung und ergänzenden Vorschriften, Kommentar für die Praxis, 11. Aufl. 2023

Conrad-Giese/Eberhardt/Feldes/Koch/Ramm/Rennebeck/Ritz, Tipps für die Vertretung von Menschen mit Behinderungen, 5. Aufl. 2026

Däubler/Klebe/Wedde (Hrsg.), Betriebsverfassungsgesetz mit Wahlordnung und EBR-Gesetz, Kommentar für die Praxis, 20. Aufl. 2026

Dau/Düwell/Joussen, Sozialgesetzbuch IX, Lehr- und Praxiskommentar, 6. Aufl. 2022

Deinert/Welti/Luik/Brockmann, Stichwortkommentar Behindertenrecht, 3. Aufl. 2022

Feldes/Helbig/Hüther/Krämer/Kuntz/Mittel/Rehwald/Tatzky/Westermann, Schwerbehindertenrecht, Basiskommentar zum SGB IX mit Wahlordnung, 17. Aufl. 2024

Feldes/Kohte/Stevens-Bartol (Hrsg.), SGB IX – Sozialgesetzbuch Neuntes Buch, Kommentar für die Praxis, 5. Aufl. 2023

Gallner/Mestwerdt/Nägele-Berkner, Kündigungsschutzrecht, 8. Aufl. 2025

Joussen/Mestwerdt/Nause/Spelge, MVG-EKD, Kommentar, 2. Aufl. 2023

Neumann/Pahlen/Greiner/Winkler/Westphal/Krohne, Sozialgesetzbuch IX, Kommentar, 15. Aufl. 2024

Reichold/Ritter/Gohm, MAVO/KAGO/KDSGO Kommentar, 2023

Schleusener/Suckow/Plum, AGG Taschenkommentar, 6. Aufl. 2022

Wiegand/Hohmann, Wahlordnung Schwerbehindertenvertretungen, Kommentar, 2. Aufl. 2014

Fachzeitschriften

Arbeit und Recht, Bund-Verlag GmbH, Frankfurt

Arbeitsrecht im Betrieb, Bund-Verlag GmbH, Frankfurt

Behindertenrecht, Boorberg Verlag, München

Neue Zeitschrift für Arbeitsrecht, Verlag C.H.Beck, München

Der Personalrat, Bund-Verlag GmbH, Frankfurt

Gute Arbeit. Arbeitsschutz und Arbeitsgestaltung, Bund-Verlag GmbH, Frankfurt

Soziale Sicherheit, Bund-Verlag GmbH, Frankfurt

ZB Zeitschrift: Behinderte Menschen im Beruf, Bundesarbeitsgemeinschaft Integrationsämter und Hauptfürsorgestellen, Köln

Formularübersicht (Alle Formulare sind digital über den vorne in der Broschüre abgedruckten Zugangscode abrufbar!)

1. Bestellung eines Wahlvorstands durch die Schwerbehindertenvertretung (Vertrauensperson der schwerbehinderten Menschen)
1a. Einladung zur Versammlung zur Wahl des Wahlvorstands
2. Erklärung der Annahme der Mitgliedschaft im Wahlvorstand
3. Geschäftsordnung für den Wahlvorstand
4. Niederschrift über die ersten Sitzungen des Wahlvorstands
5. Wählerliste
6. Wahlausschreiben (Förmliches Wahlverfahren)
7. Wahlvorschlag Vertrauensperson der schwerbehinderten Menschen
7a. Zustimmungserklärung
8. Wahlvorschlag für die Wahl der stellvertretenden Vertrauensperson/en der schwerbehinderten Menschen
8a. Zustimmungserklärung
9. Bekanntmachung über eine Nachfrist zur Einreichung von Wahlvorschlägen für die Wahl der stellvertretenden Vertrauensperson/en der schwerbehinderten Menschen
10. Bekanntmachung über die Absetzung der Wahl der Schwerbehindertenvertretung
11. Bekanntmachung der Wahlvorschläge für die Wahl der Schwerbehindertenvertretung
12. Bekanntmachung der Wahlvorschläge für die Wahl der stellvertretenden Vertrauensperson/en der schwerbehinderten Menschen
13. Stimmzettel für die Wahl der Vertrauensperson der schwerbehinderten Menschen
14. Stimmzettel für die Wahl der stellvertretenden Vertrauenspersonen der schwerbehinderten Menschen
15. Merkblatt über Art und Weise der schriftlichen Stimmabgabe
16. Erklärung nach § 11 SchwbVWO (gegenüber dem Wahlvorstand)
17. Niederschrift über das Ergebnis der Wahl der Vertrauensperson der schwerbehinderten Menschen und ihrer Stellvertretung
18. Benachrichtigung der Gewählten
19. Bekanntmachung des Wahlergebnisses
20. Merkblatt für die Durchführung des vereinfachten Wahlverfahrens
20a. Merkblatt für die Durchführung des vereinfachten Wahlverfahrens online
21. Einladung zur Wahlversammlung (Vereinfachtes Wahlverfahren)
21a. Einladung zur Wahlversammlung online (Vereinfachtes Wahlverfahren)
22. Wählerliste (Vereinfachtes Wahlverfahren)

I. Bedeutung der Schwerbehindertenvertretung – Aufgaben und Handlungsmöglichkeiten

1. Das Aufgabenfeld der Schwerbehindertenvertretung

Arbeitgeber mit mindestens 20 Arbeitsplätzen haben auf wenigstens 5 Prozent der Arbeitsplätze schwerbehinderte Menschen zu beschäftigen – so § 154 Abs. 1 SGB IX. Auch wer die Beschäftigungspflicht erfüllt, muss weiterhin prüfen, ob freie Arbeitsplätze mit schwerbehinderten Menschen besetzt werden können (§ 164 Abs. 1 Satz 1 SGB IX). Schwerbehinderte Beschäftigte dürfen nicht wegen ihrer Behinderung benachteiligt werden (§ 164 Abs. 2 SGB IX). Im Einzelnen haben schwerbehinderte Menschen gegenüber ihren Arbeitgebern gemäß § 164 Abs. 4 SGB IX Anspruch auf:

- Beschäftigung, bei der sie ihre Fähigkeiten und Kenntnisse möglichst voll verwerten und weiterentwickeln können
- bevorzugte Berücksichtigung bei innerbetrieblichen Bildungsmaßnahmen und Erleichterungen zur Teilnahme an außerbetrieblichen Maßnahmen der beruflichen Bildung
- behinderungsgerechte Gestaltung der Arbeitsstätte, des Arbeitsplatzes, des Arbeitsumfeldes, der Arbeitsorganisation und der Arbeitszeit
- Ausstattung des Arbeitsplatzes mit den erforderlichen technischen Arbeitshilfen.

Die Schwerbehindertenvertretung ist die gewählte Interessenvertretung der schwerbehinderten und ihnen gleichgestellten Beschäftigten. Sie fördert die Teilhabe schwerbehinderter Menschen am Arbeitsleben und steht ihnen beratend und helfend zur Seite (§ 178 Abs. 1 SGB IX). Sie

- überwacht die Einhaltung der Vorschriften zugunsten schwerbehinderter Menschen
- beantragt Maßnahmen für schwerbehinderte Beschäftigte bei inner- und außerbetrieblichen Stellen
- nimmt Anregungen und Beschwerden von schwerbehinderten Beschäftigten entgegen und vertritt sie gegenüber dem Arbeitgeber.

Kurz: Die Schwerbehindertenvertretung ist kompetente Ansprechpartnerin in allen Fragen der Prävention sowie der Rehabilitation und Teilhabe von Menschen mit Behinderung. Um ihren gesetzlichen Auftrag erfüllen zu können, ist sie mit einer Reihe von Mitwirkungs- und Beteiligungsrechten ausgestattet. Dazu gehört u. a. ein umfassendes Unterrichtungs- und Anhörungsrecht in allen Angelegenheiten, die einen Einzelnen/eine Einzelne oder die schwerbehinderten Menschen als Gruppe berühren.

Wichtig:
Kündigungen eines schwerbehinderten Menschen, die der Arbeitgeber ohne Beteiligung der Schwerbehindertenvertretung ausspricht, sind unwirksam (§ 178 Abs. 2 SGB IX).

Für die Entwicklung einer inklusiven Politik in den Betrieben und Dienststellen ist eine gute Zusammenarbeit zwischen den Interessenvertretungen erforderlich. Voraussetzung ist gegenseitige Information, deshalb darf die Schwerbehindertenvertretung an allen Sitzungen des Betriebs- oder Personalrats, deren Ausschüssen und dem Arbeitsausschuss beratend teilnehmen (§ 178 Abs. 4 SGB IX). Sie darf Angelegenheiten schwerbehinderter Menschen auf die Tagesordnung der nächsten Sitzung setzen. Gemäß § 178 Abs. 5 SGB IX ist die Schwerbehindertenvertretung außerdem zu den regelmäßigen Besprechungen zwischen dem Arbeitgeber und dem Betriebs- oder Personalrat hinzuzuziehen. Dabei ist ihr Teilnahmerecht unabhängig von der Frage, ob Angelegenheiten schwerbehinderter Menschen behandelt werden oder nicht. Mindestens einmal im Jahr werden die Belange schwerbehinderter Menschen auf einer Schwerbehindertenversammlung erörtert (§ 178 Abs. 6 SGB IX).

2. Aktuelle Aufgabenstellungen

Die Novellen des SGB IX durch das Bundesteilhabegesetz (BTHG) haben die Arbeitsbedingungen und Beteiligungsrechte der Schwerbehindertenvertretungen teilweise verbessert. Besonders hervorzuheben sind dabei:

- Die ohne Beteiligung der Schwerbehindertenvertretung ausgesprochene Kündigung ist unwirksam. Der Gesetzgeber hat die Kündigungsformen nicht näher eingeschränkt, sodass hier jede Kündigung erfasst wird, das heißt zum Beispiel auch die Probezeitkündigung.
- Damit die Schwerbehindertenvertretung mehr Zeit für die Beratung der Beschäftigten hat, wurde ihr ein Anspruch auf Unterstützung durch eine Bürokraft eingeräumt. Diese Unterstützung muss erforderlich sein.
- Eine gute Beratung setzt eine gute Sachkenntnis im Behinderten- und Teilhaberecht voraus. Endlich wird allen Stellvertretern, die zur Arbeit der Schwerbehindertenvertretung herangezogen werden, die Teilnahme an erforderlichen Schulungs- und Bildungsveranstaltungen eingeräumt.
- Die Schwerbehindertenvertretungen in größeren Betrieben und Dienststellen profitieren insbesondere davon, dass nun gestaffelt nach der Anzahl der beschäftigten schwerbehinderten Menschen im Betrieb bzw. der Dienststelle die dauerhafte Heranziehung der Stellvertreter zu bestimmten Aufgaben möglich ist. Nach einem Vertretungsschlüssel von 1 zu 100 können
ab 101 beschäftigten schwerbehinderten Menschen der 1. Stellvertreter,
ab 202 beschäftigten schwerbehinderten Menschen der 2. Stellvertreter,
ab 303 beschäftigten schwerbehinderten Menschen der 3. Stellvertreter
herangezogen werden.
- Die Integrationsvereinbarung wurde – auch im Kontext mit der Umsetzung der UN-Behindertenrechtskonvention – zur Inklusionsvereinbarung. Bestehende Vereinbarungen unterliegen dem Bestandsschutz, können aber hinsichtlich der inhaltlichen Ausrichtung überprüft und angepasst werden. Kommt es bei den Gesprächen zum Abschluss einer Inklusionsvereinbarung zwischen dem Arbeitgeber, der Schwerbehindertenvertretung und dem Inklusionsbeauftragten zu unterschiedlichen Auffassungen, so soll das Integrationsamt darauf hinwirken, dass diese überwunden werden. Das Integrationsamt übernimmt dabei die Funktion eines Moderators. Die Arbeitgeber sind bereits seit dem Jahr 2000 zu Verhandlungen entsprechender Vereinbarungen (bisher Integrationsvereinbarung/seit dem BTHG Inklusions-

vereinbarung) aufgefordert. Der Betriebsrat hat gem. § 80 Abs. 1 Nr. 4 BetrVG ebenfalls die Aufgabe, selbstständig den Abschluss von Inklusionsvereinbarungen zu fördern. Durch die Novelle des BPersVG 2021 haben auch Personalräte mit dem neu eingeführten § 80 Abs. 1 Nr. 17 ein (begrenztes) Mitbestimmungsrecht bei den Grundsätzen des betrieblichen Gesundheitsmanagements und des betrieblichen Eingliederungsmanagements erhalten.

Im Rahmen der Inklusionsvereinbarung sieht § 166 Abs. 3 SGB IX u. a. folgende Regelungen vor:

- zur angemessenen Berücksichtigung schwerbehinderter Menschen bei der Besetzung freier, frei werdender oder neuer Stellen
- zu einer anzustrebenden Beschäftigungsquote, einschließlich eines angemessenen Anteils schwerbehinderter Frauen
- zur Teilzeitarbeit
- zur Ausbildung behinderter Jugendlicher
- zur Durchführung der betrieblichen Prävention, des betrieblichen Eingliederungsmanagements und der Gesundheitsförderung
- über die Hinzuziehung des Werks- oder Betriebsarztes auch für Beratungen über Leistungen zur Teilhabe sowie über besondere Hilfen im Arbeitsleben.

Stufenvertretungen und die Schwerbehindertenvertretung der obersten Dienstbehörde haben auch das Recht zur Aufnahme von Verhandlungen und zum Abschluss von Inklusionsvereinbarungen, wenn es im Betrieb/in der Dienststelle keine eigene Schwerbehindertenvertretung gibt (§ 180 Abs. 6 SGB IX).

3. Fazit

Das SGB IX nimmt Arbeitgeber in die Pflicht,

- frühzeitig präventive Maßnahmen für gesundheitlich beeinträchtigte und von Behinderung bedrohte Menschen zu entwickeln,
- die Selbstbestimmung und gleichberechtigte Teilhabe von behinderten und von Behinderung bedrohter Menschen zu fördern und
- ihnen eine dauerhafte Teilhabe am Arbeitsleben und damit am Leben in der Gesellschaft zu ermöglichen.

Die Umsetzung wird ganz wesentlich vom Engagement der Schwerbehindertenvertretungen beeinflusst, ihre Initiativrechte spielen dabei eine wichtige Rolle. Auch Betriebs- und Personalräte, sowie Mitarbeitervertretungen in kirchlichen Betrieben und Dienststellen fördern die Eingliederung schwerbehinderter oder sonstiger besonders schutzbedürftiger Personen (§ 80 BetrVG, § 62 BPersVG, Landespersonalvertretungsgesetze, § 35 MVG-EKD, § 26 MAVO). Sie haben außerdem nach § 176 SGB IX auf die Wahl der Schwerbehindertenvertretung hinzuwirken.

Die Gewerkschaften unterstützen die Interessenvertretungen bei ihrer Arbeit. Schwerbehindertenvertretungen, Betriebs- und Personalräte sowie Mitarbeitervertretungen sind wichtige Säulen solidarischen gewerkschaftlichen Handelns.

II. Überblick über die Wahl

1. Überblick »Grundwissen zur Wahl der Schwerbehindertenvertretung«

		Mehr dazu auf Seite
In welchen Betrieben kann gewählt werden?	Voraussetzung für die Wahl in Betrieben bzw. Dienststellen ist, dass dort mindestens fünf schwerbehinderte oder gleichgestellte behinderte Menschen nicht nur vorübergehend beschäftigt sind. Bei weniger als fünf schwerbehinderten Beschäftigten können Betriebe oder Dienststellen der öffentlichen Verwaltung des gleichen Arbeitgebers zusammengefasst werden, wenn sie der gleichen Stufe zugehörig sind. Über eine Zusammenfassung entscheidet der Arbeitgeber in Benehmen mit dem zuständigen Integrationsamt.	31ff.
Wann wird gewählt?	Alle vier Jahre zwischen dem 1. Oktober und dem 30. November. Außerhalb der regulären Wahlperiode wird nur gewählt, wenn – das Amt der Vertrauensperson vorzeitig erlischt und kein stellvertretendes Mitglied nachrückt – die Wahl mit Erfolg angefochten worden ist – eine Schwerbehindertenvertretung noch nicht gewählt ist.	40ff.
Wer ist wahlberechtigt?	Alle schwerbehinderten Menschen und alle ihnen gleichgestellten Menschen, die im Betrieb bzw. in der Dienststelle beschäftigt sind.	46ff.
Wer ist wählbar?	Alle Beschäftigten im Betrieb bzw. in der Dienststelle, die – über 18 Jahre alt sind – nicht nur vorübergehend beschäftigt sind – 6 Monate dem Betrieb zugehören – keine leitenden Angestellten sind Wichtig: Wählbar sind auch nicht schwerbehinderte Menschen!	48ff.
Welche Wahlgrundsätze gelten?	Gewählt wird in geheimer und unmittelbarer Wahl nach den Grundsätzen der Mehrheitswahl. Gewählt ist, wer die meisten Stimmen erhalten hat.	63

		Mehr dazu auf Seite
Wie wird gewählt?	Im förmlichen Wahlverfahren oder im vereinfachten Wahlverfahren – es besteht kein Wahlrecht zwischen den Wahlverfahren! Das **vereinfachte Wahlverfahren** ist anzuwenden: – in Betrieben bzw. Dienststellen mit weniger als 50 Wahlberechtigten und – sofern der Betrieb bzw. die Dienststelle nicht aus räumlich weit auseinander liegenden Teilen besteht. Das **förmliche Wahlverfahren** ist durchzuführen: – in Betrieben bzw. Dienststellen, in denen am Wahltag mindestens 50 Wahlberechtigte beschäftigt sind oder – wenn der Betrieb/bzw. die Dienststelle bei weniger als 50 Wahlberechtigten aus räumlich weit auseinander liegenden Teilen besteht.	64ff. und 81ff.
Wie sind die Teilnehmer an der Wahl geschützt?	– Gewählte Bewerber fallen unter den erweiterten Kündigungsschutz – wie Betriebsräte bzw. Personalräte. – Wahlvorstand und nicht gewählte Bewerber sind vom erweiterten Kündigungsschutz bis sechs Monate nach Bekanntgabe des Wahlergebnisses erfasst. – Im öffentlichen Dienst besteht ein besonderer Versetzungs- und Abordnungsschutz, der endet, wenn das Wahlergebnis bekanntgegeben worden ist.	95f.
Wer trägt die Kosten?	Die Kosten der Wahl hat der Arbeitgeber zu tragen. Es fallen hierunter alle Kosten, die sowohl für die Vorbereitung als auch für die Durchführung der Wahl erforderlich sind.	93ff.
Wann ist eine Wahl nichtig oder anfechtbar?	Anfechtbar ist eine Wahl, wenn gegen wesentliche Wahlvorschriften verstoßen wurde und der Verstoß nicht rechtzeitig berichtigt wurde. Nichtig ist eine Wahl nur, wenn gegen allgemeine Grundsätze jeder ordnungsgemäßen Wahl in so hohem Maße verstoßen wurde, dass auch der Anschein einer dem Gesetz entsprechenden Wahl der Schwerbehindertenvertretung nicht mehr vorliegt.	87ff.

2. Kurzübersicht »Förmliches Wahlverfahren«

9 Wochen	vor dem Wahltermin	**Bestellung des Wahlvorstands durch die amtierende Schwerbehindertenvertretung** (spätestens acht Wochen vor dem Ende der Amtszeit) **Hinweis für erstmalige Wahl:** Zu einer erstmaligen Wahl können drei schwerbehinderte oder gleichgestellte Beschäftigte, der Betriebs-/Personalrat oder das Integrationsamt einladen.	
8 Wochen	vor dem Wahltermin	**Wahlvorstand** – legt Wählerliste aus – erlässt Wahlausschreiben	☐ ggf. schriftliche Stimmabgabe beschließen ☐ ggf. Wahlhelfer bestellen ☐ Zahl der Stellvertreter beschließen ☐ Wählerliste erstellen und zur Einsicht auslegen ☐ Datum/Zeit/Ort der Stimmabgabe festlegen ☐ Wahlausschreiben aushängen ☐ Wahlvorschläge prüfen/bekannt geben ☐ Wahllokal reservieren ☐ Wahlunterlagen organisieren ☐ Wahlumschläge/Wahlurne ☐ Stimmzettel: in ausreichender Stückzahl mit den alphabetisch aufgelisteten Kandidaten erstellen ☐ Briefwahlunterlagen versenden
7 Wochen	vor dem Wahltermin	**Einspruchsfrist** (2-Wochen-Frist) – gegen Wählerliste – gegen Wahlausschreiben **Abgabe von Wahlvorschlägen** (2-Wochen-Frist)	
6 Wochen	vor dem Wahltermin		
5 Wochen	vor dem Wahltermin	**Nachfrist zur Abgabe von Wahlvorschlägen** (1-Wochen-Frist)	
4 Wochen	vor dem Wahltermin		

3 Wochen	vor dem Wahltermin		
2 Wochen	vor dem Wahltermin	Bekanntgabe der Wahlvorschläge (spätestens eine Woche vor der Wahl)	
1 Woche	vor dem Wahltermin		
	Wahltermin (zwischen dem 1.10. und dem 30.11.2026)	**Wahl der Schwerbehindertenvertretung** (um Zeiten ohne Schwerbehindertenvertretungen zu vermeiden: idealerweise eine Woche vor Ablauf der Amtszeit)	☐ Wahlberechtigte: Stimmzettel ausfüllen und in Urne werfen ☐ Wahlvorstand: ☐ in Wählerliste Stimmabgabe erfassen ☐ öffentliches Auszählen der Stimmen ☐ Feststellen des Wahlergebnisses
1 Woche	nach dem Wahltermin	**Aushang des Wahlergebnisses** (zwei Wochen lang)	☐ Wahlergebnis schriftlich dokumentieren ☐ Gewählte schriftlich benachrichtigen ☐ Gewählte per Aushang bekannt machen ☐ Arbeitgeber sowie BR/PR benachrichtigen
2 Wochen	nach dem Wahltermin		☐ Aushang kann abgenommen werden

3. Kurzübersicht »Vereinfachtes Wahlverfahren«

4 Wochen	vor dem Wahltermin	**Einladung zur Wahlversammlung durch die amtierende Schwerbehindertenvertretung** (spätestens drei Wochen vor dem Ende der Amtszeit) **Hinweis für erstmalige Wahl:** Zu einer erstmaligen Wahl können drei schwerbehinderte oder gleichgestellte Beschäftigte, der Betriebs-/Personalrat oder das Integrationsamt einladen.	**Vor der Wahl** ☐ Wahlversammlung ☐ Datum/Zeit/Ort bekannt machen ☐ Alle Wahlberechtigten einladen ☐ Wahllokal reservieren ☐ Wahlunterlagen organisieren ☐ Wahlumschläge/Papier ☐ Wahlurne
3 Wochen	vor dem Wahltermin		
2 Wochen	vor dem Wahltermin		
1 Woche	vor dem Wahltermin		

	Wahltermin (zwischen dem 1.10. und dem 30.11.2026)	**Wahl der Schwerbehindertenvertretung in der Wahlversammlung** (um Zeiten ohne Schwerbehindertenvertretungen zu vermeiden: idealerweise eine Woche vor Ablauf der Amtszeit)	**Auf der Wahlversammlung** ☐ Wahlleitung wählen ☐ ggf. Wahlhelfer bestellen ☐ Zahl der Stellvertreter beschließen ☐ Stimmzettel: in ausreichender Stückzahl mit den alphabetisch aufgelisteten Kandidaten erstellen; zusammen mit den Wahlumschlägen verteilen ☐ Wahlberechtigte: Stimmzettel ausfüllen und in Urne werfen ☐ Wahlleitung: Wähler erfassen, Stimmen öffentlich auszählen, Wahlergebnis feststellen ☐ Stellvertreter: werden danach auf die gleiche Weise in einem separaten Wahlgang gewählt
1 Woche	**nach dem Wahltermin**	**Aushang des Wahlergebnisses** (zwei Wochen lang)	☐ Gewählte schriftlich benachrichtigen ☐ Gewählte per Aushang bekannt machen ☐ Arbeitgeber sowie BR/PR benachrichtigen
2 Wochen	**nach dem Wahltermin**		☐ Aushang kann abgenommen werden

4 … n online«

	n ch- bs-/ samt	**Vor der Wahl** ☐ Information über online-Wahlablauf, geplante Briefwahl und Verfahren verbreiten ☐ Wahlversammlung ☐ Datum/Zeit/Ort bekannt machen ☐ Alle Wahlberechtigten einladen ☐ Online-Zugang zusenden ☐ Weitere Berechtigungen prüfen ☐ Wählerliste vorbereiten ☐ Auszählungszeitpunkt und Ort bekannt geben (Raum organisieren)
	e	**Auf der Wahlversammlung** ☐ Wahlleiter wählen ☐ ggf. Wahlhelfer bestellen ☐ Online-Verfahren bestätigen ☐ Zahl der Stellvertreter beschließen ☐ Kandidaten vorstellen und vorschlagen ☐ Stimmzettel erstellen und im Anschluss verschicken ☐ Rücksendefrist zwei Wochen
	Bis zur Auszählung	☐ (weitere) Wähler erfassen ☐ ggf. weiteren Wählern Unterlagen zusenden

1 Woche	**nach dem Wahltermin**	**Aushang des Wahlergebnisses** (zwei Wochen lang)	☐ Gewählte schriftlich benachrichtigen ☐ Gewählte per Aushang bekannt machen ☐ Arbeitgeber sowie BR/PR benachrichtigen
2 Wochen	**nach dem Wahltermin**		☐ Aushang kann abgenommen werden

III. In welchen Betrieben und Dienststellen ist eine Schwerbehindertenvertretung zu wählen?

Nach § 177 Abs. 1 SGB IX werden eine Vertrauensperson und wenigstens ein Stellvertreter bzw. eine Stellvertreterin (besser: mehrere stellvertretende Mitglieder) in Betrieben und Dienststellen gewählt, in denen **wenigstens fünf schwerbehinderte Menschen/Gleichgestellte nicht nur vorübergehend beschäftigt** sind.

Nach § 178 Abs. 1 SGB IX kann die Schwerbehindertenvertretung »in Betrieben und Dienststellen mit in der Regel mehr als 100 beschäftigten schwerbehinderten Menschen das mit der höchsten Stimmenzahl gewählte stellvertretende Mitglied zu bestimmten Aufgaben heranziehen. Ab jeweils 100 weiteren beschäftigten schwerbehinderten Menschen kann jeweils auch das mit der nächsthöheren Stimmenzahl gewählte Mitglied herangezogen werden.« Das heißt: Wenn die Stellvertreter zu Aufgaben herangezogen werden sollen, müssen ausreichend viele Stellvertreter gewählt werden! In einem Betrieb bzw. einer Dienststelle mit zum Beispiel 421 schwerbehinderten Menschen/gleichgestellten Menschen, die nicht nur vorübergehend beschäftigt sind, sollten eine Vertrauensperson und – wenn möglich – mindestens vier weitere Stellvertreter bzw. Stellvertreterinnen gewählt werden.

Die Begriffe **»Betrieb« und »Dienststelle«** bestimmen sich nach dem Betriebsverfassungsgesetz und nach dem Bundespersonalvertretungsgesetz bzw. dem jeweiligen Landespersonalvertretungsgesetz.

Die Bereiche, für die eine Schwerbehindertenvertretung gewählt werden und zuständig sein soll, sollen mit denen eines Betriebs- bzw. Personalrats identisch sein. Fallen die Voraussetzungen einer für die Wahl einer Schwerbehindertenvertretung vorgenommenen Zusammenfassung nach der Wahl weg oder wird die Zusammenfassung nach der Wahl beendet oder geändert, hat dies auf die Rechtsstellung der gewählten Schwerbehindertenvertretung keinen Einfluss. Sie bleibt für die restliche Amtszeit für die Betriebe bzw. Dienststellen, für die sie gewählt ist, zuständig und im Amt.

1. Mindestens fünf schwerbehinderte Beschäftigte

Übersicht	
☐ Maßgeblicher Zeitpunkt	• Ausreichend ist, dass die Mindestzahl am Tag der Wahl erreicht ist.
☐ Mindestalter	• Darauf kommt es nicht an. • Es zählen also auch schwerbehinderte Beschäftigte unter 18 Jahren mit.

Wo ist eine Schwerbehindertenvertretung zu wählen?

Übersicht	
☐ Vorliegen der Schwerbehinderteneigenschaft	• Schwerbehindertenausweis dient normalerweise als Nachweis • offensichtliches Vorliegen der Schwerbehinderteneigenschaft: nur dann ist derjenige auch ohne Nachweis zu berücksichtigen • für Gleichgestellte gilt: Nachweis der Agentur für Arbeit notwendig • wurde über Gleichstellungsantrag am Tag der Wahl noch nicht positiv entschieden: keine Berücksichtigung des Betroffenen • Grad der Behinderung hat sich auf weniger als 50 verringert/ Gleichstellung wurde widerrufen: Berücksichtigt, solange der Bescheid noch nicht bestandskräftig ist oder die Wahl noch in die 3-monatige Auslauffrist gem. § 199 SGB IX fällt
☐ Beschäftigungsverhältnis	• es kommt auf die tatsächliche Beschäftigung an • unerheblich ist, ob es sich um ein Arbeitsverhältnis im Sinne des Arbeitsrechts oder i.S.d. § 156 SGB IX handelt • unerheblich ist der Umfang der wöchentlichen Arbeitszeit • unerheblich ist die Höhe des Entgelts • unerheblich ist die Staatsangehörigkeit • unerheblich ist die Einstufung
☐ Berücksichtigt werden insbesondere	• Teilzeitbeschäftigte • Auszubildende • Rehabilitanden • behinderte Menschen, die in einer Werkstatt für behinderte Menschen als Rehabilitanden tätig sind, soweit sie schwerbehindert oder gleichgestellt sind • Außendienstmitarbeiter und sonstige Personen, deren Arbeitsplätze Bestandteil der vom Arbeitgeber eingerichteten und geleiteten Betriebsorganisation sind • Leiharbeitnehmer (im Betrieb des Verleihers, sowie beim Entleiher, § 14 AÜG) • schwerbehinderte Arbeitnehmer in der Probezeit • arbeitsunfähige schwerbehinderte Arbeitnehmer • beurlaubte schwerbehinderte Arbeitnehmer • Schwerbehinderte Arbeitnehmer, deren Arbeitsverhältnis ruht • gekündigte schwerbehinderte Arbeitnehmer, wenn am Wahltag die Kündigungsfrist noch nicht abgelaufen ist oder noch eine vorläufige Weiterbeschäftigung erfolgt • Beauftragte des Arbeitgebers • Leitende Angestellte • ggf. Inklusionsbeauftragte
☐ Nicht berücksichtigt werden insbesondere	• schwerbehinderte Arbeitgeber/Dienststellenleiter und sonstige, die Arbeitgeberfunktion innehaben (z.B. GmbH Geschäftsführer) • nur vorübergehend beschäftigte schwerbehinderte Menschen (s.u.) • schwerbehinderte Arbeitnehmer, die sich in Altersteilzeit in der vollständigen Freistellung von der Arbeit befinden • gekündigte schwerbehinderte Arbeitnehmer, wenn sie nach dem Ablauf der ordentlichen Kündigungsfrist nicht mehr weiterbeschäftigt werden

Übersicht	
	• Heimarbeiter • schwerbehinderte Richter (da sie eine eigenständige Gruppe mit einer eigenständigen Schwerbehindertenvertretung bilden)
☐ Berücksichtigung hängt vom jeweiligen Personalvertretungsrecht ab	• Angestellte/Beamte, die zu einem Arbeitgeber länger als drei Monate abgeordnet sind • Staatsanwälte: in Bundesländern, in denen eine eigenständige Personalvertretung gebildet wird, bilden die Staatsanwälte eine eigenständige Gruppe mit einer eigenständigen Schwerbehindertenvertretung. In Bundesländern, in denen keine Staatsanwaltsräte gebildet werden, zählen die schwerbehinderten Staatsanwälte zur Gesamtzahl der schwerbehinderten Beschäftigten

1.1 Vorübergehende Beschäftigung

Nicht mitgezählt werden die schwerbehinderten Menschen, die nur **vorübergehend beschäftigt** werden. Wann eine Beschäftigung als nur vorübergehend anzusehen ist, ist umstritten. Das Gesetz enthält keine zeitliche Festlegung für das Merkmal der vorübergehenden Beschäftigung. Es erscheint sinnvoll, hierfür auf die Regelung des § 156 Abs. 3 SGB IX zurückzugreifen und als vorübergehende Beschäftigte solche schwerbehinderten Menschen anzusehen, die **nicht länger als acht Wochen** im Betrieb bzw. in der Dienststelle arbeiten sollen. Die Gegenmeinung nimmt – unter Hinweis auf den erst nach sechs Monaten einsetzenden besonderen Kündigungsschutz – eine nicht nur vorübergehende Beschäftigung nur dann an, wenn die Beschäftigung mehr als sechs Monate andauert.
Der Hinweis auf den erst später einsetzenden besonderen Kündigungsschutz überzeugt nicht. Die Voraussetzung einer sechsmonatigen Beschäftigungszeit steht nämlich im Wertungswiderspruch dazu, dass für die Wahlberechtigung die Dauer der Beschäftigungszeit keine Rolle spielt. Dürfen schwerbehinderte Menschen aber auch bei kurzzeitiger Beschäftigung die Schwerbehindertenvertretung mitwählen, so ist ihre Berücksichtigung bei der Mindestzahl nach § 177 Abs. 1 Satz 1 SGB IX auch bei Überschreitung der Achtwochenfrist des § 156 Abs. 3 SGB IX vertretbar und notwendig.

1.2 Nicht-Erreichen der Mindestanzahl

Für die Wahl können entsprechend § 177 Abs. 1 Satz 4, 1. Halbsatz SGB IX Betriebe/Dienststellen, in denen weniger als fünf schwerbehinderte Menschen dauernd beschäftigt werden, mit räumlich nahe liegenden Betrieben des Arbeitgebers oder gleichstufigen Dienststellen derselben Verwaltung **zusammengefasst** werden.
Einzelheiten zur **Zusammenfassung** von Betrieben (und Dienststellen) siehe unten bei III 2.4.

2. Betrieb

Der Begriff des **Betriebs** wird nach dem SGB IX einheitlich nach der Begriffsbestimmung des Betriebsverfassungsgesetzes (der Begriff der Dienststelle nach der Begriffsbestimmung des Personalvertretungsrechts, s. u.) bestimmt.

Es ist festzustellen, ob die fragliche Organisationseinheit für sich genommen den Betriebsbegriff (bzw. den Dienststellenbegriff) erfüllt. Der gesetzliche Betriebsbegriff wird im Betriebsverfassungsgesetz so definiert, dass ein Betrieb eine organisatorische Einheit ist, mit der ein Unternehmen mit seinen Beschäftigten den Betriebszweck erfüllt, z. B. Produktion oder Verkauf bestimmter Gegenstände, Erbringung von Dienstleistungen.

In **Nebenbetrieben, Betriebsteilen** (oder Nebendienststellen) wird auch gewählt, soweit nach den Regeln des Betriebsverfassungsgesetzes (bzw. des Personalvertretungsrechts) eine Selbstständigkeit dieser Einheit gegeben ist (§ 4 BetrVG, § 7 BPersVG). Hierbei ist auf den Zweck des Gesetzes abzustellen und im Einzelfall abzugrenzen, ob ein Betrieb (oder eine Dienststelle) vorliegt, in der eine eigene Schwerbehindertenvertretung zu wählen ist.

Für einen **Betriebsteil** ist nur dann eine Schwerbehindertenvertretung zu wählen, wenn er gemäß § 4 Abs. 1 Satz 1 BetrVG als eigenständiger Betrieb gilt. Der Betriebsteil muss insoweit betriebsratsfähig sein. Das bedeutet, dass er entweder

- räumlich weit vom Hauptbetrieb entfernt ist oder
- durch Aufgabenbereich und Organisation eigenständig ist.

Näheres s. u.

2.1 Kleinstbetriebe

Kleinstbetriebe, die die Voraussetzungen des § 1 BetrVG (mindestens fünf ständige wahlberechtigte Arbeitnehmer, von denen drei wählbar sind) nicht erfüllen, werden dem Hauptbetrieb zugeordnet (§ 4 Abs. 2 BetrVG) – **unabhängig von ihrer räumlichen Lage**. Zusammen mit dem Hauptbetrieb bilden sie einen Betrieb. Daraus folgt, dass hier **eine gemeinsame Schwerbehindertenvertretung** zu wählen ist.

2.2 Betriebsteile

Ein Betriebsteil ist nach ständiger Definition des BAG »*auf den Zweck des Hauptbetriebs ausgerichtet und in dessen Organisation eingegliedert, ihm gegenüber aber organisatorisch abgrenzbar und relativ verselbständigt. Für die Abgrenzung von Betrieb und Betriebsteil ist der Grad der Verselbständigung entscheidend, der im Umfang der Leitungsmacht zum Ausdruck kommt. Erstreckt sich die in der organisatorischen Einheit ausgeübte Leitungsmacht auf alle wesentlichen Funktionen des Arbeitgebers in personellen und sozialen Angelegenheiten, handelt es sich um einen eigenständigen Betrieb i. S. von § 1 BetrVG. Für das Vorliegen eines Betriebsteils i. S. von § 4 Abs. 1 Satz 1 BetrVG genügt ein Mindestmaß an organisatorischer Selbständigkeit gegenüber dem Hauptbetrieb. Dazu reicht es aus, dass in der organisatorischen Einheit überhaupt eine den Einsatz der Arbeitnehmer bestimmende Leitung institutionalisiert ist, die Weisungsrechte des Arbeitgebers ausübt. Unter den Voraussetzungen des § 4 Abs. 1 BetrVG gilt ein Betriebsteil als eigenständiger Betrieb. Liegen die Voraussetzungen des § 4 Abs. 1 BetrVG nicht vor, gehört der Betriebsteil zum Hauptbetrieb*«.

Betriebsteile gelten nach § 4 Abs. 1 Satz 1 Nr. 1 und 2 BetrVG als Betrieb mit der Folge, dass **sie einen eigenen Betriebsrat** wählen können, wenn sie entweder

1. Die Voraussetzungen des § 1 BetrVG erfüllen (also mindestens fünf ständige wahlberechtigte AN haben, von denen drei wählbar sind) und räumlich weit vom Hauptbetrieb entfernt sind

oder

2. Die Voraussetzungen des § 1 BetrVG erfüllen und durch Aufgabenbereich und Organisation eigenständig sind.

Das bedeutet für die Wahl der Schwerbehindertenvertretung: für die Frage **der eigenen Schwerbehindertenvertretung im Betriebsteil** sind zwei Varianten zu unterscheiden: der weit entfernte Betriebsteil und der eigenständige Betriebsteil.
Eine eigenständige Schwerbehindertenvertretung kann auch dann gebildet werden, wenn neben der Erfüllung der Voraussetzungen des § 1 BetrVG zwar der Betriebsteil räumlich nah zum Hauptbetrieb liegt, der Betriebsteil aber durch Aufgabenbereich und Organisation eigenständig ist.

2.2.1 »räumlich weit entfernt«

Die Frage der räumlich weiten Entfernung ist gegenüber dem Hauptbetrieb zu beurteilen und nicht allein unter dem Gesichtspunkt der objektiven, nach Kilometern bemessenen Entfernung zu prüfen; mitentscheidend ist auch die zur Überwindung erforderliche Zeit und das dabei benutzte Verkehrsmittel, wobei es i. d. R. auf öffentliche Verkehrsmittel ankommt, wenn nicht allen Arbeitnehmern ein PKW dauerhaft zur Verfügung steht oder ein betriebseigener Zubringerdienst eingerichtet ist.
Fälle naher Entfernung liegen vor bei guter Straßen- und Bahnanbindung, nicht räumlich weit entfernt, sodass eine Zuordnung zum Hauptbetrieb vorliegt. In den kritischen Fällen relativ geringer Entfernung kommt dem zur Entfernungsüberwindung erforderlichen Zeitaufwand eine entscheidende Bedeutung zu. Die Instanzengerichte neigen dazu, eine Zeitspanne von weniger als einer Stunde als noch nah anzusehen. Beispiele aus der Rechtsprechung:

- 22 km – BAG 17.2.1983
- 40–45 km – ArbG Hagen 4.4.2002 (wenn Fahrtzeit unter eine Stunde)

Fälle weiter Entfernung liegen vor bei räumlich weit entfernten Betrieben, die eine eigene Interessenvertretung erhalten. Beispiele aus der Rechtsprechung:

- 11 km – BAG 17.5.2017 (Entscheidend ist physische Erreichbarkeit, moderne Kommunikationsmittel sind unerheblich)
- 28 km – BAG 23.9.1960 (da mehrmaliges Umsteigen erforderlich ist)
- 29 km – LAG Brandenburg 11.10.2006 (mit öffentlichen Verkehrsmitteln ist eine Fahrtzeit von 55 min. erforderlich)
- 40 km – LAG Köln 13.4.1989 (wegen häufiger Staus eine einstündige Fahrtzeit)
- 47 km – ArbG Darmstadt 6.8.2008 (Zeitbedarf für Hin- und Rück mit öffentlichen Verkehrsmitteln mehr als zwei Stunden)
- 50 km – LAG Schleswig-Holstein 29.6.1972
- 60–72 km – LAG Köln 13.4.1989
- 70 km – BAG 3.6.2004 (Strecke mit PKW in 35–40 min. zu schaffen, daher überbrückbare Entfernung, aber wegen schlechter ÖPNV-Anbindung doch als weit anzusehen)
- 80–90 km – LAG Schleswig-Holstein 7.7.1972

Unsicherheitsbereich: Der Entfernungsbereich von 45–60 km ist – entsprechend der Rechtsprechungspraxis – als Bereich zu bezeichnen, in dem eine klare Entscheidung jedenfalls erheblichen Unsicherheiten unterliegt.

2.2.2 »durch Aufgabenbereich und Organisation eigenständig«

Ist der Betriebsteil durch Aufgabenbereich und Organisation eigenständig, kommt es auf die Entfernung zum Hauptbetrieb nicht mehr an. Beide Voraussetzungen, d. h. die Eigenständigkeit in Bezug auf den Aufgabenbereich und die Organisation, müssen zusammen vorliegen.
Der eigenständige Aufgabenbereich ist dann zu bejahen, wenn in diesem organisatorisch abgegrenzten Teil des Betriebs ein besonders ausgeprägter arbeitstechnischer Zweck verfolgt wird. Das Merkmal eigenständige Organisation setzt eine eigene Leitung in diesem verselbstständigten Betriebsteil voraus.

2.3 Unternehmenseinheitlicher Betriebsrat und Spartenbetriebsrat

Nach § 3 Abs. 1 Nr. 1 bis 3 BetrVG können durch Tarifvertrag unter bestimmten Voraussetzungen von §§ 1 und 4 BetrVG abweichende betriebsratsfähige Organisationseinheiten festgelegt werden. Diese Organisationseinheiten gelten nach § 3 Abs. 5 Satz 1 BetrVG als Betriebe i. S. des Gesetzes. Damit sind diese Organisationseinheiten auch Betriebe i. S. des § 177 Abs. 1 SGB IX. Dafür spricht auch § 180 Abs. 1 Satz 1 SGB IX, der die Bildung von Gesamtschwerbehindertenvertretungen regelt. Diese werden von den Schwerbehindertenvertretungen der einzelnen Betriebe gewählt, wenn für mehrere Betriebe eines Unternehmens ein Gesamtbetriebsrat gewählt worden ist.
Ein wirksamer Tarifvertrag nach § 3 Abs. 1 Nr. 1 bis 3 BetrVG, der die Bildung von Arbeitnehmervertretungen abweichend von §§ 1, 4 BetrVG regelt, ist nach § 177 Abs. 1 Satz 1, § 170 Abs. 1 Satz 2 SGB IX i. V. mit § 3 Abs. 5 Satz 1 BetrVG auch für die Bildung von Schwerbehindertenvertretungen maßgebend (BAG 10. 11. 2004 – 7 ABR 17/04).
Dem steht § 177 Abs. 1 Satz 4 SGB IX nicht entgegen. Nach dieser Vorschrift können Betriebe, in denen nicht mindestens fünf schwerbehinderte Menschen beschäftigt sind, für die Wahl der Schwerbehindertenvertretung mit räumlich naheliegenden Betrieben des Arbeitgebers zusammengefasst werden, wobei nach § 177 Abs. 1 Satz 5 SGB IX über die Zusammenfassung der Arbeitgeber im Benehmen mit dem für den Sitz zuständigen Integrationsamt entscheidet. Diese Bestimmung regelt lediglich einen Ausnahmefall, ohne etwas am auf das BetrVG und damit auch auf § 3 Abs. 5 Satz 1 BetrVG verweisenden Betriebsbegriff zu ändern. Mit den in § 3 BetrVG eröffneten Gestaltungsmöglichkeiten durch Tarifvertrag (in Ausnahmefällen auch durch Betriebsvereinbarung) sollen die Tarifparteien auf den nachhaltigen Strukturwandel (Aufspaltung, Outsourcing und Verschmelzung) reagieren können. Ein neuer Beschluss zur Betriebsratswahl in einem Betrieb mit Matrix-Struktur zeigt, dass moderne Betriebsstrukturen zu mehrfacher Wahlberechtigung führen können, soweit eine Eingliederung in mehrere Betriebe vorliegt (BAG, Beschluss vom 22. 5. 2025 – 7 ABR 28/24); dies hat entsprechende Auswirkung auf die SBV-Wahl.

2.3.1 Unternehmenseinheitlicher Betriebsrat

Unternehmen mit mehreren Betrieben können einen unternehmenseinheitlichen Betriebsrat errichten (§ 3 Abs. 1 Nr. 1 Buchstabe a BetrVG). Es wird – anstelle von örtlichen Betriebsräten in den einzelnen Betrieben – ein standortübergreifender Betriebsrat für alle Betriebe des Unternehmens gebildet.

2.3.2 Spartenbetriebsrat

Für Unternehmen und Konzerne können nach § 3 Abs. 1 Nr. 2 BetrVG sogenannte **Spartenbetriebsräte** vorgesehen werden. Voraussetzung ist, dass die Unternehmen/Konzerne nach produkt- oder projektbezogenen Geschäftsbereichen (Sparten) organisiert sind und die Spartenleitung auch Entscheidungen in beteiligungspflichtigen Angelegenheiten trifft. Diese abweichende Gestaltung der Vertretungsstrukturen muss zudem der sachgerechten Wahrnehmung der Aufgaben des Betriebsrats dienen.
Die Vorschrift erlaubt sowohl die **spartenmäßige Zusammenfassung** der Arbeitnehmer verschiedener Betriebe zur Wahl, als auch die **spartenmäßige Zergliederung** der Arbeitnehmer eines Betriebs, sodass innerhalb eines Betriebs mehrere solcher Betriebsräte für mehrere Sparten errichtet werden können.
Die gebildeten Organisationseinheiten gelten dabei als Betriebe im Sinne des BetrVG. Die festgelegten Betriebsstrukturen gelten nicht nur für die Betriebsratswahlen, sondern auch für die Wahlen der Schwerbehindertenvertretungen.

2.4 Zusammenfassung von Betrieben (und Dienststellen)

2.4.1 Grundlagen

Sind in einem Betrieb (siehe oben III 2.) oder in einer Dienststelle (siehe unten III 3.) nicht wenigstens fünf schwerbehinderte Menschen oder Gleichgestellte nicht nur vorübergehend beschäftigt und sind damit die Voraussetzungen für die Wahl einer Schwerbehindertenvertretung nicht erfüllt, so kommt nach § 177 Abs. 1 Satz 4 SGB IX die **Zusammenfassung** eines solchen Betriebes oder einer solchen Dienststelle **mit anderen Betrieben bzw. Dienststellen** in Betracht.
Eine Zusammenfassung ist auch möglich, wenn Vereinbarungen über **Sonderformen** der Betriebsstruktur nach § 3 BetrVG (s. o.: Unternehmenseinheitlicher Betriebsrat und Spartenbetriebsrat) zwischen Arbeitgeber und Betriebsrat/Gewerkschaft getroffen wurden.
Voraussetzungen für die Zusammenfassung von Betrieben/Dienststellen ist nicht, dass alle Betriebe/Dienststellen jeweils weniger als fünf schwerbehinderte Arbeitnehmer beschäftigen; daher kann auch ein Betrieb/eine Dienststelle/mehrere Betriebe/mehrere Dienststellen, der/die fünf oder mehr schwerbehinderte Arbeitnehmer beschäftigen, mit Betrieben/Dienststellen zusammengefasst werden, in denen weniger als fünf schwerbehinderte Arbeitnehmer beschäftigt sind.
Die **Zusammenfassung** kann nur mit einem **räumlich nahe liegenden** Betrieb desselben Arbeitgebers erfolgen. In der öffentlichen Verwaltung dürfen Dienststellen (z. B. benachbarte Finanzverwaltungen) nur zusammengefasst werden, wenn sie der **gleichen Stufe** zugehörig sind (z. B. Mittelbehörden). Dies trifft bei Gerichten nicht zu. Hier ist es erlaubt, sowohl unterschiedliche Gerichtszweige als auch Instanzen (Stufen) zusammenzufassen. Bei den Gerichten gilt allerdings

die Besonderheit, dass die Zusammenfassung für die Wahl, also vorher erfolgen muss. Eine nachträgliche Zuordnung ist für Gerichte nicht möglich.
Allerdings gilt auch für die Zusammenfassung von Dienststellen bzw. von Gerichten: die räumliche Nähe ist erforderlich. Das ergibt sich zwar nicht aus dem Wortlaut, aber aus dem Sinn und Zweck der Vorschrift.
Zur Definition »räumlich nahe liegend« bzw. »räumlich entfernt«: hier gilt wie oben – entscheidend sind weniger die Entfernungen nach Kilometer als vielmehr die Verkehrsanbindung mit öffentlichen Verkehrsmitteln und der benötigte Zeitaufwand zwischen den Orten.

2.4.2 Verfahren

Über die Zusammenfassung entscheidet der Arbeitgeber im Benehmen, mit dem für seinen Sitz zuständigen Integrationsamt (§ 177 Abs. 1 Satz 5 SGB IX). Der Gesetzgeber verlangt also eine Entscheidung des Arbeitgebers, die er im **Benehmen** mit dem zuständigen Integrationsamt trifft. Benehmen ist hier so auszulegen, dass der Arbeitgeber bzw. die Dienststellenleitung dem zuständigen Integrationsamt die Gelegenheit zur Stellungnahme mit dem Ziel der Verständigung gibt. Eine Bindung des Arbeitgebers an das Einverständnis des Integrationsamtes besteht insoweit nicht.
Wenn die Betriebe/Dienststellen, die zusammengefasst werden sollen, im Zuständigkeitsbereich verschiedener Integrationsämter liegen, muss der Arbeitgeber das Benehmen mit allen betroffenen Integrationsämtern herstellen.
Anregen kann die Zusammenfassung neben dem Arbeitgeber (§ 154 SGB IX) auch
- der Wahlvorstand
- die Schwerbehindertenvertretung
- der Betriebs- oder Personalrat.

Der Arbeitgeber muss die Zusammenfassung für die nächste Wahl rückgängig machen, wenn jeder der zusammengefassten Betriebe/Dienststellen mittlerweile so viele schwerbehinderte Menschen beschäftigt, dass jeweils eine eigene Schwerbehindertenvertretung zu wählen ist.
Die zu wählende Schwerbehindertenvertretung vertritt bis zum Ablauf ihrer Amtszeit die schwerbehinderten Menschen aller zusammengefassten Betriebe bzw. Dienststellen.

3. Dienststelle

Der Begriff der **Dienststelle** ist für die Verwaltungen des Bundes in §§ 6, 7 BPersVG ausdrücklich geregelt (ebenfalls in den LPersVG).
Die **Dienststelle** ist die organisatorische Einheit, in der jeweils ein Personalrat zu bilden ist. Der Begriff der Dienststelle umfasst die einzelnen Verwaltungsbehörden, Verwaltungsstellen, Betriebe und Gerichte und die militärischen Dienststellen und Einrichtungen der Bundeswehr. §§ 6, 7 BPersVG enthält eine allgemeine Umschreibung des **Dienststellenbegriffs**. Danach sind alle diejenigen organisatorischen Einheiten, die nach Aufgabenbereich und Organisation selbständig sind, Dienststellen im Sinne des BPersVG. Die genannten Voraussetzungen sind dann gegeben, wenn der Leiter der organisatorischen Einheit über diejenigen Angelegenheiten, an deren Regelung die Personalvertretung zu beteiligen ist, im Allgemeinen selbstständig entscheiden kann, auch wenn er dabei an Weisungen vorgeordneter Stellen gebunden ist.

Der Zweck, den die **Dienststelle** verfolgt, ist personalvertretungsrechtlich unerheblich. Es kommt z. B. nicht darauf an, dass hoheitsrechtliche Befugnisse ausgeübt werden. Es kann sogar ein arbeitstechnischer Zweck verfolgt werden, wie er üblicherweise auch von Betrieben der Privatwirtschaft wahrgenommen wird. Entscheidend ist, dass die Einrichtung von einer öffentlichen Verwaltung in einer öffentlich-rechtlichen Form geführt wird. Möglich ist auch die Verfolgung mehrerer Zwecke (Altvater u. a., BPersVG, Kommentar für die Praxis, § 6 Rn. 1 ff.).
Die Verselbständigung von Nebenstellen und Dienststellenteilen lässt das BPersVG zu. Diese Ausnahmeregelung bezieht sich auf **Nebenstellen** und **Teile einer Dienststelle**, die von dieser räumlich weit entfernt liegen.
Als **Nebenstelle** ist ein solcher Bereich zu verstehen, der zwar in sich eine geschlossene Aufgabenstellung hat, aber **nicht** organisatorisch selbständig ist, sondern einer (Haupt-)Dienststelle untersteht. Demgegenüber dient der Teil der Dienststelle unmittelbar dem Zweck der Dienststelle, ist also lediglich räumlich von ihr abgesondert.
Voraussetzung für die Bildung einer eigenen Interessenvertretung ist neben der räumlich weiten Entfernung der Nebenstelle oder des Dienststellenteils von der (Haupt-)Dienststelle ein **Beschluss der Beschäftigten, § 7 BPersVG**. Der Verselbständigungsbeschluss bedarf der **Mehrheit** der vorhandenen wahlberechtigten Beschäftigten der Nebenstelle oder des Dienststellenteils. Es genügt nicht allein die Mehrheit der an der Abstimmung beteiligten Beschäftigten. Die Abstimmung findet gemeinsam statt. Eine Abstimmung nach Gruppen (Angestellte, Arbeiter und Arbeiterinnen, Beamte) ist nicht zulässig. Sie kann von jedem bzw. jeder Beschäftigten der Nebenstelle bzw. des Dienststellenteils veranlasst werden. Ergibt sich die erforderliche Mehrheit, so ist die Wahl einer eigenen Interessenvertretung einzuleiten.

4. Richter/Staatsanwälte

Hinsichtlich des Betriebsbegriffs gelten Sonderregelungen für die Gerichte. Hier wählen die Richter, Staatsanwälte und nicht richterlichen Bediensteten eigene Schwerbehindertenvertretungen; Staatsanwälte und die nicht richterlichen Bediensteten wählen eine eigene Schwerbehindertenvertretung nur dann, wenn sie auch einen eigenen Personalrat gewählt haben.
§ 177 Abs. 1 Satz 1 SGB IX regelt, dass bei Gerichten, denen mindestens fünf schwerbehinderte oder gleichgestellte behinderte **Richter** angehören, diese einen Richter zu ihrer Schwerbehindertenvertretung wählen. Entsprechendes gilt nach Abs. 1 Satz 3 auch für **Staatsanwälte**, wenn das Landesrichterrecht eine eigene Personalvertretung für Staatsanwälte vorsieht.

IV. Wahltermin

1. Regelmäßige Wahlen

Die regelmäßigen Wahlen der Schwerbehindertenvertretungen (§ 177 Abs. 5 Satz 1 SGB IX) finden alle vier Jahre in der Zeit vom **1. Oktober bis zum 30. November** statt. Die nächsten regelmäßigen Wahlen finden 2026, 2030, 2034, usw. statt.
Die Wahlen der **Gesamt- und der Bezirksschwerbehindertenvertretungen** finden vom **1. Dezember bis zum 31. Januar** und die Wahlen **der Konzern- und Hauptschwerbehindertenvertretungen** vom **1. Februar bis zum 31. März** statt.
Die regelmäßige **Amtszeit** der Schwerbehindertenvertretung beträgt nach § 177 Abs. 7 SGB IX grundsätzlich vier Jahre.
Sinkt die Zahl der schwerbehinderten Menschen und der ihnen Gleichgestellten unter fünf, ist dies kein Grund zum Erlöschen des Amtes (BAG 19.10.2022 – 7 ABR 27/21, dazu Kohte, Fachbeitrag B 3/2023, *www.reha-recht.de*).
Erlischt das Amt der Vertrauensperson vorzeitig, rückt der bzw. die mit der höchsten Stimmenzahl gewählte Stellvertreter bzw. Stellvertreterin für den Rest der Amtszeit nach. Diese Regelung gilt entsprechend für die Stellvertretung.
Scheidet allerdings der einzige Stellvertreter bzw. die einzige Stellvertreterin vorzeitig aus dem Amt aus, werden für den Rest der Amtszeit ein/eine bzw. mehrere Stellvertreter/Stellvertreterinnen nachgewählt, §§ 17, 21 SchwbVWO.

2. Wahlen außerhalb des Wahlzeitraums

Außerhalb des festen Wahlzeitraums müssen Wahlen stattfinden, wenn

- das Amt der Schwerbehindertenvertretung **vorzeitig erlischt** und kein Stellvertreter bzw. keine Stellvertreterin nachrückt oder
- die Wahl mit Erfolg rechtskräftig **angefochten** worden ist.

Gibt es bislang in dem Betrieb oder in der Dienststelle **noch keine Schwerbehindertenvertretung**, dann findet die Wahl ebenfalls außerhalb des festen Wahlzeitraums statt. Eine erstmalige Wahl kann jederzeit stattfinden, der Betriebsrat bzw. Personalrat hat auf eine Wahl hinzuwirken, vgl. § 176 SGB IX.

2.1 Erlöschen des Amtes

Das Erlöschen des Amtes der Vertrauensperson führt in der Regel nicht zu Neuwahlen, solange Stellvertretungen nachrücken können. Wenn keine vorhanden sind, müssen Neuwahlen stattfinden.

Das Amt der Vertrauensperson **erlischt** gem. § 177 Abs. 7 SGB IX, wenn die Vertrauensperson der behinderten Menschen

- es **niederlegt** (dazu muss die Niederlegung zumindest dem Arbeitgeber mitgeteilt worden sein),
- aus dem Arbeits- bzw. Dienstverhältnis **ausscheidet** (Kündigung, Auflösung des Arbeits- bzw. Dienstverhältnisses, Rente, Pension, Tod),
- die **Wählbarkeit verliert** (wenn die Vertrauensperson nicht mehr in dem Betrieb bzw. in der Dienststelle beschäftigt ist, z. B. bei Versetzungen/Abordnungen innerhalb eines Unternehmens bzw. eines Ministeriums; im Falle der Ausgliederung von Teilen einer Dienststelle als selbstständige Dienststelle aus einer anderen Dienststelle.

Das Amt der Schwerbehindertenvertretung erlischt nicht, wenn die Zahl der schwerbehinderten Menschen nach der Wahl auf unter fünf sinkt. Die Schwerbehindertenvertretung bleibt bis zum Ablauf der regelmäßigen Amtszeit im Amt.

Erlöschen des Amtes im Bereich des BetrVG		
Nein	bei ruhenden Arbeitsverhältnissen	(z. B. bei Inanspruchnahme von Elternzeit nach dem Wahltag)
Nein	bei Betriebsübergang	(solange der Betrieb seine Identität als eigenständiger Betrieb behält und nur ein Inhaberwechsel stattfindet)
Ja	bei Ausscheiden aus dem Betrieb	(z. B. bei Inanspruchnahme von Altersteilzeit im Blockmodell, bei Eintreten in die Freistellungsphase)
Ja	bei vollständiger Auflösung des Betriebs	
Ja	bei Eingliederung des Betriebs in einen anderen Betrieb	
Ja	bei Zusammenlegung eines Betriebs mit einem/mehreren selbstständigen Betrieben, wenn ein ganz neuer Betrieb gegründet wird	
Erlöschen des Amtes im öffentlichen Dienst		
Ja	bei vollständiger Auflösung der Dienststelle	
Ja	bei Eingliederung einer Dienststelle in eine andere Dienststelle	
Ja	bei Zusammenlegung mehrerer Behörden in eine neue Dienststelle	

Organisationsbasis für die Existenz und die Tätigkeit der Schwerbehindertenvertretung ist der Betrieb bzw. die Dienststelle, oder der als selbstständig geltende Betriebsteil (§ 4 BetrVG) bzw. Nebenstellen oder Teile einer Dienststelle (§ 7 BPersVG). Das Amt der Schwerbehindertenvertretung erlischt daher, wenn der Betrieb bzw. die Dienststelle vollständig aufgelöst wird.

Änderungen dieser Organisationsstrukturen, z. B. durch Zusammenlegung von Betrieben und Dienststellen oder durch Teilung von Betrieben und Dienststellen, können Auswirkungen auf den Bestand der Schwerbehindertenvertretung oder den Umfang seiner Zuständigkeit haben und in der neuen Organisationseinheit die Neuwahl der Schwerbehindertenvertretung erforderlich machen. Ausgenommen hiervon ist der gemeinsame Betrieb mehrerer selbstständiger Unternehmen (§ 1 BetrVG).

3. Übergangsmandat

3.1 Geltungsbereich des Betriebsverfassungsgesetzes

Das im § 21a BetrVG aufgenommene **Übergangsmandat** entsteht bei Umstrukturierungen von Unternehmen und Betrieben mit damit verbundenen Auswirkungen auf die Betriebsstätten und deren Organisation. Nur soweit Umstrukturierungen auf Unternehmens- bzw. Betriebsebene die Identität des Betriebs unberührt lassen, haben sie keinen Einfluss auf Bestand und Rechtsstellung der Interessenvertretung.

Das Übergangsmandat dient dem Schutz der Arbeitnehmer. Zweck des Übergangsmandates ist es, dass der Betriebsrat für eine Übergangszeit im Amt bleibt, bis in neu entstandenen betrieblichen Einheiten Betriebsräte gewählt worden sind. Der Betriebsrat, der ein Übergangsmandat besitzt, hat unverzüglich Wahlvorstände zu bestellen. Das Übergangsmandat endet, sobald in den Betriebsteilen ein neuer Betriebsrat gewählt und das Wahlergebnis bekannt gegeben worden ist, spätestens jedoch sechs Monate nach Wirksamwerden der Unternehmens- bzw. Betriebsspaltung oder der Teilübertragung des Rechtsträgers. Das Übergangsmandat kann durch Tarifvertrag oder Betriebsvereinbarung um weitere sechs Monate verlängert werden.

Mit der ersten Reformstufe des SGB IX im Rahmen des Bundesteilhabegesetzes wurde schon 2018 auch der Schwerbehindertenvertretung ein Übergangsmandat eingeräumt. § 21a BetrVG ist nach § 177 Abs. 8 SGB IX bei betriebsübergreifenden Umstrukturierungen seitdem analog anzuwenden.

Der Betriebsbegriff bestimmt sich gem. § 170 Abs. 1 Satz 2 SGB IX nach dem BetrVG. Damit sind die §§ 1, 4 BetrVG maßgebend. Allerdings können nach § 3 Abs. 1 Nr. 1 bis 3 BetrVG durch Tarifvertrag unter bestimmten Voraussetzungen abweichende betriebsratsfähige Organisationseinheiten festgelegt werden. Diese Organisationseinheiten gelten nach § 3 Abs. 5 Satz 1 BetrVG als Betriebe im Sinne des Gesetzes. Damit sind diese Organisationseinheiten auch Betriebe im Sinne des § 177 Abs. 1 Satz 1 SGB IX.

Bei einer Betriebsaufspaltung können sich für die Problematik der Bestellung des Wahlvorstands auf der Grundlage eines Übergangsmandates folgende Abläufe ergeben:

- Bei einer **Betriebsaufspaltung**, bei der der bisherige Betrieb untergeht, bestellt die bisherige Schwerbehindertenvertretung unverzüglich Wahlvorstände für die Wahl in den neu entstandenen Betriebsteilen. Das gilt dann nicht, wenn ein solcher Betriebsteil nicht mehr schwerbehindertenvertretungsfähig ist; ebenso, wenn der Betriebsteil in einen Betrieb eingegliedert wurde, in dem bereits eine Schwerbehindertenvertretung besteht.
- Bei einer **Betriebsabspaltung** oder Ausgliederung eines Betriebsteils bleibt die Schwerbehindertenvertretung des bisherigen Betriebs unverändert im Amt und bestellt für diesen Betrieb den Wahlvorstand erst vor Ablauf ihrer regulären Amtszeit. Für den abgespaltenen Betriebs-

teil bestellt die Schwerbehindertenvertretung des bisherigen Betriebs dagegen unverzüglich einen Wahlvorstand. Wiederum gilt dies nicht, wenn der abgespaltene Betriebsteil nicht mehr schwerbehindertenvertretungsfähig ist oder in einen Betrieb mit Schwerbehindertenvertretung eingegliedert wurde.

- Erfolgt die **Eingliederung** eines Betriebs oder eines abgespaltenen Betriebsteiles in einen Betrieb, der zwar schwerbehindertenvertretungsfähig ist, aber keine Schwerbehindertenvertretung hat, besteht das Übergangsmandat für die Schwerbehindertenvertretung des Ursprungsbetriebes ebenfalls mit der Folge, dass sie für den bisher schwerbehindertenvertretungslosen Betrieb einen Wahlvorstand zur Durchführung einer Schwerbehindertenvertretungswahl bestellt.
- Bei einer **Zusammenlegung** von Betrieben oder Betriebsteilen zu einem neuen Betrieb bestellt die Schwerbehindertenvertretung des Betriebs oder des Betriebsteils den Wahlvorstand, in dessen Betriebsbereich vor der Zusammenlegung die größte Zahl der wahlberechtigten schwerbehinderten oder gleichgestellten Arbeitnehmer beschäftigt war.

3.2 Geltungsbereich des Personalvertretungsrechts

Mit der Novellierung des BPersVG wurde im Juni 2021 auch für den Personalrat eine Regelung zum Übergangsmandat in § 29 BPersVG eingefügt. Im Hinblick auf die SBV verweist das SGB IX diesbezüglich zwar nur auf § 21a BetrVG, eine analoge Anwendung im Geltungskreis des Personalvertretungsrechts ist aber durch die Novellierung des BPersVG geboten. Auch in der Mehrzahl der Landespersonalvertretungsgesetze ist inzwischen ein solches Übergangsmandat eingeführt worden.

3.2.1 Privatisierung und Übergangsmandat

Geht eine Verwaltung oder Betriebsverwaltung aus der Trägerschaft einer juristischen Person des öffentlichen Rechts in die Trägerschaft einer natürlichen oder juristischen Person des Privatrechts oder einer Personengesellschaft über, so verlässt sie damit zugleich den Geltungsbereich des Personalvertretungsrechts und tritt als Betrieb in den Geltungsbereich des BetrVG ein. Aus der rein formalen Abgrenzung der Geltungsbereiche des Personalvertretungsrechts einerseits und des Betriebsverfassungsrechts andererseits folgt, dass das Amt des in der Einrichtung bestehenden PR mit dem Stichtag der Privatisierung automatisch erlischt. Damit die Interessen der Arbeitnehmer aber auch in der Zeit bis zur Konstituierung des Betriebsrats wirksam vertreten werden können, bedarf es einer Übergangsregelung, die mit der Novellierung des BPersVG im Juni 2021 in § 29 Abs. 6 BPersVG geschaffen wurde.

3.2.2 Auflösung, Eingliederung oder Zusammenlegung von Dienststellen und Übergangsmandat

Bereits vor Schaffung des § 21a BetrVG hatte das BAG aufgrund einer Rechtsanalogie zu den seit 1990 erlassenen einschlägigen einzelgesetzlichen Regelungen im Wege der richterlichen Rechtsfortbildung ein generelles Übergangsmandat des Betriebsrats anerkannt. Da die Schutzbedürftigkeit der Beschäftigten im Geltungsbereich des BPersVG nicht geringer ist als die der Arbeitnehmer im Anwendungsbereich des BetrVG, war in der Vergangenheit zur Verhinderung einer personalratslosen Anfangszeit im Wege der Gesamtanalogie auch ein entsprechendes allgemeines personalvertretungsrechtliches Übergangsmandat des PR zu bejahen, falls für die Umstrukturierung der betroffenen Dienststellen keine einzelgesetzliche Regelung eines Übergangsmandats erfolgte. Mit der Novellierung des BPersVG ist nun endlich auch im Geltungsbereich des Personalvertretungsrechts ein Übergangsmandat geschaffen worden. Zwar hat der Gesetzgeber bislang noch keinen entsprechenden Verweis im § 177 Abs. 8 SGB IX aufgenommen, eine beabsichtigte Nichtanwendung in Bezug auf die SBV ist der Beschlussempfehlung (BT Drucksache 19/28893) nicht zu entnehmen, sodass sich eine analoge Anwendung der Übergangsmandatsregelung aus § 29 BPersVG für die SBV ableiten lässt.

4. Beginn und Ende der Amtszeit

Mit der Bekanntgabe des Wahlergebnisses beginnt die Amtszeit der Schwerbehindertenvertretung. Wenn die Amtszeit der bisherigen Schwerbehindertenvertretung in diesem Zeitpunkt noch nicht beendet ist, beginnt sie mit deren Ablauf. Die Amtszeit endet nach vier Jahren, spätestens am 30.11. des nächsten regelmäßigen Wahltermins.
Wenn zum Zeitpunkt, an dem die regelmäßigen Wahlen für die Schwerbehindertenvertretung stattfinden, eine zwischenzeitlich gewählte Schwerbehindertenvertretung noch **nicht ein Jahr im Amt** ist, muss zum fest vorgesehenen Zeitpunkt der Wahl **nicht** noch einmal gewählt werden. In diesen Fällen kann sich die Amtszeit der Schwerbehindertenvertretung auf fast fünf Jahre verlängern.
Die Amtszeit des Stellvertreters bzw. der Stellvertreterin beginnt zeitgleich mit derjenigen der Vertrauensperson und dauert grundsätzlich genauso lange. Wird der Stellvertreter bzw. die Stellvertreterin nachgewählt, endet seine/ihre kürzere Amtszeit ebenfalls mit derjenigen der Vertrauensperson. Insoweit wird der Stellvertreter nur für den Rest der Amtszeit der Schwerbehindertenvertretung gewählt. Das gilt auch dann, wenn die Amtszeit des nachgewählten stellvertretenden Mitglieds des für die regelmäßigen Wahlen der Schwerbehindertenvertretung festgelegten Zeitraums noch nicht ein Jahr betragen hat.
Das Amt des stellvertretenden Mitglieds kann unter den gleichen Voraussetzungen wie das der Vertrauensperson vorzeitig erlöschen.
Scheidet die Vertrauensperson vorzeitig aus ihrem Amt aus, dann rückt der/die mit der höchsten Stimmenzahl gewählte Stellvertreter bzw. Stellvertreterin für den Rest der Amtszeit nach. In das Amt der Vertrauensperson kann nur der 1. Stellvertreter oder die 1. Stellvertreterin nachrücken, nicht die bei der Wahl der Vertrauensperson unterlegenen Gegenkandidaten.

Beispiele:
- SBV-Wahl im Juni 2025 (außerplanmäßig, da bislang noch keine SBV existierte); bei Beginn der nächsten Regelwahl (1.10.2026) besteht die neugewählte SBV über ein Jahr. Daher endet die Amtszeit vorzeitig bei den nächsten regelmäßigen Neuwahlen mit Ablauf des 30.11.2026.
- SBV-Wahl im Dezember 2025 (außerplanmäßig, da die SBV vorzeitig ausscheidet); bei Beginn der nächsten Regelwahl (1.10.2026) besteht die neugewählte SBV noch nicht ein Jahr. Daher verlängert sich die Amtszeit über die eigentlichen vier Jahre hinaus bis zu den übernächsten regelmäßigen Neuwahlen 2030.

5. Tag der Wahl

Der Tag der Wahl wird vom Wahlvorstand festgelegt und im Wahlausschreiben bekannt gegeben (§ 5 Abs. 1 Nr. 13 SchwbVWO). Die Wahl soll innerhalb von sechs Wochen, spätestens jedoch eine Woche vor dem Tage stattfinden, an dem die Amtszeit der Schwerbehindertenvertretung abläuft (§ 2 Abs. 3 SchwbVWO). Es ist auch zu beachten, dass zwischen dem Aushang des Wahlausschreibens und dem Wahltag sechs Wochen liegen müssen (§ 5 Abs. 1 Satz 1 SchwbVWO). Im vereinfachten Wahlverfahren lädt die amtierende Schwerbehindertenvertretung zur Wahlversammlung ein und bestimmt damit den Wahlzeitpunkt. Dies gilt auch für die online-Wahlversammlung und die nachgelagerte Briefwahl.

V. Aktives und passives Wahlrecht

1. Aktives Wahlrecht: Wer kann wählen?

1.1 Grundsätzliche Voraussetzungen

Wahlberechtigt sind **alle** im Betrieb bzw. in der Dienststelle am Wahltag beschäftigten **schwerbehinderten Menschen** einschließlich der **Gleichgestellten** (§ 151 Abs. 2 SGB IX). Gleichgestellte sind vom Zeitpunkt der Gleichstellung an wahlberechtigt. Zwar wird die Gleichstellung rückwirkend zum Antragsstellungszeitpunkt bewilligt, eine Berücksichtigung als Wahlberechtigte findet aber nur bei bereits positiv entschiedenem Antrag statt.
Auch diejenigen Menschen mit Behinderungen dürfen wählen, deren Grad der Behinderung auf unter 50 herabgesetzt wurde oder deren Gleichstellung widerrufen worden ist, wenn der betreffende Bescheid noch nicht bestandskräftig ist. Wenn also der schwerbehinderte Mensch Widerspruch erhoben oder Klage eingelegt hat, hat dies aufschiebende Wirkung und er ist wahlberechtigt. Selbst bei Unterliegen in diesen Verfahren hat er immer noch nach § 199 SGB IX für weitere drei Monate das Wahlrecht. Wahlberechtigt sind außerdem offensichtlich schwerbehinderte Menschen ohne Schwerbehindertenausweis (Sieg, NZA 2002, S. 1064, 1065), weil die Anerkennung – mit Ausnahme des Kündigungsschutzes (§ 173 Abs. 2a SGB IX) – nur Beweiszwecken dient. Als Nachweis dient grundsätzlich der Schwerbehindertenausweis oder bei Gleichgestellten die Vorlage des Bescheides der Agentur für Arbeit. Auf die Stellung im Betrieb bzw. in der Dienststelle kommt es also nicht an.
Demnach sind im Geltungsbereich des Betriebsverfassungsgesetzes auch **leitende Angestellte** i.S.d. § 5 Abs. 3 und 4 BetrVG (so jetzt auch BAG 9.5.2023 – 1 ABR 14/22 Rn. 30) und im Geltungsbereich der Personalvertretungsgesetze auch der **Dienststellenleiter** bzw. die **Dienststellenleiterin** und andere leitende Beschäftigte (vgl. § 8 BPersVG) **wahlberechtigt.**
Das **Lebensalter** ist für die **Wahlberechtigung** ebenso wenig maßgeblich wie die **Staatsangehörigkeit** und wie die **Dauer der Arbeitszeit** und der **Zugehörigkeit** zum Betrieb; auch **geringfügig Beschäftigte** sind **wahlberechtigt**. Auch nicht ständig beschäftigte Arbeitnehmer dürfen wählen, wenn sie am Tag der Stimmabgabe arbeiten. Väter und Mütter in Elternzeit und Beschäftigte in der Arbeitsphase der Altersteilzeit sind wahlberechtigt, nicht jedoch in der Freistellungsphase, wenn auf diese der Ruhestand folgt. Leiharbeitnehmer sind wahlberechtigt, wenn sie länger als drei Monate im Betrieb eingesetzt werden (vgl. § 7 Satz 2 BetrVG). Gemäß § 177 Abs. 2 SGB IX sind alle in dem Betrieb oder der Dienststelle beschäftigten schwerbehinderten Menschen wahlberechtigt. Geschäftsfähigkeit ist demnach keine Voraussetzung für die Wahlberechtigung. Auch wer unter gesetzlicher Betreuung (§ 1896 BGB) steht, darf selbst wählen.
Schwerbehinderte Menschen oder ihnen Gleichgestellte, die außerhalb eines Arbeitsverhältnisses tätig sind, also z.B. Menschen mit Behinderungen, die an Leistungen zur Teilhabe am

Arbeitsleben in Betrieben oder Dienststellen teilnehmen (§ 156 Abs. 2 Nr. 1 SGB IX), oder Personen, die aus karitativen oder religiösen Gründen oder überwiegend zu ihrer Heilung, Wiedereingewöhnung oder Erziehung beschäftigt werden (§ 156 Abs. 2 Nr. 2, 3 SGB IX), genießen das aktive Wahlrecht. Ebenso sind schwerbehinderte Teilnehmer und Teilnehmerinnen an Arbeitsbeschaffungsmaßnahmen als schwerbehinderte Menschen oder ihnen Gleichgestellte wahlberechtigt. Für das Wahlrecht kommt es nicht auf das Vorliegen eines Arbeitsverhältnisses an, sondern allein darauf, dass der schwerbehinderte oder gleichgestellte Mensch im Betrieb oder der Dienststelle beschäftigt ist. Die Schwerbehindertenvertretung soll alle schwerbehinderten Menschen vertreten, ohne Rücksicht auf eine Beschäftigung im Rahmen eines Arbeitsverhältnisses bzw. ohne Rücksicht darauf, ob die Beschäftigung auf einem Arbeitsplatz i. S. des § 156 SGB IX erfolgt.

Die entsprechende Entscheidung des Siebten Senats des BAG vom 27. 6. 2001 – 7 ABR 50/99 wurde bestätigt durch die Entscheidung des BAG vom 25. 10. 2017 – 7 ABR 2/16. So sind auch schwerbehinderte Menschen wahlberechtigt, die an Maßnahmen zur Rehabilitation in einem privatwirtschaftlichen Berufsbildungswerk teilnehmen. Der Begriff der Beschäftigung wird in § 177 Abs. 2 SGB IX in einem weiten Sinne verwendet und setzt weder einen Arbeitsplatz noch ein Arbeitsverhältnis voraus. Die Rehabilitanden, die im Rahmen der Rehabilitationsmaßnahme unter entsprechender Anleitung eine wie auch immer geartete Tätigkeit im Betrieb verrichten, sind deshalb, so das BAG, im Betrieb beschäftigte schwerbehinderte Menschen. Aus Gründen demokratischer Legitimation ist den Rehabilitanden das aktive Wahlrecht zu dem Organ zuzuerkennen, das ihre besonderen Interessen als schwerbehinderter Mensch wahrzunehmen hat. In dieser Entscheidung hat der Siebte Senat seine bisherige Rechtsprechung bestätigt, dass Rehabilitanden in einem reinen Berufsbildungswerk bei der Wahl der Schwerbehindertenvertretung kein **passives Wahlrecht** besitzen, weil sie keine zum Betriebsrat bzw. zur Jugend- und Auszubildendenvertretung wählbaren Arbeitnehmer im Sinne des § 5 Abs. 1 bzw. § 60 Abs. 1 BetrVG sind. Die Rehabilitanden in reinen Berufsausbildungswerken sind mangels Eingliederung in den dortigen arbeitstechnischen Zweck der Ausbildungsvermittlung keine Arbeitnehmer im Sinne des BetrVG (Feldes u. a., Schwerbehindertenrecht, § 156 SGB IX Rn. 7). Laut einer neuen Entscheidung des BAG sind in Werkstätten für behinderte Menschen neben den Angestellten der Werkstatt auch die Beschäftigten in der Werkstatt wahlberechtigt bei der Wahl der SBV (BAG, Beschluss vom 23. 10. 2024 – 7 ABR 36/23). Die SBV ist folglich dafür zuständig, die Interessen dieser Beschäftigten zu vertreten, da diese in den betrieblichen Alltag eingegliedert sind. Die Entscheidung hat durch die gegebenenfalls höhere Anzahl der Wahlberechtigten Auswirkung auf die Frage des Wahlverfahrens sowie auf mögliche Freistellungswünsche der SBV. In Werkstätten in evangelischer Trägerschaft findet die Entscheidung keine Anwendung, da gemäß § 50 Abs. 3 MVG-EKD alle in der Dienststelle beschäftigten schwerbehinderten Mitarbeiterinnen und Mitarbeiter wahlberechtigt sind, und insofern auf einen anderen Begriff abgestellt wird (KGH.EKD, Beschluss vom 7. 4. 2008 – I-0124/N81-07). Bei katholischen Trägern sowie in der Privatwirtschaft und im öffentlichen Dienst ist jedoch die neue Ansicht des BAG maßgeblich.

Wer nicht in die Wählerliste eingetragen ist, kann nicht wählen (§ 5 Abs. 1 Nr. 5 SchwbVWO). In der Praxis wird dem Wahlvorstand als Basis für die Wählerliste vom Arbeitgeber das Verzeichnis nach § 163 Abs. 1 SGB IX in Kopie überlassen. Neu in den Betrieb bzw. in die Dienststelle eintretende schwerbehinderte Menschen können allerdings noch bis zum Tag vor Beginn der Stimmabgabe in die Wählerliste aufgenommen werden (§ 4 Abs. 3 SchwbVWO). Dies gilt auch, wenn die Anerkennung der Schwerbehinderung oder der Gleichstellung nach Aufstellung der Wählerliste, aber vor Beginn der Stimmabgabe erfolgte und nachgewiesen wurde.

1.2 Soldaten/Richter/Staatsanwälte/Inhaber des Bergmann-Versorgungsscheins

Bei Dienststellen der **Bundeswehr** sind auch schwerbehinderte **Soldatinnen und Soldaten** (einschließlich der Soldaten, die Gleichgestellte sind) wahlberechtigt (§ 177 Abs. 4 SGB IX). Die Einschränkung auf »Dienststellen, bei denen eine Vertretung der Soldaten nach dem BPersVG zu wählen ist«, ist weggefallen.
Bei **Gerichten** sind auch schwerbehinderte **Richterinnen und Richter** (einschließlich der Richter, die Gleichgestellte sind) bei der Wahl der allgemeinen Vertrauensperson der Beschäftigten wahlberechtigt, und zwar unabhängig davon, ob sie neben der allgemeinen Vertrauensperson aller Beschäftigten eine besondere Vertrauensperson der schwerbehinderten Richter wählen (s. Kapitel XIX).
Diese Vorschrift gilt auch für **Staatsanwältinnen und Staatsanwälte**, sofern sie nach Landesrecht eine eigenständige Personalvertretung für Staatsanwältinnen und Staatsanwälte vorsieht (z. B. in Hessen § 78a Hess. Richtergesetz vom 19. 10. 1962); diese wählt eine eigene Schwerbehindertenvertretung der schwerbehinderten Staatsanwälte, wenn die Mindestzahl von fünf nicht nur vorübergehend beschäftigten schwerbehinderten Menschen und/oder Gleichgestellten erreicht wird.
Nicht wahlberechtigt sind **Inhaber bzw. Inhaberinnen des Bergmann-Versorgungsscheins,** wenn sie nicht gleichzeitig schwerbehinderte Menschen oder Gleichgestellte sind.

2. Passives Wahlrecht: Wer kann gewählt werden?

2.1 Grundsätzliche Wählbarkeit

Wählbar sind nach § 177 Abs. 3 Satz 1 SGB IX **alle** im Betrieb oder der Dienststelle **nicht nur vorübergehend Beschäftigten,** die am Wahltage

- **das 18. Lebensjahr vollendet haben und**
- **dem Betrieb oder der Dienststelle seit sechs Monaten angehören.**

Zum Begriff des »nicht nur vorübergehend Beschäftigten« vgl. oben Kapitel II.
Wenn **der Betrieb oder die Dienststelle** zum Zeitpunkt der Wahl **weniger als ein Jahr besteht,** bedarf es nicht der Voraussetzung der sechsmonatigen Zugehörigkeit.
Auch wer nicht zu den schwerbehinderten Menschen gehört, kann als Vertrauensperson kandidieren. Alle Beschäftigten sind unter den gleichen Voraussetzungen wie schwerbehinderte Menschen wählbar. Daher sind auch Mitglieder des Betriebs- und Personalrats wählbar.
Beschäftigte mit Migrationshintergrund sind selbstverständlich unter den gleichen Voraussetzungen wie deutsche Beschäftigte wählbar. Für das aktive und das passive Wahlrecht kommt es nicht auf die Staatsangehörigkeit an.
Ebenfalls wählbar sind Mitglieder des Wahlvorstandes oder (im vereinfachten Wahlverfahren) der/die Wahlleiter:in.

2.2 Wer nicht gewählt werden kann

Nicht wählbar ist, wer kraft Gesetzes dem Betriebs-, Personal-, dem Richter- oder Staatsanwaltschaftsrat nicht angehören kann (§ 177 Abs. 3 Satz 2 SGB IX). Daraus folgt:

Nicht wählbar ist/sind:

- Personen, die in einem Beschäftigungsverhältnis im Sinne des § 156 Abs. 2 Nr. 2 und 3 SGB IX stehen, also in einem Beschäftigungsverhältnis, das nicht in erster Linie dem Erwerb dient. Solche Beschäftigte sind auch nach dem Betriebsverfassungs- bzw. Personalvertretungsrecht nicht wählbar (vgl. § 8 Abs. 1 Satz 1 in Verbindung mit § 7 Satz 1, § 5 Abs. 2 Nr. 3 und 4 BetrVG; § 14 in Verbindung mit § 14 Abs. 2 und § 4 Abs. 2 BPersVG).
- Der Inklusionsbeauftragte des Arbeitgebers (§ 181 SGB IX). Zwischen seinen Aufgaben als verantwortlicher Vertreter des Arbeitgebers in Schwerbehindertenangelegenheiten und den Aufgaben einer Schwerbehindertenvertretung gibt es einen natürlichen Gegensatz und damit eine Interessenkollision.
  Der Arbeitgeber hat seinen Inklusionsbeauftragten, der für die Schwerbehindertenvertretung kandidieren will, spätestens zum Zeitpunkt der Einreichung der Wahlvorschläge von der Funktion als sein Beauftragter zu entbinden. Das gilt sowohl für Beamte als auch für Arbeitnehmer. Andernfalls würde der Arbeitgeber/der Dienstherr den Beauftragten in der Ausübung seines passiven Wahlrechts beschränken und damit gegen § 20 Abs. 1 Satz 2 BetrVG, § 25 Abs. 1 Satz 2 BPersVG und die entsprechenden Vorschriften des Landespersonalvertretungsrechts, zum Beispiel § 21 Abs. 1 Satz 2 HPVG, verstoßen.
- Wer infolge strafgerichtlicher Verurteilung die Fähigkeit, **Rechte aus öffentlichen Wahlen zu erlangen, nicht besitzt** (§ 8 Abs. 1 Satz 3 BetrVG). Nach § 45 Strafgesetzbuch tritt der Verlust dieser Fähigkeit nach jeder Verurteilung wegen eines Verbrechens zu einer Freiheitsstrafe von wenigstens einem Jahr für die Dauer von fünf Jahren ein. Außerdem kann das Strafgericht diese Fähigkeit in den gesetzlich dafür vorgesehenen Fällen für die Dauer von zwei bis fünf Jahren aberkennen.
- Beschäftigte, die in einem nach dem **Blockmodell** vereinbarten Altersteilzeitarbeitsverhältnis stehen, verlieren nach der Rechtsprechung des BVerwG (15.5.2002 – 6 P 8.01 – PersR. 02, 434) mit Beginn der Freistellungsphase die Wahlberechtigung und damit auch die Wählbarkeit.
  Dies gilt auch für den Geltungsbereich des BetrVG. Bei Altersteilzeit in Form des Blockmodells verlieren die Arbeitnehmer:innen ihr Wahlrecht mit Beginn der Freistellungsphase, wenn sie danach nicht in den Betrieb zurückkehren. Im Gegensatz zu den sonstigen Fällen eines wahlrechtlich unschädlichen Ruhens des Arbeitsverhältnisses scheiden hier die Arbeitnehmer:innen in Altersteilzeit aus dem Betrieb aus und gehen in den vorzeitigen Ruhestand, sodass wegen des nicht nur vorübergehenden Wegfalls der tatsächlichen Beziehung zum Betrieb die Betriebszugehörigkeit entfällt und mangels Wiederaufnahme der Arbeit ein berechtigtes Interesse an der Zusammensetzung des Betriebsrats nicht besteht (BAG 16.4.2003, AP Nr. 1 zu § 9 BetrVG 2002). Der Verlust des aktiven Wahlrechts hat zur Folge, dass dieser Arbeitnehmer bzw. diese Arbeitnehmerin nicht wählbar ist.
  Die Entscheidungen des BVerwG und des BAG zur Altersteilzeit im Blockmodell während der Freistellungsphase sind auch auf die Wahlen der Schwerbehindertenvertretungen zu übertragen. Danach sind Arbeitnehmer:innen in der Altersteilzeit im Blockmodell während der Freistellungsphase weder wahlberechtigt noch wählbar.

2.2.1 Im Geltungsbereich des Betriebsverfassungsgesetzes

Nicht wählbar sind solche Beschäftigten, die **keine Arbeitnehmer bzw. Arbeitnehmerinnen** i.S.d. § 5 BetrVG sind. Insbesondere sind **leitende Angestellte** i.S.d. § 5 Abs. 3 BetrVG nicht

wählbar (§ 177 Abs. 3 Satz 2 SGB IX). Nicht wählbar sind Leiharbeiter beim Entleiher, also dem Betrieb, dem sie zur Arbeitsleistung überlassen sind.
Im SGB IX fehlt eine dem § 8 Abs. 1 Satz 1 BetrVG entsprechende Vorschrift, wonach auch die Arbeitnehmer wählbar sind, die sechs Monate als **in Heimarbeit Beschäftigte** in der Hauptsache für den Betrieb gearbeitet haben. Deshalb können diese Personen nicht zur Vertrauensperson oder Stellvertreter:in gewählt werden.

2.2.2 Im Geltungsbereich des Bundespersonalvertretungsgesetzes

Nicht wählbar sind solche Personen, die nicht **Beschäftigte** i. S. d. § 4 BPersVG sind.
Ferner sind nicht wählbar der **Dienststellenleiter/die Dienststellenleiterin, die sonstigen in § 7 BPersVG genannten leitenden Beschäftigten** sowie **Beschäftigte, die zu selbstständigen Entscheidungen in Personalangelegenheiten der Dienststelle befugt sind** (§ 145 Abs. 2 Nr. 4 BPersVG).
Nicht wählbar ist schließlich auch, wer infolge Richterspruchs die **Fähigkeit, Rechte aus öffentlichen Wahlen zu erlangen, nicht besitzt** (§ 15 Abs. 2 Nr. 1 BPersVG).

2.2.3 Im Geltungsbereich eines Landespersonalvertretungsgesetzes

Dort sind dessen besondere Normen über die Wählbarkeit bzw. Nichtwählbarkeit zu beachten. Diese Vorschriften stimmen zwar im Grundsätzlichen mit den entsprechenden Regelungen des BPersVG überein, enthalten aber durchaus Abweichungen im Einzelnen.

2.3 Dienststellen der Bundeswehr

Bei **Dienststellen der Bundeswehr,** sind **Soldaten und Soldatinnen** wählbar (§ 177 Abs. 4 SGB IX).

2.4 Gerichte

Bei **Gerichten** sind auch **Richterinnen und Richter** wählbar, und zwar unabhängig davon, ob dort neben der allgemeinen Vertrauensperson aller Beschäftigten auch eine besondere Vertrauensperson der Richterinnen und Richter zu wählen ist (s. unten bei Kapitel XIX).

VI. Bestellung des Wahlvorstands

1. Wann ist ein Wahlvorstand zu bestellen?

Als Herr des förmlichen Wahlverfahrens bereitet der Wahlvorstand die Wahl vor und führt diese auch durch, § 2 Abs. 1 Satz 1 SchwbVWO.
Die Bestellung eines Wahlvorstands ist nur dann notwendig und zulässig, wenn die Vertrauensperson im **förmlichen Wahlverfahren** und nicht im vereinfachten Wahlverfahren zu wählen ist.
In Betrieben und Dienststellen mit **weniger als 50 wahlberechtigten** schwerbehinderten Menschen und Gleichgestellten sind die Vertrauensperson und das stellvertretende Mitglied im **vereinfachten Wahlverfahren** (BAG 16.11.2005 – 7 ABR 9/05, NZA 2006, 340; Kohte/Pick, jurisPR-ArbR 12/2006 Anm. 1) zu wählen, sofern der Betrieb oder die Dienststelle nicht aus räumlich weit auseinander liegenden Teilen besteht (§ 177 Abs. 6 Satz 3 SGB IX). Der Begriff darf nicht zu eng ausgelegt werden. Entscheidend ist hierbei vor allem die Verkehrsverbindung zwischen den einzelnen Betriebsteilen und nicht etwa allein die Entfernung. Das förmliche und das vereinfachte Wahlverfahren sind alternativ und durch das Gesetz vorgegeben.

2. Bestellung durch die Schwerbehindertenvertretung

Besteht eine Schwerbehindertenvertretung, so bestellt diese spätestens acht Wochen vor Ablauf ihrer Amtszeit den Wahlvorstand. Der Wahlvorstand besteht aus **drei volljährigen** in dem Betrieb oder der Dienststelle **Beschäftigten**. Sie brauchen nicht selbst wahlberechtigt, das heißt schwerbehindert zu sein. Wer **Vorsitzender bzw. Vorsitzende** des Wahlvorstands wird, entscheidet die Schwerbehindertenvertretung (§ 1 Abs. 1 SchwbVWO). Die Bestellung von **Ersatzmitgliedern** ist nicht vorgeschrieben, aber auf jeden Fall geboten, damit der Wahlablauf auch bei unvorhersehbarer Abwesenheit einzelner Mitglieder des Wahlvorstands sicher gewährleistet ist.

3. Bestellung durch die Versammlung der Wahlberechtigten

Besteht in einem Betrieb oder in einer Dienststelle noch keine Schwerbehindertenvertretung, so werden der Wahlvorstand und dessen Vorsitzender/Vorsitzende in einer Versammlung der schwerbehinderten Menschen und Gleichgestellten (Wahlberechtigte) gewählt (§ 1 Abs. 2

Satz 1 SchwbVWO). Für die Größe und Zusammensetzung des Wahlvorstands sowie für die Berufung von Ersatzmitgliedern sind die gleichen Vorschriften maßgebend, die auch bei der Bestellung des Wahlvorstands durch die Vertrauensperson der schwerbehinderten Menschen gelten, s. u.

Zu der Versammlung **können drei Wahlberechtigte, der Betriebs- oder Personalrat oder das Integrationsamt einladen** (§ 1 Abs. 2 Satz 2 und 3 SchwbVWO sowie § 177 Abs. 6 Satz 4 SGB IX). Der Arbeitgeber hat kein Recht zur Einladung. Anders als im Betriebsverfassungs- und im Personalvertretungsrecht steht den im Betrieb oder in der Dienststelle vertretenen **Gewerkschaften** ein Einladungsrecht nicht zu – was als sachwidrig zu bewerten ist, weil damit die besondere Funktion der Gewerkschaften bei der Wahl der Interessenvertretungen verkannt wird.

Eine **ordnungsgemäße Einladung** setzt voraus, dass die Wahlberechtigten über den Termin der Versammlung und der beabsichtigten Wahl rechtzeitig benachrichtigt werden. Für die ordnungsgemäße Einladung zur Versammlung ist es zwingend notwendig, durch einen schriftlichen Aushang im Betrieb bzw. in der Dienststelle zu der Versammlung einzuladen. Darüber hinaus empfiehlt sich ergänzend eine Bekanntmachung im Intranet, sowie die Einladung per E-Mail bzw. per Post. Wichtig ist – auch im Hinblick auf die zunehmende Tätigkeit in Homeoffice bzw. Telearbeit –, dass alle Arbeitnehmer und Arbeitnehmerinnen die Möglichkeit haben, von dem Aushang Kenntnis zu erhalten und an der Versammlung teilzunehmen.

Die Versammlung wird von den Einladenden eröffnet. Aus der Mitte der Wahlberechtigten wird ein **Versammlungsleiter** bzw. eine **Versammlungsleiterin** gewählt; diese Person kann, muss aber nicht selbst wahlberechtigt sein (s. OVG Münster BehinR 2001, 147; FKS-Gün, SGB IX 5. Aufl. § 177 Rn. 48; Sachadae, Wahl der SBV, 2013, S. 391; a. A. Pahlen in Neumann u. a. SGB IX, 15. Aufl. 2024, § 177 Rn. 38).

Die Versammlung wählt den Wahlvorstand mit der **Mehrheit der anwesenden Wahlberechtigten**. Eine besondere Vorschrift über die Beschlussfähigkeit besteht nicht, sodass es allein auf die erschienenen Wahlberechtigten ankommt. Auch eine besondere Form für die Stimmabgabe ist nicht vorgeschrieben.

Die Versammlung findet grundsätzlich **während der Arbeitszeit** statt. Der Arbeitgeber bzw. die Dienststelle haben die erforderliche Zeit zur Teilnahme zu gewähren und zu bezahlen. Entstehende Fahrtkosten sind zu vergüten (§ 178 Abs. 6 SGB IX i. V. m. §§ 20 Abs. 3 und 44 Abs. 1 BetrVG oder § 25 Abs. 2 BPersVG oder den entsprechenden Vorschriften der Landespersonalvertretungsgesetze).

Findet die Versammlung nicht statt oder kommt es bei der Versammlung nicht zur Wahl eines Wahlvorstands, so kann von den Einladungsberechtigten erneut eingeladen werden.

4. Grundlagen zum Wahlvorstand

Der Wahlvorstand

- besteht aus drei im Betrieb/in der Dienststelle Beschäftigten;
- die Mitglieder des Wahlvorstands sind mindestens 18 Jahre alt;
- die nicht selbst wahlberechtigt, d. h. nicht schwerbehindert sein müssen;
- ist nur handlungsfähig, solange er vollständig besetzt ist;
- fasst seine Beschlüsse mit einfacher Stimmenmehrheit;

- hält seine Beschlüsse in einer Sitzungsniederschrift fest, die vom Vorsitzenden und einem weiteren Mitglied unterschrieben wird und von der Schwerbehindertenvertretung mindestens bis zur Beendigung der Wahlperiode aufbewahrt wird, § 16 SchwbVWO (vgl. bei Kapitel XI 5.);
- kann beim Arbeitgeber die Zusammenfassung von nahe liegenden Betrieben/Betriebsteilen anregen;
- legt die Zahl der zu wählenden stellvertretenden Mitglieder der SBV fest;
- entscheidet, ob mit persönlicher Stimmabgabe und Briefwahl oder mit schriftlicher Stimmabgabe gewählt wird, § 11 Abs. 2 Satz 1 SchwbVWO; diese Entscheidung steht im Ermessen des Wahlvorstands. Er kann generell eine schriftliche Stimmabgabe anordnen, oder sie nur für Betriebsteile und Nebenbetriebe sowie für Nebenstellen oder Teile einer Dienststelle, die räumlich weit vom Hauptbetrieb/der Dienststelle entfernt sind, beschließen. Bei langen und für mobilitätseingeschränkte Wahlberechtigte beschwerlichen Wegen zum Wahllokal bietet sich die Stimmabgabe in schriftlicher Form an. Das gilt auch, wenn die wahlberechtigten Beschäftigten Schwierigkeiten haben, sich aus ihren Arbeitsabläufen zu lösen.

Ein Mitglied wird zum Vorsitzenden bestellt (von der Schwerbehindertenvertretung) bzw. gewählt (von der Wahlversammlung).

Ersatzmitglieder sind nicht vorgeschrieben, aber geboten, um die jederzeitige Handlungsfähigkeit zu gewährleisten.

Wenn ein gewählter oder bestellter Wahlvorstand seine Pflichten nicht, nicht rechtzeitig oder nicht ordnungsgemäß erfüllt, so wird er nach § 2 Abs. 3 SchwbVWO i. V. m. § 18 Abs. 1 Satz 2 BetrVG durch das Arbeitsgericht auf Antrag ersetzt. Den Antrag können drei Wahlberechtigte, der Betriebsrat oder eine im Betrieb bzw. in der Dienststelle vertretene Gewerkschaft stellen. Im öffentlichen Dienst hat nach § 24 Abs. 1 Satz 2 BPersVG der Leiter der Dienststelle eine erneute Personalversammlung einzuberufen.

Der ordnungsgemäß durch die Wahlversammlung oder die Vertrauensperson bestellte Wahlvorstand wird in seiner Arbeit abgesichert durch den **Kündigungsschutz** nach § 177 Abs. 6 Satz 2 SGB IX i. V. m. § 15 Abs. 3 KSchG, sodass ordentliche Kündigungen – auch Änderungskündigungen – generell ausgeschlossen sind. Bis zur Bekanntgabe des Wahlergebnisses ist auch eine außerordentliche Kündigung nur zulässig, wenn der Betriebsrat dieser Kündigung zugestimmt hat (§ 103 BetrVG). Diese Zustimmung ist nach § 103 Abs. 3 BetrVG auch bei einer betriebsübergreifenden Versetzung erforderlich (Fitting, BetrVG, § 103 Rn. 66).

Im öffentlichen Dienst besteht ein Versetzungs- und Abordnungsschutz für Wahlbewerber, Wahlvorstände und die Wahlleitung (§§ 24, 55 BPersVG sowie in den entsprechenden Landespersonalvertretungsgesetzen). Der Versetzungs- und Abordnungsschutz beginnt für den Wahlvorstand mit dem Zeitpunkt seiner Bestellung oder seiner Wahl, bei Wahlbewerbern mit dem Zeitpunkt der Aufstellung des Wahlvorschlags, und endet mit der Bekanntgabe des Wahlergebnisses. Einzelne Landespersonalvertretungsgesetze enthalten abweichende Regelungen. Da die Wahlleitung erst in der Wahlversammlung gewählt wird, sind die Regelungen erst ab diesem Zeitpunkt anwendbar.

5. Schulung des Wahlvorstands

Der Arbeitgeber hat gem. § 2 Abs. 6 SchwbVWO den Wahlvorstand bei der Erfüllung seiner Aufgaben zu unterstützen. Er hat ihm daher das Verzeichnis der dem Arbeitgeber bekannten schwerbehinderten Beschäftigten (§ 163 Abs. 1 SGB IX) als Basis für die Wählerliste zugänglich zu machen. Neben der Bereitstellung erforderlicher Unterlagen und Räume hat er auch sämtliche Kosten der Wahl gem. § 177 Abs. 6 SGB IX i. V. m. § 20 Abs. 3 Satz 2 BetrVG, § 25 Abs. 2 BPersVG bzw. nach den entsprechenden Landespersonalvertretungsgesetzen zu übernehmen. Dazu gehört zum einen die Freistellung der Wahlvorstandsmitglieder für alle Angelegenheiten im Zusammenhang mit der Wahlvorbereitung und Durchführung. Zum anderen hat der bestellte Wahlvorstand das Recht, eine geeignete Schulung zu absolvieren, um seinen vielfältigen Aufgaben gerecht werden zu können und den rechtssicheren Ablauf der Wahl zu organisieren. Die Erforderlichkeit der Teilnahme an einer Schulung richtet sich nach dem konkreten Wissensstand des einzelnen Wahlvorstandsmitglieds bezüglich der zur ordnungsgemäßen Durchführung der Wahl notwendigen Kenntnisse. Bei einem erstmalig berufenen Wahlvorstandsmitglied ist ohne weitere Nachweise von der Erforderlichkeit einer umfassenden Schulung auszugehen (Hessisches Landesarbeitsgericht 20. 8. 2018 – 16 TaBVGa 159/18, Rn. 24). Der Arbeitgeber darf die Teilnahme an einer externen Schulung auch nicht mit Verweis auf eine von ihm selbst organisierte eigene Schulung ablehnen, da der Wahlvorstand das Recht hat, unter konkurrierenden Angeboten eine Auswahl zu treffen (Hessisches Landesarbeitsgericht 20. 8. 2018 – 16 TaBVGa 159/18, Rn. 31).

ON LINE

Formular 01
Formular 01a
Formular 02
Formular 03

VII. Aufgaben des Wahlvorstands

1. Allgemeine Aufgaben

Der Wahlvorstand hat **die Wahl unverzüglich einzuleiten, sie durchzuführen und** nach Abschluss des Wahlvorgangs **das Wahlergebnis festzustellen** (§ 2 Abs. 1 Satz 1 und Abs. 3 SchwbVWO). Er leitet die Wahl ein, indem er eine Wählerliste aufstellt und anschließend das Wahlausschreiben erlässt.

Bei der Vorbereitung und Durchführung der Wahlen zur Schwerbehindertenvertretung haben die Wahlvorstände in Abstimmung mit dem Arbeitgeber/Dienststellenleiter deren Barrierefreiheit zu gewährleisten. Menschen mit Behinderungen müssen an den Wahlen in der allgemein üblichen Weise ohne besondere Erschwernisse teilnehmen können.

Die Barrierefreiheit umfasst hier insbesondere

- die Beseitigung räumlicher Barrieren zu/in den Versammlungsräumen und Wahlbereichen für Rollstuhlfahrer:innen und gehbehinderte Menschen,
- die barrierefreie Gestaltung von Wahlinformationen und Wahlmitteln für sehbehinderte und blinde Menschen sowie
- die barrierefreie Kommunikation durch Gebärdendolmetscher für gehörlose Wählerinnen und Wähler.

Eine Regelung über Wahlschablonen für blinde Wählerinnen und Wähler, wie sie in § 57 Abs. 4 Bundeswahlordnung und § 54 der Wahlordnung für Sozialversicherung enthalten ist, fehlt in der Wahlordnung für die Schwerbehindertenvertretung. Die Anfertigung von Wahlschablonen dient aber der Sicherung einer geheimen Wahl für blinde Wählerinnen und Wähler. Die Regelungen können entsprechend angewandt werden.

Der Wahlvorstand kann sich eine schriftliche **Geschäftsordnung** geben.

Er kann in ausreichender Zahl volljährige, in dem Betrieb oder in der Dienststelle Beschäftigte als **Wahlhelfer/Wahlhelferinnen** zu seiner Unterstützung bei der Durchführung der Stimmabgabe und bei der Stimmenzählung heranziehen (§ 2 Abs. 1 Satz 2 SchwbVWO). Bei der Auswahl der Wahlhelfer/Wahlhelferinnen ist er an Anträge und Vorschläge Außenstehender nicht gebunden. Der Helfer/die Helferin muss zur Übernahme der Tätigkeit bereit sein. Eine Verpflichtung zur Übernahme besteht nicht. Der Wahlhelfer/die Wahlhelferin kann jederzeit sein/ihr »Amt« niederlegen. Einen besonderen Kündigungsschutz genießen Wahlhelfer und Wahlhelferinnen im Gegensatz zu den Mitgliedern des Wahlvorstands nicht. Ihre Benachteiligung und auch die Entlassung zum Zeitpunkt der vorgesehenen Tätigkeit können jedoch ein Verstoß gegen den allgemeinen Wahlschutz (§ 20 BetrVG, § 25 BPersVG, Landespersonalvertretungsgesetze) darstellen und deshalb unwirksam sein. Über die Heranziehung der Wahlhelfer/Wahlhelferinnen beschließt der Wahlvorstand in einer Sitzung. Er gibt die Wahlhelfer/Wahlhelfe-

rinnen dem Arbeitgeber bekannt und sorgt dafür, dass sie rechtzeitig für die erforderliche Zeit von der Arbeit befreit werden.
Der Wahlvorstand fasst seine **Beschlüsse** in Sitzungen mit einfacher Stimmenmehrheit seiner Mitglieder. Einen entsprechenden Beschluss können bereits zwei anwesende Mitglieder fassen (§ 2 Abs. 2 Satz 1 SchwbVWO).
Über jede Sitzung ist eine **Niederschrift** aufzunehmen, die mindestens den Wortlaut der gefassten Beschlüsse enthält. Sie ist von dem bzw. der Vorsitzenden und einem weiteren Mitglied des Wahlvorstands zu unterzeichnen (§ 2 Abs. 2 Satz 2 und 3 SchwbVWO). Niederschrift und Unterzeichnung des Protokolls sind keine Wirksamkeitsvoraussetzung für die Beschlüsse. Auch wenn eine Niederschrift fehlt, begründet das noch keine Unwirksamkeit eines Beschlusses oder die Anfechtbarkeit der Wahl.

2. Zahl der Stellvertreter:innen

Der Wahlvorstand beschließt – nach Erörterung mit der Schwerbehindertenvertretung, dem Betriebs- und Personalrat und dem Arbeitgeber gem. § 2 Abs. 4 SchwbVWO – darüber, **wie viele Stellvertreter bzw. Stellvertreterinnen gewählt werden sollen**. Der Wahlvorstand ist verpflichtet, diese Frage mit der amtierenden Schwerbehindertenvertretung, dem Betriebs- oder Personalrat und dem Arbeitgeber zu erörtern (§ 2 Abs. 4 SchwbVWO).
Die Anzahl der Stellvertreter bzw. Stellvertreterinnen sollte sich nach der Anzahl der Wahlberechtigten richten (§ 177 Abs. 1 SGB IX i. V. m. § 178 Abs. 1 SGB IX).
Eine größere Anzahl ist nach der Neuregelung in § 178 Abs. 1 SGB IX geboten. Danach kann die Schwerbehindertenvertretung »in Betrieben und Dienststellen mit in der Regel mehr als 100 beschäftigten schwerbehinderten Menschen das mit der höchsten Stimmenzahl gewählte stellvertretende Mitglied zu bestimmten Aufgaben heranziehen. Ab jeweils 100 weiteren beschäftigten schwerbehinderten Menschen kann jeweils auch das mit der nächsthöheren Stimmenzahl gewählte Mitglied herangezogen werden.« Das heißt: Wenn die Stellvertreter zu Aufgaben herangezogen werden sollen, müssen ausreichend viele Stellvertreter gewählt werden! In einem Betrieb bzw. einer Dienststelle mit z. B. 421 schwerbehinderten Menschen/gleichgestellten Menschen, die nicht nur vorübergehend beschäftigt sind, sollten eine Vertrauensperson und – wenn möglich – mindestens vier weitere Stellvertreter bzw. Stellvertreterinnen gewählt werden.
Es kommt auch darauf an, dass bei zeitweiliger Verhinderung der Schwerbehindertenvertretung stets ein Stellvertreter/eine Stellvertreterin zur Verfügung steht, der/die im Interesse der schwerbehinderten Beschäftigten tätig werden kann. Daher sollten in jedem Betrieb/jeder Dienststelle wenigstens zwei Personen für die Stellvertretung gewählt werden.
Außerdem rückt nach § 177 Abs. 7 Satz 5 SGB IX der/die mit der höchsten Stimmenzahl gewählte Stellvertreter/Stellvertreterin für den Rest der Amtszeit nach, wenn die Vertrauensperson der schwerbehinderten Menschen vorzeitig aus dem Amt scheidet.
Scheidet der einzige Stellvertreter bzw. die einzige Stellvertreterin vorzeitig aus dem Amt aus oder ist ein Stellvertreter bzw. eine Stellvertreterin noch nicht gewählt, bestellt die Schwerbehindertenvertretung unverzüglich einen Wahlvorstand und beauftragt diesen mit der Nachwahl von stellvertretenden Mitgliedern der Schwerbehindertenvertretung (§§ 17, 21 SchwbVWO).

Formular 04

3. Wählerliste

Der Wahlvorstand stellt eine **Liste der Wahlberechtigten** (Wählerliste) auf. Die Wahlberechtigten sollen mit Familienname, Vorname, erforderlichenfalls Geburtsdatum (z. B. bei Namensgleichheit) sowie Betrieb oder Dienststelle in alphabetischer Reihenfolge aufgeführt werden (§ 3 Abs. 1 SchwbVWO). Wählen kann nur, wer in die Wählerliste eingetragen ist (§ 5 Abs. 1 Nr. 5 SchwbVWO). Die Wählerliste oder eine Abschrift ist daher mit einem Abdruck der Wahlordnung vom Tage des Erlasses des Wahlausschreibens bis zum Abschluss der Stimmabgabe an geeigneter Stelle zur Einsicht auszulegen (§ 3 Abs. 2 SchwbVWO) und den Wahlberechtigten die Möglichkeit des Einspruchs gegen die Richtigkeit dieser Liste einzuräumen. Soweit eingerichtet, sollte hierzu das Büro des Wahlvorstands dienen.
Bei einem Betrieb/einer Dienststelle ist die Auslegung der Liste der Wahlberechtigten an mehreren Stellen zulässig; in größeren Betrieben/Dienststellen ist dies zudem zweckmäßig. Befinden sich mehrere Betriebsstätten eines Betriebs an verschiedenen Orten Deutschlands, ist die Liste der Wahlberechtigten in allen Betriebsstätten auszulegen, in denen wahlberechtigte schwerbehinderte Menschen beschäftigt sind (vgl. näheres zu Betrieben/Dienststellen bei Kapitel III). Bei Neubeschäftigung oder Ausscheiden von Wahlberechtigten nach Anfertigung der Wählerliste ist diese bis zum Tag vor dem Beginn der Stimmabgabe entsprechend zu berichtigen.

3.1 Datenschutz

Auslegung der Liste der Wahlberechtigten bedeutet auf keinen Fall Aushang. Im Gegensatz zu Wählerlisten bei Betriebs- oder Personalratswahlen besteht ein gesteigertes und schützenswertes Interesse der Wahlberechtigten, dass diese Liste nicht betriebsöffentlich einsichtig ist.
Ein berechtigtes Einsichtsrecht können alle schwerbehinderten Beschäftigten haben, weil sie das Recht zum Einspruch gegen die Wählerliste haben (§ 4 SchwbVWO). Ebenso können dieses Recht auch Wahlbewerber ohne Gleichstellung oder Schwerbehinderung haben, da sie sich um Stützunterschriften von Wahlberechtigten bemühen müssen. Sie können sich handschriftliche Notizen machen, ein Abfotografieren oder Kopieren ist nicht erlaubt.
Der **Einsatz einer ergänzenden elektronischen Wählerliste** sollte möglich sein, wenn folgende Voraussetzungen erfüllt sind:

- Nur der Wahlvorstand darf die Berechtigung besitzen, die Wählerliste bis zum Tag vor dem Beginn der Stimmabgabe entsprechend zu berichtigen.
- Sollte es mehrere Wahllokale geben, muss der Abgleich der elektronischen Wählerliste mit den bereits an der Wahl teilgenommen habenden Wählern synchron (zeitgleich) abgestimmt werden. Nur so kann eine Doppelstimmabgabe verhindert werden.

3.2 Mitwirkungspflicht des Arbeitgebers

Der Arbeitgeber ist verpflichtet, dem Wahlvorstand die erforderlichen Angaben zu machen und die notwendigen Unterlagen zur Verfügung zu stellen (§ 2 Abs. 6 SchwbVWO). Er muss dem Wahlvorstand auch Zu- und Abgänge auf der Liste der schwerbehinderten Beschäftigten nennen. Er ist im Übrigen zu jedem Zeitpunkt verpflichtet, der Schwerbehindertenvertretung die bei ihm beschäftigten Menschen einschließlich der Rehabilitanden zu nennen (BAG 16.4.2003 – 7 ABR 27/02, BAGE 106, 57 = AiB 2004, 446), sodass auch die Wählbarkeit von Kandidierenden überprüft werden kann.

4. Wahlausschreiben

Spätestens sechs Wochen vor dem Wahltag gibt der Wahlvorstand ein Wahlausschreiben heraus, das von dem/der Vorsitzenden und mindestens einem weiteren Mitglied des Wahlvorstands zu unterschreiben ist (§ 5 Abs. 1 Satz 1 SchwbVWO). Es ist zu beachten, dass die Wahl spätestens eine Woche vor dem Tag stattfinden soll, an dem die Amtszeit der Schwerbehindertenvertretung abläuft (§ 2 Abs. 3 SchwbVWO). Mit dem Erlass des Wahlausschreibens ist die Wahl eingeleitet.

Das Wahlausschreiben hat **mindestens folgende Angaben** zu enthalten (§ 5 Abs. 1 Satz 2 SchwbVWO):

1. das Datum seines Erlasses;
2. die Namen der Mitglieder des Wahlvorstands;
3. die Voraussetzungen der Wählbarkeit zur Schwerbehindertenvertretung;
4. den Hinweis, wo und wann die Wählerliste und die Wahlordnung ausliegen;
5. den Hinweis, dass nur diejenigen Beschäftigten wählen können, welche in die Wählerliste eingetragen sind, und dass Einsprüche gegen die Wählerliste nur vor Ablauf von zwei Wochen seit dem Erlass des Wahlausschreibens beim Wahlvorstand schriftlich eingelegt werden können; der letzte Tag der Frist ist anzugeben;
6. die Zahl der zu wählenden Stellvertreter:innen;
7. den Hinweis, dass Schwerbehindertenvertretung und Stellvertreter:in in zwei getrennten Wahlgängen gewählt werden und dass sich aus den Wahlvorschlägen ergeben muss, wer als Schwerbehindertenvertretung und wer als Stellvertreter:in vorgeschlagen wird;
8. den Hinweis, dass Wahlberechtigte sowohl einen Wahlvorschlag für die Wahl der Schwerbehindertenvertretung als auch für die Wahl des Stellvertreters/der Stellvertreterin unterzeichnen können und dass ein Bewerber sowohl als Schwerbehindertenvertretung als auch als Stellvertreter:in vorgeschlagen werden kann;
9. die Aufforderung, dass Wahlvorschläge innerhalb von zwei Wochen nach Erlass des Wahlausschreibens beim Wahlvorstand einzureichen sind; der letzte Tag der Frist ist anzugeben;
10. die Mindestzahl von Wahlberechtigten, von denen ein Wahlvorschlag unterzeichnet sein muss (§ 6 Abs. 2 Satz 1 SchwbVWO);
11. den Hinweis, dass die Stimmabgabe an die Wahlvorschläge gebunden ist und dass nur solche Wahlvorschläge berücksichtigt werden dürfen, die fristgerecht (§ 5 Abs. 1 Nr. 9 SchwbVWO) eingereicht sind;
12. die Bestimmung des Ortes, an dem die Wahlvorschläge bis zum Abschluss der Stimmabgabe durch Aushang oder in sonst geeigneter Weise bekannt gegeben werden;
13. Ort, Tag und Zeit der Stimmabgabe;
14. den Hinweis auf die Möglichkeit der schriftlichen Stimmabgabe § 11 Abs. 1 SchwbVWO, falls der Wahlvorstand nicht die schriftliche Stimmabgabe beschlossen hat (§ 11 Abs. 2 SchwbVWO);

15. den Ort und die Zeit über die Öffnung der Freiumschläge und der Prüfung der Briefwahlunterlagen (§ 12 SchwbVWO);
16. den Ort und die Zeit der Stimmenauszählung und der Sitzung des Wahlvorstands, in der das Wahlergebnis abschließend festgestellt wird;
17. den Ort, an dem Einsprüche, Wahlvorschläge und sonstige Erklärungen gegenüber dem Wahlvorstand abzugeben sind (Anschrift des Wahlvorstands).

Fehlen diese Angaben im Wahlausschreiben, so ist die Wahl anfechtbar.

Eine ausschließliche **elektronische Bekanntmachung des Wahlausschreibens** ist – anders als bei der Betriebsratswahl – im Schwerbehindertenrecht nicht zulässig (LAG Köln 11.4.2008 – 11 TaBV 80/07, Leitsatz: Da § 5 Abs. 2 SchwbVWO nur den Aushang des Wahlausschreibens vorsieht, stellt die Versendung des Wahlausschreibens per Rundmail keine ausreichende Bekanntmachung dar. Gleiches gilt für die Veröffentlichung des Wahlausschreibens auf der Website der Konzernschwerbehindertenvertretung.).

Das LAG hat in einer Entscheidung vom 26.1.2016 – 12 TaBV 60/15 festgehalten: »*Es kann dahinstehen, ob es mit der Entscheidung des LAG Köln vom 11.04.2008 zutrifft, dass § 3 Abs. 4 Satz 2 WO BetrVG keine analoge Anwendung findet. Jedenfalls setzt die ergänzende oder ersetzende Veröffentlichung des Wahlausschreibens über das Intranet zusätzliche Sicherungsmaßnahmen voraus, um die elektronische Bekanntmachung vor einer unbefugten Veränderung zu schützen. Sind Dritte in der Lage, ohne Mitwirkung des Wahlvorstands das in elektronischer Form bekannt gemachte Wahlausschreiben tatsächlich zu verändern, genügt dies den Anforderungen des § 3 Abs. 4 iVm. § 2 Abs. 4 Satz 4 WO BetrVG nicht. Dies folgt aus dem Wortlaut des § 2 Abs. 4 Satz 4 WO, der auf das »Können« und nicht auf das »Dürfen«, dh. die Befugnis zur Vornahme von Änderungen abstellt. Änderungen des Wahlausschreibens dürfen nur von den Mitgliedern des Wahlvorstands vorgenommen werden. Die Voraussetzungen des § 2 Abs. 4 Satz 4 WO liegen daher nicht mehr vor, wenn andere Mitarbeiter des Arbeitgebers, wie z. B. die Systemadministratoren, oder entsprechend beauftragte Externe ohne Mitwirkung und Kontrolle des Wahlvorstands auf das elektronische Dokument tatsächlich zugreifen können (vgl. BAG 12.06.2013 – 7 ABR 77/11; BAG 21.01.2009 – 7 ABR 65/07).*«

Um der inzwischen verbreiteten Tätigkeit in Homeoffice oder Telearbeit Rechnung zu tragen, sollten die schwerbehinderten und gleichgestellten Wahlberechtigten ggf. persönlich angeschrieben werden. Denkbar ist dies per E-Mail oder Brief.

Sind sowohl das Wahlausschreiben als auch die Wahlvorschläge nicht an geeigneten Stellen im Betrieb zum Aushang gekommen, liegt ein Verstoß gegen wesentliche Vorschriften über das Wahlverfahren vor (LAG Hamm 15.3.2016 – 7 TaBV 63/15 und LAG BW 10.6.2020 – 4 TaBV 5/19). In der Praxis ist daher das Wahlausschreiben bis zur Beendigung der Stimmabgabe an einer oder mehreren geeigneten, den Wahlberechtigten zugänglichen Stellen vom Wahlvorstand auszuhängen und in gut lesbarem Zustand zu erhalten (§ 5 Abs. 2 SchwbVWO). Dies hat der Wahlvorstand zu kontrollieren (LAG Köln 26.1.2016 – 12 TaBV 60/15).

5. Einspruch gegen die Wählerliste

Einsprüche gegen die Richtigkeit der Wählerliste müssen vor Ablauf von **zwei Wochen**, vom Aushang des Wahlausschreibens an gerechnet, beim Wahlvorstand eingegangen sein. Der Einspruch muss **schriftlich** erfolgen (§ 4 Abs. 1 SchwbVWO).

Einspruchsberechtigt ist jeder/jede Wahlberechtigte sowie jeder/jede Beschäftigte, der/die ein berechtigtes Interesse an einer ordnungsgemäßen Wahl glaubhaft machen kann. Dies können die Schwerbehindertenvertretung, die Wahlbewerber bzw. Wahlbewerberinnen, aber auch die Mitglieder des Betriebs- bzw. Personalrats sein.
Der Arbeitgeber ist in keinem Fall einspruchsberechtigt.
Über die Berechtigung des Einspruchs hat der Wahlvorstand unverzüglich zu entscheiden. Ist der Einspruch begründet, hat der Wahlvorstand die Wählerliste zu berichtigen. Die Entscheidung des Wahlvorstands ist dem Beschäftigten, der den Einspruch eingelegt hat, unverzüglich mitzuteilen. Die Entscheidung muss dem Beschäftigten spätestens am Tag vor Beginn der Stimmabgabe zugehen. Nach Ablauf der Einspruchsfrist soll der Wahlvorstand die Wählerliste nochmals auf ihre Vollständigkeit hin überprüfen. Im Übrigen kann nach Ablauf der Einspruchsfrist die Wählerliste nur bei Schreibfehlern, offenbaren Unrichtigkeiten, in Erledigung rechtzeitig eingelegter Einsprüche oder bei Eintritt bzw. Ausscheiden eines bzw. einer Wahlberechtigten bis zum Tage vor dem Beginn der Stimmabgabe berichtigt oder ergänzt werden (§ 4 Abs. 2 und 3 SchwbVWO).

6. Unterrichtung von Wahlberechtigten mit Migrationshintergrund

Der Wahlvorstand soll vor Einleitung der Wahl die Wahlberechtigten mit Migrationshintergrund über das Wahlverfahren, die Aufstellung der Wählerliste, die Wahlvorschläge, den Wahlvorgang und die Stimmabgabe in geeigneter Weise unterrichten (§ 2 Abs. 5 SchwbVWO).
Über die Form der Unterrichtung entscheidet der Wahlvorstand nach pflichtgemäßem Ermessen. Ist im Betrieb bzw. in der Dienststelle eine größere Zahl von Wahlberechtigter mit Migrationshintergrund vorhanden, so ist es geboten, das Wahlausschreiben in der jeweiligen Landessprache bekannt zu machen (LAG Düsseldorf 12. 1. 2024 – 10 TaBV 51/23; LAG Köln 8. 3. 2012 – 13 TaBV 82/11 und vgl. auch LAG Hamm 17. 5. 1973 – 8 Ta BV 11/73, BB 1973, S. 939). In jedem Fall sollte eine allgemeine Information nach dem Muster der Wahlunterlage Formular 06 in den für den Betrieb maßgeblichen Sprachen ausgehängt sowie im Intranet bekannt gemacht werden. Fehlt diese Information, dann ist die Wahl anfechtbar (BAG 13. 10. 2004 – 7 ABR 5/04). Auch wenn im Arbeitsalltag die deutsche Sprache dominiert, muss hier beachtet werden, dass die Sprache des Wahlausschreibens wesentlich schwieriger zu verstehen ist. Auf deren Komplexität kommt es an, dieser Text soll von den Wahlberechtigten verstanden werden (vgl. Kohte, jurisPR-ArbR 37/2024, Anm. 6).

6.1 Unterrichtung in »Leichter Sprache«

In einer völkerrechtskonformen Auslegung der Anforderungen aus § 2 Abs. 5 SchwbVWO scheint es geboten, zumindest bei entsprechender Belegschaft diese Wahlinformationen auch in »Leichter Sprache« bereitzustellen.

ON LINE
Formular 05
Formular 06

7. Barrierefreiheit der Wahl

Gem. Artikel 29 des Übereinkommens der Vereinten Nationen über die Rechte von Menschen mit Behinderungen (UN-BRK) und Artikel 3 Grundgesetz (GG) ist sicherzustellen, dass Wahlverfahren, Wahleinrichtungen und Wahlmaterialien geeignet, zugänglich sowie leicht zu verstehen und zu handhaben sind. Nach Art. 27 Abs. 1c der UN-BRK ist ein gleichwertiger und effektiver Zugang der Menschen mit Behinderungen zu den Wahlen ihrer Interessenvertretungen zu gewährleisten. Diese Teilhabebedingungen an Wahlvorgängen sind selbstverständlich auch für die Wahl der Schwerbehindertenvertretung maßgeblich (FKS-Krämer/Gün, § 177 Rn. 23). So sind bei der Organisation und Durchführung der Wahl insbesondere die Bedürfnisse von Menschen mit Sinnesbehinderungen, körperlichen und kognitiven Einschränkungen zu berücksichtigen.

7.1 Vorbereitung der Wahl

Zusätzlich zum Aushang in allen Betriebsstellen sollte eine ergänzende elektronische Wahlunterrichtung beschlossen werden, welche von blinden und sehbehinderten Wahlberechtigten vergrößert oder per Sprachausgabe gehört bzw. nach Umwandlung in Brailleschrift gelesen werden kann. Neben dem Wahlausschreiben sollten auch Wahlvorschläge und die Wahlordnung auf diese Weise zugänglich gemacht werden. Sofern sichergestellt ist, dass alle Wahlberechtigten Zugang zum Intranet haben und entsprechende technische Vorrichtungen vorhanden sind, können die Informationen ergänzend durch eine E-Mail oder durch Hochladen einer Datei ins Intranet bekannt gemacht werden.
Die Wählerliste sollte an einer oder mehreren barrierefrei zugänglichen Stellen bereitgehalten werden. Insbesondere sollte die Zuwegung für Nutzer:innen von Rollstühlen und Gehhilfen geeignet sein (keine starken Steigungen, langen Wege, keine Treppen, Schwellen oder engen Gänge, keine schwergängigen Türen ohne automatische Öffnung, etc.).
Kognitiv eingeschränkten Wahlberechtigten sollten sämtliche Informationen zur Wahl und alle Unterlagen in »Leichter Sprache« zugänglich gemacht werden. Das Netzwerk Leichte Sprache e. V. hat Grundsätze herausgegeben, die auf eine besonders leichte Verständlichkeit der deutschen Sprache abzielen:

- Es werden kurze Sätze verwendet;
- jeder Satz enthält nur eine Aussage;
- es werden Aktivsätze verwendet,
- ein Satz besteht aus Subjekt+Prädikat+Objekt;
- Konjunktiv wird vermieden, der Genitiv wird möglichst durch »von« ersetzt;
- keine Synonyme, Sonderzeichen oder Verneinungen.

Wichtig: Leichte Sprache kommuniziert höflich, es werden »Du« und »Sie« genau wie in den Ursprungstexten verwendet.
Weitere Informationen unter *www.leichte-sprache.org.*

7.2 Während der Wahl

Die Wahllokale sollten desgleichen barrierefrei erreichbar und ausgestaltet sein (genügend Kontraste auch in der Wahlkabine, ggf. rollstuhlgeeignete Kabine mit ausreichend Platz zum Rangieren bzw. eine Assistenz und unterfahrbarem Tisch, etc.).

Orientierungshinweise auf dem Weg zum Wahllokal sowie im Wahlraum selbst sollten möglichst auch für sehbehinderte und blinde Wahlberechtigte leicht erfassbar sein. Hindernisse, die eine Unfallgefahr auf den Laufstrecken bergen, sollten vermieden werden.
§ 10 Abs. 4 SchwbVWO enthält einige wichtige Vorgaben: Wer infolge seiner Behinderung bei der Stimmabgabe beeinträchtigt ist, bestimmt eine Person, die ihm bei der Stimmabgabe behilflich sein soll, und teilt dies dem Wahlvorstand mit. Von der Tätigkeit der Hilfsperson ausgenommen sind Wahlbewerber, Mitglieder des Wahlvorstandes sowie Wahlhelfer und Wahlhelferinnen bzw. die Wahlleitung. Die Hilfeleistung beschränkt sich auf die Erfüllung der Wünsche des Wählers oder der Wählerin zur Stimmabgabe; die Hilfsperson darf gemeinsam mit dem Wähler oder der Wählerin die Wahlzelle aufsuchen. Sie ist zur Geheimhaltung der Kenntnisse verpflichtet, die sie bei der Hilfeleistung von der Wahl einer anderen Person erlangt hat. Diese Ansprüche können auch des Lesens unkundige Wähler und Wählerinnen geltend machen.
Blinden und sehbehinderten Wahlberechtigten sollte neben der Unterstützung durch eine Hilfsperson auch mittels Wahlschablonen eine eigenständige Stimmabgabe ermöglicht werden. Wahlschablonen werden von den regionalen Vereinen und Verbänden der blinden und sehbehinderten Menschen erstellt, die Kosten dafür hat der Arbeitgeber zu tragen.
Die Wahlurne sollte auch von Rollstuhlnutzer:innen und kleinwüchsigen Menschen erreicht werden können.
Bei Durchführung der Wahl nach dem vereinfachten Verfahren sollte darauf geachtet werden, dass hörbehinderte Menschen vollständig über das Wahlverfahren und die Wahlbewerber informiert werden und ihrerseits Nachfragen stellen oder auch selbst kandidieren können (z. B. durch Gebärdensprachdolmetscher oder Schriftdolmetscher – die Kosten hat der Arbeitgeber zu tragen).
Gleiches gilt für die als online-Versammlung durchgeführte Wahlversammlung, hier muss insbesondere auf die verschiedenen Bedürfnisse eingegangen werden bzw. vorab sichergestellt werden, dass alle Wahlberechtigten über die nötige technische Ausstattung verfügen und mit dem gewählten online-tool umgehen können.
Gute Informationen findet man auf den Seiten *www.bik-fuer-alle.de* und *www.dias.de*. Weitere Informationen bietet das Aktionsbündnis für barrierefreie Informationstechnik (AbI) unter *www.di-ji.de* über: Startseite/Veröffentlichungen/Leitfäden/Dokumente, oder aber die Handreichung der Bundesfachstelle für Barrierefreiheit.

VIII. Wahlgrundsätze

Die Vertrauensperson der schwerbehinderten Menschen und ihr Stellvertreter/ihre Stellvertreterin werden in geheimer und unmittelbarer Wahl nach den Grundsätzen der Mehrheitswahl gewählt (§ 177 Abs. 6 Satz 1 SGB IX).
Der Grundsatz der **geheimen** Wahl bedeutet, dass die Stimmabgabe so zu erfolgen hat, dass nicht festgestellt werden kann, wie ein einzelner Wähler abgestimmt hat. Die Wahl kann beim förmlichen Wahlverfahren nur auf vorgefertigten Stimmzetteln erfolgen, auf denen der Wähler die Vertrauensperson und ihre Stellvertreter:innen nur anzukreuzen braucht. Um die Geheimhaltung des Wahlvorgangs zu sichern, hat der Wahlvorstand geeignete Vorkehrungen (z. B. Wahlkabinen) für das unbeobachtete Ankreuzen der Stimmzettel zu treffen.
Der Grundsatz der **unmittelbaren** Wahl bedeutet, dass die Wahl ohne Zwischenschaltung von Wahlmännern/-frauen und durch persönliche Stimmabgabe zu erfolgen hat.
Von diesen Grundsätzen kann im Interesse der Barrierefreiheit abgewichen werden (§ 10 Abs. 4 SchwbVWO). Unter den dort genannten Voraussetzungen kann eine Person bei der Stimmabgabe behilflich sein, soweit sich diese nicht bei der Wahl bewirbt, Mitglied des Wahlvorstands oder Wahlhelfer ist.
Die Wahl erfolgt immer nach Grundsätzen der **Mehrheitswahl.** Das bedeutet, dass stets einzelne Wahlbewerber bzw. Wahlbewerberinnen gewählt werden (Personenwahl).
Schwerbehindertenvertretung und Stellvertreter bzw. Stellvertreterin werden **in zwei getrennten Wahlgängen** gewählt (§ 5 Abs. 1 Nr. 7 SchwbVWO). Jeder Wähler bzw. jede Wählerin kann nur eine Stimme für die Vertrauensperson und eine weitere für den Stellvertreter/die Stellvertreterin abgeben. Sind mehrere Stellvertreter:innen vorgesehen, können entsprechend viele Stimmen abgegeben werden. Jeder Bewerber/jede Bewerberin kann nur eine Stimme erhalten. Allerdings kann der Wähler/die Wählerin dieselbe Person einmal als Vertrauensperson und einmal als Stellvertreter:in wählen.

IX. Wahlvorschläge

1. Form und Inhalt der Wahlvorschläge

Die **Wahlberechtigten** können **Vorschläge für die Wahl der Schwerbehindertenvertretung** beim Wahlvorstand einreichen. Die Vorschläge müssen **schriftlich** erfolgen (§ 6 Abs. 1 Satz 1 SchwbVWO).

§ 6 Abs. 1 Satz 2 SchwbVWO spricht ausdrücklich vom Vorschlag **eines Bewerbers/einer Bewerberin** für die Wahl zur Schwerbehindertenvertretung. Das heißt, die Wahlvorschläge enthalten nur jeweils einen Bewerber/eine Bewerberin. Gegebenenfalls sollten mehrere Vorschläge eingereicht werden (kein Listenvorschlag – BAG – 7 ABR 2/16; reha-recht B 3-2018).

Ein Bewerber/eine Bewerberin kann grundsätzlich nur auf einem Wahlvorschlag benannt werden. Eine Ausnahme gilt dann, wenn ein Bewerber/eine Bewerberin auf dem einen Wahlvorschlag als Schwerbehindertenvertretung und auf dem anderen als Stellvertreter:in vorgeschlagen wird (§ 6 Abs. 3 Satz 1 SchwbVWO). Diese Ausnahme ergibt sich aus § 6 Abs. 1 Satz 4 SchwbVWO. Dann kann ein Bewerber/eine Bewerberin sowohl als Schwerbehindertenvertretung als auch als Stellvertreter:in vorgeschlagen werden.

Auf jedem Wahlvorschlag sind Familienname, Vorname, Geburtsdatum, Art der Beschäftigung sowie erforderlichenfalls Betrieb oder Dienststelle des Bewerbers/der Bewerberin anzugeben (§ 6 Abs. 2 Satz 2 SchwbVWO).

Das oben Gesagte findet im Wesentlichen auch Anwendung auf die Vorschläge für die **Wahl des Stellvertreters** bzw. der Stellvertreterin der Vertrauensperson. Hat aber der Wahlvorstand die Wahl mehrerer Stellvertreter:innen beschlossen, so können auf einem Wahlvorschlag entsprechend viele Bewerber:innen dafür benannt werden, aber nicht mehr (§ 6 Abs. 1 Satz 3 SchwbVWO). Hat also der Wahlvorstand zum Beispiel beschlossen, dass vier Stellvertreter bzw. Stellvertreterinnen gewählt werden sollen, dann können auf einem Wahlvorschlag auch nur maximal vier Stellvertreter vorgeschlagen werden. Diese kandidieren jedoch nicht als »Liste«, sondern der gemeinsame Wahlvorschlag legitimiert die einzelnen Kandidaten zum Eintrag auf den späteren Stimmzetteln. Insbesondere im förmlichen Wahlverfahren zur Stufenvertretung kann dies sinnvoll sein, da gegebenenfalls nur sehr wenige wahlberechtigte SBVen oder GSBVen Stützunterschriften leisten können und ansonsten das Bewerberfeld bereits vor der Wahl eingeschränkt werden würde. § 6 SchwbVWO findet in diesen Fällen sinngemäß Anwendung mit der Maßgabe, dass bei **weniger als fünf Wahlberechtigten die Unterzeichnung eines Wahlvorschlags durch eine/n Wahlberechtigte/n ausreicht** (§ 22 Abs. 1 Satz 4 SchwbVWO).

2. Zustimmungserklärung

Dem Wahlvorschlag ist die schriftliche Zustimmung des Bewerbers bzw. der Bewerberin beizufügen (§ 6 Abs. 2 Satz 3 SchwbVWO).

3. Unterzeichnung der Wahlvorschläge

Jeder Wahlvorschlag muss von **einem Zwanzigstel** der Wahlberechtigten, **mindestens jedoch von drei** Wahlberechtigten unterzeichnet sein (§ 6 Abs. 2 Satz 1 SchwbVWO). Das heißt, Voraussetzung für eine Kandidatur ist die Unterstützung der Bewerber in Form von sogenannten »Stützunterschriften« auf dem Wahlvorschlag.

Beispiele:
Betrieb A
240 Wahlberechtigte
Hier sind 12 Stützunterschriften notwendig.
Betrieb B
50 Wahlberechtigte
Hier sind 3 Stützunterschriften notwendig.

Anzahl der Wahlberechtigten	Anzahl der Stützunterschriften
5– 60	3
61– 80	4
81–100	5
101–120	6
121–140	7
141–160	8
161–180	9
...	

Wichtig:
Es ist immer aufzurunden (1/20 von 162 Wahlberechtigten: 8,1 bedeutet aufgerundet 9 Stützunterschriften).

Maßgeblicher Stichtag für die Feststellung der erforderlichen Anzahl der Unterschriften ist der Tag, an dem das Wahlausschreiben erlassen wird. Die Mindestzahl ist im Wahlausschreiben anzugeben (§ 5 Abs. 1 Nr. 10 SchwbVWO).
Die Unterschrift eines Wahlberechtigten zählt nur auf einem Wahlvorschlag (§ 6 Abs. 4 Satz 1 SchwbVWO). Da es jedoch zulässig ist, einen Wahlvorschlag für die Schwerbehindertenvertretung und davon getrennt einen weiteren Wahlvorschlag für den oder die Stellvertreter:innen zu machen, kann bei solchen getrennten Wahlvorschlägen ein Wahlberechtigter sowohl einen »Vertrauensperson-Wahlvorschlag« als auch einen »Stellvertreter:in-Wahlvorschlag« unterschreiben.
Ein Wahlvorschlag ist eine **gemeinsame Willenserklärung der Unterzeichner gegenüber dem Wahlvorstand**, die mit der Einreichung beim Wahlvorstand rechtlich verbindlich wird. Das

bedeutet, dass der Wahlvorschlag vor der Einreichung nur einen Entwurf darstellt, der jederzeit erneuert oder vernichtet werden kann. Vor der Einreichung können auch die Unterzeichner ihre **Unterschrift widerrufen**; allerdings muss die Widerrufserklärung spätestens gleichzeitig mit dem Wahlvorschlag dem Wahlvorstand zugehen. Nach Einreichung des Wahlvorschlags ist das Zurückziehen einer Unterschrift unwirksam. Die ohne Einverständnis der Unterzeichner erfolgte **Streichung einzelner oder mehrerer Kandidaten** bzw. **Kandidatinnen** macht den Wahlvorschlag inhaltlich unrichtig und ungültig (vgl. BAG 15. 12. 1972 – 1 ABR 8/72, AP Nr. 1 zu § 14 BetrVG 1972).
Für den Fall, dass die Stützunterschriften auf dem Wahlvorschlag nicht genug Platz finden, müssen Wahlvorschlag und weitere Blätter der Unterschriftenliste vor der Unterzeichnung sicher miteinander verbunden werden. Es muss ein zeitweiliges spurloses Trennen zuverlässig verhindert werden. Die schriftliche Zustimmung der Bewerber muss beigefügt werden.

4. Einreichung der Wahlvorschläge

Die Wahlvorschläge sind **vor Ablauf von zwei Wochen** seit dem Erlass des Wahlausschreibens beim Wahlvorstand einzureichen (§ 6 Abs. 1 Satz 1 SchwbVWO). Die Einreichungsfrist ist eine **Ausschlussfrist**. Sie berechnet sich nach § 187 Abs. 1 i. V. m. § 188 Abs. 2 erste Alternative BGB. Sie beginnt nach Ablauf des Tages, an dem das Wahlausschreiben erlassen worden ist, und endet mit Ablauf von zwei Wochen am gleichen Wochentag wie dem des Erlasses des Wahlausschreibens. Ist der letzte Tag des Fristablaufs ein Sonnabend, ein Sonntag oder ein in dem betreffenden Bundesland, in dem der Betrieb liegt, staatlich anerkannter allgemeiner Feiertag, läuft die Frist erst am nächsten Werktag ab (§ 193 BGB). Später eingehende Vorschläge sind nicht zu berücksichtigen. Ausnahmen hiervon gibt es nur, wenn sich eine **Nachfrist** als erforderlich erweist (s. unten Ziffer 7).
Der letzte Tag der Frist ist im Wahlausschreiben anzugeben (§ 5 Abs. 1 Nr. 9 SchwbVWO; zur Fristberechnung vgl. unten bei Kapitel XVII). Der Wahlvorstand ist berechtigt, das Ende der Einreichungsfrist auf das Ende der Arbeitszeit des letzten Tages der Frist zu legen, vorausgesetzt, dass es sich um das Ende der Arbeitszeit der überwiegenden Mehrheit der Beschäftigten des Betriebes oder der Dienststelle handelt (vgl. BAG 4. 10. 1977 – 1 ABR 37/77, DB 1978, S. 449; ferner BVerwG 23. 9. 1966 – VII P 14.65, PersV 1966, S. 276).

Hinweis:
Der Arbeitsalltag hat sich aufgrund der allgemeinen Digitalisierung in den letzten Jahren stark gewandelt. Dennoch gibt es bisher keine Möglichkeit der elektronischen Sammlung und Übermittlung von Wahlvorschlägen. Aufgrund der Frist von zwei Wochen verlangt das Sammeln von Unterstützungsunterschriften ggf. das persönliche Aufsuchen der Unterstützer:innen auch zu Hause.

5. Vertreter:innen des Wahlvorschlags (Vorschlagsvertreter:innen)

Für die Behandlung der Vorschlagsvertreter:innen enthält die SchwbVWO keine ausdrückliche Regelung. Analog zu den Wahlordnungen des Betriebsverfassungsgesetzes und der Personal-

vertretungsgesetze kann ein Unterzeichner/eine Unterzeichnerin des Wahlvorschlags – im Geltungsbereich des BPersVG auch ein nicht wahlberechtigter Beschäftigter – als »Vorschlagsvertreter:in« oder, anders formuliert, »Vertreter:in des Wahlvorschlags« im Wahlvorschlag bezeichnet werden. Ist dies unterblieben, so wird der/die an erster Stelle stehende Unterzeichner:in als Vertreter:in des Wahlvorschlags (Vorschlagsvertreter:in) angesehen.
Der Vertreter/die Vertreterin des Wahlvorschlags (Vorschlagsvertreter:in) ist berechtigt und verpflichtet, dem Wahlvorstand die zur Beseitigung von Anständen erforderlichen Erklärungen abzugeben sowie Erklärungen und Entscheidungen des Wahlvorstands entgegenzunehmen. Die unten aufgeführten Bestimmungen in den verschiedenen Wahlordnungen sind analog anzuwenden, wenn Beanstandungen mitgeteilt bzw. Nachbesserungen verlangt werden (Sachadae, Wahl der SBV, S. 427ff.).

- § 6 Abs. 4 WO BetrVG
- § 8 Abs. 4 WO BPersVG
- § 12 Abs. 5 WO LPersVG BW
- § 8 Abs. 6 WO BayBVG
- § 7 Abs. 4 WO BlnPersVG
- § 9 Abs. 5 WO LPersVG Bbg
- § 8 Abs. 4 WO BremPersVG
- § 8 Abs. 4 WO HmbPersVG
- § 8 Abs. 4 WO HPVG
- § 10 Abs. 4 WO PersVG Meck-Vorp
- § 10 Abs. 6 WO NdsPersVG
- § 8 Abs. WO LPersVG NW
- § 8 Abs. 4 WO LPersVG RP
- § 8 Abs. 4 WO SaarPersVG
- § 8 Abs. 3 WO SächsPersVG
- § 8 Abs. 4 WO PersVG LSA
- § 10 Abs. 4 WO MBG Schl-H
- § 8 Abs. 4 WO ThürPersVG

6. Entgegennahme und Prüfung der Wahlvorschläge

Für die Entgegennahme und Prüfung der Wahlvorschläge gilt § 6 SchwbVWO. Da diese Vorschrift die notwendigen praktischen Einzelheiten für das Prüfverfahren nicht enthält, sind auch hier ergänzend die WO des Betriebsverfassungsgesetzes und der Personalvertretungsgesetze sinngemäß anzuwenden. In Betracht kommen folgende Vorschriften:

- §§ 7 und 8 WO BetrVG
- § 10 WO BPersVG
- §§ 14 und 15 WO LPersVG BW
- § 10 WO BayPersVG
- § 9 WO BlnPersVG
- § 11 WO LPersVG Bbg
- § 10 WO BremPersVG
- § 10 WO HmbPersVG

- § 10 WO HPVG
- § 12 WO PersVG Meckl-Vorp
- § 12 WO NdsPersVG
- § 9 WO LPersVG NW
- § 10 WO LPersVG RP
- § 10 WO SaarPersVG
- § 10 WO SächsPersVG
- § 10 WO PersVG LSA
- § 12 WO MBG Schl-H
- § 10 WO ThürPersVG

Unter Beachtung der genannten betriebsverfassungsrechtlichen bzw. personalvertretungsrechtlichen Vorschriften ergibt sich Folgendes:

Der Wahlvorstand **vermerkt** auf den eingereichten Wahlvorschlägen **das Datum und die Uhrzeit des Eingangs.** Er hat dem Überbringer/der Überbringerin des Wahlvorschlags oder, falls der Wahlvorschlag auf andere Weise eingereicht wird, dem Vertreter/der Vertreterin des Wahlvorschlags (vgl. dazu oben Ziffer 5) den **Zeitpunkt der Einreichung schriftlich zu bestätigen.**

Es empfiehlt sich die Regelung, dass die Wahlberechtigten ihre Wahlvorschläge dem Wahlvorstand nur in seinem Büro übergeben dürfen, wie es in der hier verwendeten Muster-Geschäftsordnung vorgesehen ist. Wo sich dieses Büro befindet, ist im Wahlausschreiben anzugeben (§ 5 Abs. 1 Nr. 16 SchwbVWO).

Der Wahlvorstand hat den Wahlvorschlag möglichst zeitnah zu prüfen, um einen optimalen Wahlverlauf zu ermöglichen.

Ist ein Wahlvorschlag **unheilbar ungültig**, so hat der Wahlvorstand den Vertreter/die Vertreterin des Wahlvorschlags unverzüglich schriftlich unter Angabe der Gründe zu unterrichten. Dabei hat der Wahlvorstand jede schuldhafte Verzögerung zu vermeiden. Besondere Sorgfalt und Eile sind geboten, wenn der Ablauf der Einreichungsfrist bzw. Nachfrist unmittelbar bevorsteht. Den Einreichern ungültiger Wahlvorschläge soll, wenn möglich, noch Gelegenheit gegeben werden, einen gültigen Wahlvorschlag nachzureichen.

Unheilbar ungültig sind Wahlvorschläge,

- die nicht fristgerecht eingereicht worden sind (vgl. § 8 Abs. 1 Nr. 1 WO BetrVG bzw. § 10 Abs. 2 WO BPersVG) oder
- die bei der Einreichung nicht die erforderliche Zahl von Unterschriften aufweisen (vgl. § 8 Abs. 1 Nr. 3 WO BetrVG bzw. § 10 Abs. 2 WO BPersVG).

Ein Bewerber/eine Bewerberin kann grundsätzlich nur auf einem Wahlvorschlag benannt werden. Eine Ausnahme gilt dann, wenn ein Bewerber/eine Bewerberin in dem einen Wahlvorschlag als Schwerbehindertenvertretung, in dem anderen als Stellvertreter:in vorgeschlagen wird (§ 6 Abs. 3 Satz 1 SchwbVWO). Der Wahlvorstand hat einen **Mehrfachbewerber/eine Mehrfachbewerberin**, d.h. einen Bewerber/eine Bewerberin, der/die mit seiner/ihrer schriftlichen Zustimmung auf mehreren Wahlvorschlägen für dasselbe Amt benannt ist, aufzufordern, binnen drei Arbeitstagen zu erklären, auf welchem Wahlvorschlag er/sie benannt bleiben will. Gibt der Bewerber/die Bewerberin diese Erklärung nicht fristgerecht ab, wird er/sie von sämtlichen Wahlvorschlägen gestrichen (§ 6 Abs. 3 Satz 2 und 3 SchwbVWO).

Einen **Mehrfachunterzeichner/eine Mehrfachunterzeichnerin**, d.h. einen Wahlberechtigten/eine Wahlberechtigte, der/die mehrere »Vertrauensperson-Wahlvorschläge« oder mehrere »Stellvertreter:innen-Wahlvorschläge« unterschrieben hat (s. oben Ziffer 3), hat der Wahlvorstand schriftlich gegen Empfangsbestätigung dazu aufzufordern, binnen drei Arbeitstagen seit dem Zugang der Aufforderung zu erklären, welche Unterschrift er/sie aufrechterhält. Gibt der/die Wahlberechtigte diese Erklärung nicht fristgerecht ab, zählt seine/ihre Unterschrift auf keinem Wahlvorschlag (§ 6 Abs. 4 SchwbVWO).

Der Wahlvorstand hat keine Befugnis, Bewerber, die ihre Zustimmung zur Kandidatur zurückziehen, unter Beibehaltung des Wahlvorschlags im Übrigen zu streichen (LAG BaWü 12. 1. 2012 – 3 TaBV 7/11).

Bei der Behandlung von Wahlvorschlägen, die **Mängel** enthalten, **die durch Nachbesserung geheilt werden können**, sind – da die SchwbVWO keine einschlägigen Regelungen enthält – die betriebsverfassungs- und personalvertretungsrechtlichen Regelungen entsprechend anwendbar:

- Im **Geltungsbereich des Betriebsverfassungsgesetzes** gilt Folgendes: Enthält ein Wahlvorschlag Mängel, die geheilt werden können, so hat der Wahlvorstand diese Mängel dem Vorschlagsvertreter/der Vorschlagsvertreterin gegenüber **unverzüglich** schriftlich unter Angabe der Gründe zu beanstanden. Werden diese Mängel nicht **binnen einer Frist von drei Arbeitstagen nach der Beanstandung beseitigt**, so wird der Wahlvorschlag endgültig ungültig. Deshalb empfiehlt es sich, bei der schriftlichen Beanstandung auf die Mängelbeseitigungsfrist und die Folgen ihrer Versäumnis hinzuweisen (vgl. §§ 7 Abs. 2 und 8 Abs. 2 WO BetrVG).
- Im **Geltungsbereich des Bundespersonalvertretungsgesetzes** gilt Folgendes: Enthält ein Wahlvorschlag Mängel, die durch Nachbesserung geheilt werden können, so hat der Wahlvorstand den Wahlvorschlag gegen schriftliche Empfangsbestätigung, erforderlichenfalls durch eingeschriebenen Brief, an den Vorschlagsvertreter/die Vorschlagsvertreterin zurückzugeben. Der Wahlvorstand hat den Vorschlagsvertreter/die Vorschlagsvertreterin zugleich ausdrücklich aufzufordern, **die Mängel binnen drei Arbeitstagen seit dem Zugang der Aufforderung zu beseitigen**. Werden die Mängel nicht fristgerecht beseitigt, so ist der Wahlvorschlag ungültig (vgl. § 10 Abs. 5 WO BPersVG).
- Für den **Geltungsbereich der Landespersonalvertretungsgesetze** wird wegen der Einzelheiten auf die oben genannten Vorschriften der Wahlordnungen verwiesen.

Mit heilbaren Mängeln behaftet und daher **nachbesserungsfähig** sind im Geltungsbereich des Betriebsverfassungsgesetzes und des Bundespersonalvertretungsgesetzes Wahlvorschläge,

- auf denen die Bewerber:innen nicht in der in § 6 Abs. 2 Satz 2 SchwbVWO bestimmten Weise unter Angabe von Familienname, Vorname, Geburtsdatum, Art der Beschäftigung sowie – erforderlichenfalls – Betrieb oder Dienststelle bezeichnet sind oder
- bei denen die schriftliche Zustimmung der Bewerber:innen zur Aufnahme in den Wahlvorschlag nicht vorliegt oder
- die nach Streichung von Mehrfachunterschriften nicht mehr die erforderliche Zahl von Unterschriften aufweisen

(vgl. § 8 Abs. 2 WO BetrVG und § 10 Abs. 5 WO BPersVG sowie die entsprechenden, aber teilweise anders gefassten Vorschriften der Wahlordnungen zu den Landespersonalvertretungsgesetzen).

7. Nachfrist für Wahlvorschläge

Ist nach Ablauf der Einreichungsfrist von zwei Wochen seit Erlass des Wahlausschreibens **kein gültiger Wahlvorschlag für die Wahl der Schwerbehindertenvertretung** eingereicht, so hat

der Wahlvorstand dies **sofort** in gleicher Weise bekannt zu machen wie das Wahlausschreiben und gleichzeitig eine **Nachfrist von einer Woche** für die Einreichung von »Vertrauensperson-Wahlvorschlägen« zu setzen. In der Bekanntmachung ist darauf hinzuweisen, dass die Wahl nur dann stattfinden kann, wenn innerhalb der Nachfrist mindestens ein gültiger Wahlvorschlag eingereicht wird (§ 7 Abs. 1 SchwbVWO).
Ist innerhalb der Einreichungsfrist für die Wahl des **Stellvertreters bzw. der Stellvertreterin** kein gültiger Wahlvorschlag eingegangen oder entspricht die Zahl der für dieses Amt gültig vorgeschlagenen Bewerber:innen nicht der vom Wahlvorstand beschlossenen Zahl der Stellvertreter:innen, so ist sofort eine Nachfrist von einer Woche für die Einreichung von »Stellvertreter:innen-Wahlvorschlägen« zu setzen (§ 7 Abs. 3 SchwbVWO).
Ein **fruchtloser Ablauf der Nachfrist für »Vertrauensperson-Wahlvorschläge«** führt dazu, dass die Wahl nicht stattfindet. Das gilt auch dann, wenn gültige »Stellvertreter:innen-Wahlvorschläge« vorliegen.
Ein **fruchtloser Ablauf der Nachfrist für »Stellvertreter:innen-Wahlvorschläge«** löst hingegen andere Konsequenzen aus. Liegt kein gültiger »Stellvertreter:in-Wahlvorschlag« vor, so findet lediglich die Wahl der Vertrauensperson statt. Liegt ein gültiger »Stellvertreter:in-Wahlvorschlag« zwar vor, entspricht aber die Zahl der gültig vorgeschlagenen »Stellvertreter:innen-Bewerber:innen« **nicht der vom Wahlvorstand beschlossenen Zahl der »Stellvertreter:innen«**, so findet neben der Wahl der Vertrauensperson auch die Wahl der Stellvertreter:innen, allerdings in entsprechend verminderter Zahl, statt.
Bei fruchtlosem Ablauf der Nachfrist für »Vertrauensperson-Wahlvorschläge« hat der Wahlvorstand **sofort bekannt zu machen, dass die Wahl nicht stattfindet** (§ 7 Abs. 2 SchwbVWO). Mit der Bekanntmachung ist das Wahlverfahren abgeschlossen und **das Amt des Wahlvorstands erloschen.**

8. Bekanntmachung der Bewerber:innen

Spätestens eine Woche vor Beginn der Stimmabgabe muss der Wahlvorstand die Namen der Kandidaten bzw. Kandidatinnen aus gültigen Wahlvorschlägen – getrennt für das Amt der Vertrauensperson und des Stellvertreters/der Stellvertreterin – an den Stellen durch Aushang bekannt geben, an denen auch das Wahlausschreiben aushängt. Dabei ist zu beachten, dass die Bewerber:innen in alphabetischer Reihenfolge aufgeführt sein müssen. Der Aushang muss **bis zum Abschluss der Stimmabgabe** erfolgen (§ 8 SchwbVWO).

ON LINE

Formular 07
Formular 07a
Formular 08
Formular 08a
Formular 09
Formular 10
Formular 11
Formular 12

X. Stimmabgabe

1. Vorbereitung der Stimmzettel und Wahlumschläge

Dem Grundsatz der geheimen Wahl entsprechend übt der Wähler/die Wählerin sein/ihr Wahlrecht durch Abgabe eines vom Wahlvorstand vorbereiteten Stimmzettels in dem hierfür bestimmten Wahlumschlag aus (§ 9 Abs. 2 Satz 1 SchwbVWO); anders als in § 11 der neuen WO BetrVG sind bei der SBV-Wahl die Wahlumschläge weiter zwingend vorgeschrieben.
Eine durchgeführte SBV-Wahl ohne die Ausgabe und Nutzung von Wahlumschlägen ist anfechtbar. Das Wahlgeheimnis würde in diesem Falle elementar verletzt (LAG Hessen 1. 12. 2011 – 9 TaBV 130/11). Der Stimmzettel ist so anzufertigen, dass der Wähler jene Kandidaten bzw. Kandidatinnen, die er wählen will, **nur** an der hierfür vorgesehenen Stelle **anzukreuzen** braucht (§ 9 Abs. 4 Satz 1 SchwbVWO).
Die Stimmzettel und die Wahlumschläge müssen jeweils die **gleiche Größe, Farbe, Beschaffenheit und Beschriftung** haben (§ 9 Abs. 2 Satz 3 und 4 SchwbVWO).
Auf dem Stimmzettel sind alle vorgeschlagenen Bewerber bzw. Bewerberinnen – getrennt für das Amt der Vertrauensperson und des Stellvertreters/der Stellvertreterin – **in alphabetischer Reihenfolge** aufzuführen. Dabei sind Familienname, Vorname, Geburtsdatum und Art der Beschäftigung anzugeben (§ 9 Abs. 2 Satz 2 SchwbVWO).
Bei der Wahl mehrerer Stellvertreter:innen soll der Stimmzettel einen Hinweis enthalten, wie viele Bewerber:innen im Höchstfalle angekreuzt werden dürfen (§ 9 Abs. 3 SchwbVWO).

Stimmzettel für die Wahl der Vertrauensperson der schwerbehinderten Menschen

Stimmzettel

für die Wahl der Vertrauensperson der schwerbehinderten Menschen

bei ______________________________
(Betrieb/Dienststelle)

Name, Vorname	Geburtsdatum	Art der Beschäftigung	
1. Dogan, Ibrahim	9. November 1960	Gärtner	○
2. Müller, Hans	18. März 1973	Schlosser	○
3. Schulz, Andrea	1. Mai 1984	Verw.-Angestellte	○

Der Kandidat/die Kandidatin, für den/die sich der Wähler/die Wählerin entscheidet, ist mit einem X in dem zugehörigen Kreis zu kennzeichenen. Es darf nur ein/eine Kandidat/Kandidatin angekreuzt werden.

2. Voraussetzungen der Stimmabgabe

Wählen kann nur, wer in die **Wählerliste** eingetragen ist (§ 5 Abs. 1 Nr. 5 SchwbVWO). Deshalb hat sich der Wahlvorstand bereits bei der Aushändigung von Stimmzetteln und Wahlumschlägen davon zu überzeugen, ob der/die Beschäftigte in die Wählerliste eingetragen ist. Allerdings hat der Wahlvorstand zu diesem Zeitpunkt in der Wählerliste nur dann einen Vermerk anzubringen, wenn der/die Wahlberechtigte von der Möglichkeit der schriftlichen Stimmabgabe Gebrauch machen will (vgl. § 11 Abs. 1 Satz 3 SchwbVWO).
Die Wahl der Vertrauensperson und ihres Stellvertreters bzw. ihrer Stellvertreterin ist **geheim** (§ 177 Abs. 6 Satz 1 SGB IX). Deshalb hat der Wahlvorstand geeignete Vorkehrungen für die unbeobachtete Kennzeichnung der Stimmzettel im Wahlraum zu treffen. Das bedeutet, dass der Wahlvorstand den Wahlraum mit Vorrichtungen auszustatten hat, die den Wähler bzw. die Wählerin vor fremden Blicken schützen, während dieser/diese den Stimmzettel kennzeichnet und in den Wahlumschlag einlegt (z. B. Wahlkabinen oder abgeschirmte Schreibgelegenheiten).
Dem Grundsatz der **unmittelbaren** Wahl entsprechend darf der Wähler bzw. die Wählerin seine/ihre Stimme nur **persönlich** abgeben (§ 177 Abs. 6 Satz 1 SGB IX). Ein Wähler bzw. eine Wählerin, der/die infolge seiner/ihrer **Behinderung** in der Stimmabgabe beeinträchtigt oder der/die **des Lesens unkundig** ist, kann jedoch nach § 10 Abs. 4 SchwbVWO eine **Person seines/ihres Vertrauens** hinzuziehen. Er/sie muss dieses dem Wahlvorstand mitteilen. Um die weitestgehend barrierefreie und selbstständige Stimmabgabe zu ermöglichen, sollten ggf. die Bedürfnisse von Rollstuhlnutzer:innen, kleinwüchsigen Wahlberechtigten oder Beschäftigten mit anderen physischen Einschränkungen bereits bei der Raumwahl und -gestaltung berücksichtigt werden.
Wahlbewerber:innen, Mitglieder des Wahlvorstands und Wahlhelfer:innen dürfen zur Hilfeleistung nicht herangezogen werden. Die Vertrauensperson darf gemeinsam mit dem Wähler bzw. der Wählerin die Wahlzelle aufsuchen. Die Hilfeleistung hat sich auf die Erfüllung der Wünsche des Wählers bzw. der Wählerin zu beschränken. Dem Grundsatz der geheimen Wahl entsprechend ist die Vertrauensperson zur Geheimhaltung der Kenntnisse verpflichtet, die sie zur Hilfeleistung von der Wahl eines anderen erlangt hat (§ 10 Abs. 4 SchwbVWO).
Der Wähler bzw. die Wählerin kann seine/ihre Stimme nur für rechtswirksam vorgeschlagene Bewerber:innen abgeben (§ 9 Abs. 1 SchwbVWO). Das geschieht dadurch, dass er/sie den bzw. die von ihm/ihr gewählte(n) Bewerber:in durch Ankreuzen an der jeweils hierfür im Stimmzettel vorgesehenen Stelle kennzeichnet (§ 9 Abs. 4 SchwbVWO). Bei der Wahl der Vertrauensperson und der Wahl nur eines Stellvertreters/einer Stellvertreterin kann der Wähler bzw. die Wählerin jeweils nur eine Stimme abgeben. Sind mehrere Stellvertreter:innen zu wählen, so kann er/sie so viele Stimmen abgeben, wie Stellvertreter:innen zu wählen sind (§ 9 Abs. 4 Satz 2 SchwbVWO).
Der Wähler bzw. die Wählerin kann dieselbe Person einmal als Vertrauensperson und einmal als Stellvertreter:in wählen.
Stimmzettel, auf denen **mehr als die zulässige Anzahl der Bewerber:innen angekreuzt** oder die mit einem **besonderen Merkmal** versehen sind oder aus denen sich der Wille des Wählers bzw. der Wählerin **nicht zweifelsfrei** ergibt, sind ungültig (§ 9 Abs. 5 SchwbVWO).
Der **angekreuzte Stimmzettel** ist vom Wähler in den **Wahlumschlag** zu legen (§ 9 Abs. 2 Satz 1 SchwbVWO). Für die Aufnahme der Wahlumschläge sind **Wahlurnen** zu verwenden. Diese müssen so eingerichtet sein, dass die eingeworfenen Umschläge nicht herausgenommen werden können, ohne dass die Urne geöffnet wird (§ 10 Abs. 1 SchwbVWO). Vor Beginn der Stimmabgabe hat sich mindestens ein Mitglied des Wahlvorstands davon zu überzeugen, dass die Wahl-

urnen leer sind, dann sind sie zu verschließen und während der Wahlhandlung verschlossen zu halten.
Wird kein Wahlumschlag verwendet, ist die Wahl nach einer vereinzelten Gerichtsentscheidung nicht anfechtbar, wenn durch mehrmaliges Falten des Wahlzettels das Wahlgeheimnis sichergestellt ist (OVG Nordrhein-Westfalen 27.9.2000, Behindertenrecht 2001, S. 257). Diese Abweichung vom eindeutigen Text der WO ist nicht haltbar.
Der Wähler/die Wählerin händigt den Wahlumschlag, in den der Stimmzettel eingelegt ist, dem mit der Entgegennahme der Wahlumschläge betrauten Mitglied des Wahlvorstands aus, wobei er seinen/sie ihren Namen angibt. **Der Wahlumschlag ist in Gegenwart des Wählers/der Wählerin in die Wahlurne einzuwerfen, nachdem die Stimmabgabe in der Wählerliste vermerkt worden ist** (§ 10 Abs. 3 SchwbVWO).
Wird die **Wahlhandlung unterbrochen**, so hat der Wahlvorstand für die Zwischenzeit die Wahlurne zu versiegeln und so aufzubewahren, dass der Einwurf oder die Entnahme von Stimmzetteln ohne Beschädigung des Verschlusses unmöglich ist. Bei Wiederöffnung der Wahl hat sich der Wahlvorstand davon zu überzeugen, dass der Verschluss unversehrt ist.
Elektronische Wahlgeräte: Elektronische Wahlgeräte sieht die SchwbVWO nicht vor. Auch das Bundesverfassungsgericht lehnt den Einsatz von elektronischen Wahlgeräten bisher ab (BVerfG 3.3.2009 – 2 BvC 3/07 und 2 BvC 4/07). Elektronische Wahlgeräte dürfen somit mit der Begründung nicht eingesetzt werden, dass damit die Wahlgrundsätze, insbesondere der geheimen Wahl, nicht eingehalten werden können.
Folgende Verfahren dürfen derzeit **nicht** zum Einsatz kommen:
- Direktes Erfassen der Stimme (Digitaler Wahlstift), auch wenn die Stimmzettel noch in eine Extra-Wahlurne kommen, sodass das Computerergebnis verifiziert (nachgezählt) werden kann. Dazu gehören auch Wahlcomputer, bei denen der Wähler am Computer seine Stimme abgibt und eine Wahlquittung erhält, die er kontrollieren und dann in eine Extra-Urne einwerfen muss.
- Computerwahl mit Papertrail (VVPAT): Die Stimmabgabe erfolgt am Computer. Ein Stimmzettelausdruck wird direkt in die Wahlurne ausgegeben, sodass nachgezählt werden kann (z. B. bei plötzlichem Ausfall des Wahlcomputers).
- Reine Computerwahl. Stimmabgabe und Auszählung erfolgen im Rechner.
- i-voting: Internetwahl, SMS-Wahl ... Hier erfolgt die Auszählung an einem anderen Ort als dic Stimmabgabe (analog Briefwahl).

3. Schriftliche Stimmabgabe (Briefwahl)

Die Wahlordnung lässt die schriftliche Stimmabgabe als **Ausnahme** vom Grundsatz der persönlichen Stimmabgabe in zwei Fällen zu:
- als Möglichkeit einzelner Wahlberechtigter, die zum Zeitpunkt der Wahl verhindert sind, ihre Stimme persönlich abzugeben (§ 11 Abs. 1 SchwbVWO);
- auf Beschluss des Wahlvorstands (§ 11 Abs. 2 SchwbVWO).

3.1 Schriftliche Stimmabgabe einzelner wahlberechtigter Beschäftigter

Wahlberechtigte Beschäftigte, die **im Zeitpunkt der Wahl verhindert sind**, ihre Stimme persönlich abzugeben, können ihre Stimme schriftlich abgeben.
Diese Wahlberechtigten erhalten **auf ihr Verlangen** die Unterlagen für die schriftliche Stimmabgabe (§ 11 Abs. 1 Satz 1 SchwbVWO). **Auf den Grund der Verhinderung kommt es nicht an (vgl. auch BAG 22. 1. 2025 – 7 ABR 1/24).** Er kann **dienstlicher Art** (z. B. Dienstreise, Arbeit im Homeoffice), **persönlicher Art** (z. B. Urlaub, Krankheit) oder **sonstiger Art** (z. B. Erfüllung staatsbürgerlicher Pflichten, etwa durch die Tätigkeit als ehrenamtlicher Richter) sein.
Zu den **auszuhändigenden oder zu übersendenden Unterlagen** gehören:

- das Wahlausschreiben,
- der Stimmzettel und der Wahlumschlag,
- eine vorgedruckte, vom Wähler bzw. von der Wählerin abzugebende Erklärung, in der dieser/diese gegenüber dem Wahlvorstand versichert, dass er/sie den Stimmzettel persönlich gekennzeichnet hat oder unter den Voraussetzungen des § 10 Abs. 4 SchwbVWO durch eine Person seines/ihres Vertrauens hat kennzeichnen lassen und
- einen größeren Freiumschlag, der die Anschrift des Wahlvorstands, als Absender Namen und Anschrift des Wahlberechtigten sowie den Vermerk »Schriftliche Stimmabgabe« trägt.

Der Wahlvorstand hat darauf zu achten, dass der Freiumschlag ausreichend frankiert ist. Die Wahl könnte aus dem Grund der Unterfrankierung ggf. als ungültig erklärt werden. Die Post sendet die Briefe in diesem Fall an die Absender zurück. Hierdurch kann die Einhaltung der Frist zur rechtzeitigen Stimmenabgabe gefährdet werden. Auch finanzielle Gründe können eine Stimmabgabe somit verhindern. Es kann daher nicht ausgeschlossen werden, dass bei ausreichender Frankierung das Wahlergebnis anders ausfallen würde (LAG Köln 8. 3. 2012 – 13 TaBV 82/11).
Der Wahlvorstand soll dem Wähler/der Wählerin ferner ein Merkblatt über die Art und Weise der schriftlichen Stimmabgabe aushändigen oder übersenden (§ 11 Abs. 1 Satz 2 SchwbVWO).

3.2 Schriftliche Stimmabgabe aufgrund eines Beschlusses des Wahlvorstands

Nach § 11 Abs. 2 Satz 1 der SchwbVWO kann der Wahlvorstand **generell die schriftliche Stimmabgabe anordnen.** Begründet wurde dies damit, dass schwerbehinderte Menschen sich in den Betrieben und Dienststellen häufig nur schwer aus den Arbeitsabläufen lösen können, um ihr Wahlrecht wahrzunehmen. Außerdem fallen ihnen zum Teil insbesondere in Großbetrieben unter Umständen lange Wegstrecken zum Wahllokal schwer. Die Regelung soll auch zu einer höheren Wahlbeteiligung beitragen, um die Position der Schwerbehindertenvertretung zu stärken.
Festzustellen bleibt, dass die Schwerbehindertenvertretung, der Betriebs- bzw. Personalrat und die Gewerkschaften alle Möglichkeiten nutzen müssen, um die Wahlbeteiligung zu erhöhen. Das kann auch dadurch geschehen, dass in einem entsprechenden zeitlichen Abstand vor der Wahl die Schwerbehindertenvertretung zu einer Versammlung einlädt.
Die generelle Anordnung der Briefwahl durch Beschluss des Wahlvorstands sollte eine Ausnahme bleiben, die je nach Arbeitsrealität des Betriebes oder der Dienststelle sinnvoll sein kann, um die Wahlbeteiligung zu erhöhen. Außerdem kann für einzelne Betriebsteile die Briefwahl beschlossen werden. Zu denken ist insbesondere an schwerbehinderte Menschen, die ganz oder

teilweise an Heimarbeitsplätzen, in Telearbeit oder Homeoffice oder aber auch im Schichtdienst beschäftigt sind.
Die Entscheidung über die schriftliche Stimmabgabe ist vor Erlass des Wahlausschreibens zu treffen; denn im Wahlausschreiben ist auf den Ort der Stimmabgabe und auf den Beschluss der schriftlichen Stimmabgabe hinzuweisen (§ 5 Abs. 1 Nr. 13 und 14 SchwbVWO).
Beschließt der Wahlvorstand die schriftliche Stimmabgabe, so hat er den betroffenen Wahlberechtigten unaufgefordert sämtliche Wahlunterlagen zu übersenden (§ 11 Abs. 2 Satz 2 SchwbVWO; vgl. oben bei 3.1).

3.3 Verfahren der schriftlichen Stimmabgabe

Der Wähler/die Wählerin gibt bei der schriftlichen Stimmabgabe nach § 11 Abs. 3 SchwbVWO seine/ihre Stimme in der Weise ab, dass er/sie

- den Stimmzettel unbeobachtet persönlich kennzeichnet und in den Wahlumschlag einlegt,
- die vorgedruckte Erklärung unter Angabe des Ortes und des Datums unterschreibt und
- den Wahlumschlag und die unterschriebene, vorgedruckte Erklärung in dem Freiumschlag verschließt und diesen so rechtzeitig an den Wahlvorstand absendet oder übergibt, dass er vor Abschluss der Stimmabgabe vorliegt.

Ein Wähler/eine Wählerin, der/die infolge seiner/ihrer **Behinderung** in der Stimmabgabe beeinträchtigt oder der/die **des Lesens unkundig** ist, kann die genannten Tätigkeiten durch eine Person seines/ihres Vertrauens verrichten lassen, die dem Wahlvorstand bekannt zu geben ist und die weder Wahlbewerber:in noch Mitglied des Wahlvorstands noch Wahlhelfer:in sein darf (§ 11 Abs. 3 Satz 2 SchwbVWO).
Die bei ihm eingegangenen Freiumschläge hat der Wahlvorstand **ungeöffnet** so **aufzubewahren,** dass sie gegen jede Veränderung gesichert sind.
Unmittelbar vor Abschluss der Stimmabgabe hat der Wahlvorstand in **öffentlicher Sitzung, die er im Wahlausschreiben angekündigt hat** und an der alle Wahlvorstandsmitglieder teilzunehmen haben, die bis zu diesem Zeitpunkt eingegangenen Freiumschläge zu öffnen und ihnen die Wahlumschläge und die vorgedruckten Erklärungen zu entnehmen (§ 12 Abs. 1 Satz 1 SchwbVWO). Hierbei muss die Angabe des Sitzungsortes so erfolgen, dass die zur Öffentlichkeit zählenden Personen den betreffenden Raum auch ohne konkrete Ortskenntnis allein auffinden können. Ein allgemeiner Verweis auf die »Räume der Schwerbehindertenvertretung/Betriebsrats/Wahlvorstands« kann unzureichend sein, wenn die Sitzung in einem zur Verfügung stehenden Nebenraum erfolgt und wegen der unübersichtlichen Verhältnisse der Örtlichkeit nicht erkennbar ist, dass die Öffnung der Freiumschläge dort stattfindet (LAG Köln 20. 5. 2016 – 4 TaBV 98/15). Wird die Öffentlichkeit bei diesem Verfahren nicht sichergestellt, kann die Wahl angefochten werden (LAG München 12. 10. 2011 – 11 TaBV 29/11; LAG Niedersachsen 27. 3. 2024 – 2 TaBV 44/33). In den gerichtlichen Verfahren wird die Öffentlichkeit der Auszählung und deren rechtzeitige Bekanntmachung sorgfältig und strikt geprüft (BAG 10. 7. 2013 – 7 ABR 83/11).
Der Wahlvorstand hat zu prüfen, ob die schriftliche Stimmabgabe ordnungsgemäß erfolgt ist. Das ist nicht der Fall, wenn die vorgedruckte Erklärung fehlt oder vom Wähler bzw. von der Wählerin nicht unterschrieben worden ist oder wenn der Freiumschlag nicht fest verschlossen ist. Liegen die nachprüfbaren Voraussetzungen einer ordnungsgemäßen schriftlichen Stimmabgabe vor, so legt der Wahlvorstand den **Wahlumschlag nach Vermerk der Stimmabgabe in der Wählerliste ungeöffnet in die Wahlurne** (§ 12 Abs. 1 Satz 2 SchwbVWO). Andernfalls bleiben die Wahlumschläge unberücksichtigt. Auf gar keinen Fall darf der Wahlvorstand zu

diesem Zeitpunkt die Wahlumschläge öffnen. Hierdurch würden krasse und eklatante Verletzungen von elementaren Wahlgrundsätzen wie der geheimen Wahl zur Nichtigkeit der Wahl führen (LAG Hessen 10.11.2011 – 9 TaBV 104/11) oder zumindest zur Anfechtbarkeit (LAG Hessen 15.6.2020 – 16 TaBV 116/19).
Verspätet eingehende Freiumschläge hat der Wahlvorstand mit einem Vermerk über den Zeitpunkt des Eingangs (Datum und Uhrzeit) ungeöffnet zu den Wahlunterlagen zu nehmen. Die Freiumschläge sind einen Monat nach Bekanntgabe des Wahlergebnisses ungeöffnet zu vernichten, wenn die Wahl nicht angefochten worden ist (§ 12 Abs. 2 SchwbVWO).
Im **vereinfachten Wahlverfahren** ist Briefwahl seit 2022 ebenfalls möglich.
Aus Anlass der COVID-19-Pandemie wurde mit § 28 SchwbVWO eine zunächst befristete Sonderregelung zur schriftlichen Stimmabgabe auch im vereinfachten Wahlverfahren geschaffen, welche ohne inhaltliche Veränderung im Frühjahr 2022 dauerhaft in § 20 Abs. 5 SchwbVWO verankert wurde (ein anders lautender Vorschlag des DGB fand keine Berücksichtigung).
Problematisch ist dabei, dass es keinen Wahlvorstand gibt und die ordnungsgemäße Durchführung der Briefwahl in der Verantwortung des/der Wahlleiter:in liegt (dazu unten Kapitel XII).

4. Aufgaben des Wahlvorstands bei der Stimmabgabe

Der Wahlvorstand hat den **technischen Ablauf** der Stimmabgabe zu **organisieren** und zu **beaufsichtigen**. Er hat insbesondere dafür zu sorgen, dass jeder/jede Wahlberechtigte seine/ihre Stimme unbehindert und geheim persönlich abgeben kann.
Bei der Durchführung der Stimmabgabe – und auch bei der Stimmenauszählung – kann der Wahlvorstand zu seiner Unterstützung Wahlhelfer:innen in ausreichender Zahl heranziehen (§ 2 Abs. 1 Satz 2 SchwbVWO; vgl. oben bei Kapitel VII 1.). Die Tätigkeit der Wahlhelfer:innen hat lediglich unterstützenden Charakter. Sie können für den Wahlvorstand nicht selbstständig handeln und für ihn keine Erklärungen abgeben oder entgegennehmen. Fehler, die von den Wahlhelfern bzw. Wahlhelferinnen begangen werden, sind dem Wahlvorstand zuzurechnen.
Während der Wahl müssen in jedem Wahlraum immer mindestens zwei Wahlvorstandsmitglieder oder ein Wahlvorstandsmitglied und ein Wahlhelfer bzw. eine Wahlhelferin anwesend sein (§ 10 Abs. 2 SchwbVWO).

5. Abschluss der Stimmabgabe

Die Stimmabgabe endet mit dem Zeitpunkt, der im Wahlausschreiben angegeben ist. Der Wahlvorstand hat unverzüglich nach Abschluss der Wahl öffentlich die Auszählung der Stimmen vorzunehmen (§ 13 Abs. 1 SchwbVWO).
Kann die Stimmenauszählung nicht unmittelbar nach Abschluss der Stimmabgabe erfolgen, so hat der Wahlvorstand für die Zwischenzeit die Wahlurne zu versiegeln und so aufzubewahren, dass der Einwurf oder die Entnahme von Stimmzetteln ohne Beschädigung des Verschlusses unmöglich ist (§ 11 Abs. 5 SchwbVWO). Vor Entnahme der Stimmzettel zur Stimmenzählung hat sich der Wahlvorstand davon zu überzeugen, dass der Verschluss unversehrt ist.

Formular 13
Formular 14
Formular 15
Formular 16

XI. Feststellung und Bekanntmachung des Wahlergebnisses

1. Feststellung des Wahlergebnisses

Der Wahlvorstand hat unverzüglich nach Abschluss der Wahl in öffentlicher **Sitzung** das Wahlergebnis zu ermitteln und festzustellen (§ 13 Abs. 1 SchwbVWO). **Öffentlich** bedeutet, dass alle Interessierten (z. B. auch Beauftragte der im Betrieb oder in der Dienststelle vertretenen Gewerkschaften, Vertreter:innen des Integrationsamtes oder der Agentur für Arbeit) ein Anwesenheitsrecht haben. Das Gebot der Öffentlichkeit bezieht sich nicht nur auf die Auszählung der Stimmen, sondern erstreckt sich auf den gesamten Vorgang der Ermittlung und Feststellung des Wahlergebnisses,

- der mit der Öffnung der Wahlurne beginnt, einschließlich der »Behandlung« möglicher Briefwahlumschläge (LAG Niedersachsen 27. 3. 2024 – 2 TaBV 44/33), die unter öffentlicher Aufsicht in die Wahlurne gelegt werden müssen,
- mit der Öffnung der Wahlumschläge fortgesetzt wird
- und mit der Fertigung der Wahlniederschrift endet.

Unverzüglich heißt, dass der Wahlvorstand ohne schuldhaftes Zögern tätig werden muss.
Nach Öffnung der Wahlurne entnimmt der Wahlvorstand die Stimmzettel den Wahlumschlägen und **zählt** die auf jeden Bewerber/jede Bewerberin entfallenen Stimmen zusammen. Dabei ist die Gültigkeit der Stimmzettel zu **prüfen.**
Der Wahlvorstand kann zu seiner Unterstützung bei der Stimmenzählung **Wahlhelfer:innen** heranziehen (§ 2 Abs. 1 Satz 2 SchwbVWO; vgl. bei Kapitel VII 1.). Alle anderen Aufgaben im Rahmen der Ermittlung des Wahlergebnisses, wie etwa die Öffnung der Wahlurnen und die Entnahme der Stimmzettel aus den Wahlumschlägen, müssen hingegen von den Mitgliedern des **Wahlvorstands** selbst durchgeführt werden.
Bei **Zweifeln über die Gültigkeit** von Stimmzetteln entscheidet der Wahlvorstand durch Beschluss. Es empfiehlt sich, solche Stimmzettel auszusondern, mit fortlaufenden Nummern zu versehen und auch dann gesondert bei den Wahlunterlagen aufzubewahren, wenn sie als gültig anerkannt werden.
Ungültig sind Stimmzettel,

- auf denen mehr als die zulässige Zahl der Bewerber:innen angekreuzt sind oder
- die mit einem besonderen Merkmal versehen sind oder
- aus denen sich der Wille des Wählers/der Wählerin nicht zweifelsfrei ergibt (§ 9 Abs. 5 SchwbVWO).

Gewählt für das Amt der **Schwerbehindertenvertretung** ist der Bewerber bzw. die Bewerberin, der/die die **meisten Stimmen** erhalten hat. Bei Stimmengleichheit entscheidet das **Los** (§ 13 Abs. 2 SchwbVWO). Die Art des Losentscheids ist nicht vorgeschrieben. In Betracht kommt jede Methode, die zu einem Zufallsergebnis führt.

Ist nur **ein Stellvertreter oder eine Stellvertreterin** zu wählen, so ist ebenfalls der Bewerber/die Bewerberin mit den meisten Stimmen gewählt. Bei Stimmengleichheit entscheidet wiederum das Los (§ 13 Abs. 2 SchwbVWO).
Sind **mehrere Stellvertreter:innen** zu wählen, so ist als erster Stellvertreter/erste Stellvertreterin der Bewerber/die Bewerberin gewählt, der/die die meisten Stimmen erhalten hat. Als zweiter Stellvertreter/zweite Stellvertreterin ist der Bewerber/die Bewerberin mit der nächsthöchsten Stimmenzahl gewählt. Auch für die Wahl der weiteren Stellvertreter:innen ist jeweils die nächsthöchste Stimmenzahl maßgebend. Bei Stimmengleichheit mehrerer Bewerber:innen entscheidet das Los sowohl über deren Wahl als auch über die Reihenfolge der gewählten Stellvertreter:innen (§ 13 Abs. 3 SchwbVWO).

2. Wahlniederschrift

Nachdem ermittelt ist, welche Bewerber:innen gewählt sind, hat der Wahlvorstand eine Niederschrift über das Wahlergebnis anzufertigen. Die Niederschrift ist von dem/der Vorsitzenden und von mindestens einem weiteren Mitglied des Wahlvorstands zu unterschreiben. Die Niederschrift muss die Zahl der abgegebenen gültigen und ungültigen Stimmzettel, die auf jeden Bewerber/jede Bewerberin entfallenen Stimmenzahlen sowie die Namen der gewählten Bewerber:innen enthalten (§ 13 Abs. 4 SchwbVWO).

3. Benachrichtigung der gewählten Bewerber:innen

Der Wahlvorstand hat die Gewählten **unverzüglich schriftlich gegen Empfangsbestätigung** von ihrer Wahl zu benachrichtigen (§ 14 Abs. 1 Satz 1 SchwbVWO).
Eine Pflicht zur Annahme des Amtes besteht nicht. Ein Gewählter/eine Gewählte ist berechtigt, die Wahl abzulehnen, ohne dies begründen zu müssen.
Ein Gewählter/eine Gewählte braucht andererseits eine ausdrückliche Erklärung, dass er/sie die Wahl annehme, nicht abzugeben. **Erklärt er/sie nicht binnen drei Arbeitstagen nach Zugang der Benachrichtigung dem Wahlvorstand, dass er/sie die Wahl ablehne, so gilt die Wahl als angenommen** (§ 14 Abs. 1 Satz 2 SchwbVWO).
Lehnt ein Gewählter/eine Gewählte für das Amt der Schwerbehindertenvertretung oder das Amt eines Stellvertreters/einer Stellvertreterin **die Wahl fristgerecht ab,** so tritt an seine/ihre Stelle der Bewerber/die Bewerberin mit der jeweils nächsthöchsten Stimmenzahl.
Sind mehrere Stellvertreter:innen gewählt worden, so entfällt der durch das Nachrücken freigewordene Stellvertreter:innen-Sitz auf den Bewerber/die Bewerberin mit der nächsthöchsten Stimmenzahl (§ 14 Abs. 2 SchwbVWO).

4. Bekanntmachung des Wahlergebnisses

Sobald die Namen der Vertrauensperson und ihres Stellvertreters/ihrer Stellvertreterin endgültig feststehen, hat der Wahlvorstand sie durch **zweiwöchigen Aushang** in gleicher Weise wie das Wahlausschreiben bekannt zu machen sowie unverzüglich dem Arbeitgeber und dem Betriebs- oder Personalrat mitzuteilen (§ 15 SchwbVWO). Der Arbeitgeber hat sodann unverzüglich nach der Wahl die Vertrauensperson der schwerbehinderten Menschen der für den Sitz des Betriebes oder der Dienststelle zuständigen Agentur für Arbeit und dem Integrationsamt zu benennen (§ 163 Abs. 8 SGB IX).

Die Namen der Vertrauensperson und ihres Stellvertreters/ihrer Stellvertreterin stehen endgültig fest, sobald die Frist für die Erklärung der Ablehnung der Wahl ungenutzt abgelaufen ist. Haben Gewählte fristgerecht die Wahl abgelehnt, läuft für die an ihre Stelle tretenden Bewerber:innen eine neue Erklärungsfrist, sodass sich der Zeitpunkt des endgültigen Feststehens und damit der Bekanntmachung und Mitteilung hinausschieben kann.

Die Bekanntmachung muss mindestens die vollständigen Namen der Gewählten enthalten. Es empfiehlt sich jedoch, darüber hinaus das Wahlergebnis im Einzelnen mitzuteilen. Die Bekanntmachung ist für den Beginn der Anfechtungsfrist wichtig (vgl. dazu unten bei Kapitel XIII 1.3).

5. Aufbewahrung der Wahlakten

Der/die Vorsitzende des Wahlvorstands hat die Wahlakten der Schwerbehindertenvertretung zu übergeben. Die Wahlakten sind von der Schwerbehindertenvertretung mindestens bis zur Beendigung ihrer Wahlperiode aufzubewahren (§ 16 SchwbVWO).

Zu den Wahlakten gehören die gesamten Wahlunterlagen, insbesondere die Niederschriften, Bekanntmachungen und Stimmzettel.

Die Schwerbehindertenvertretung hat allen zur Wahlanfechtung Berechtigten die Einsicht in die Wahlakten zu gestatten.

ON LINE

Formular 17
Formular 18
Formular 19

XII. Vereinfachtes Wahlverfahren

Liegen die Voraussetzungen für die Durchführung des vereinfachten Wahlverfahrens vor, darf weder auf Antrag eines Wahlberechtigten noch durch Beschluss der Wahlversammlung in das förmliche Wahlverfahren übergewechselt werden.

Ob die Wahl der Schwerbehindertenvertretung im vereinfachten Wahlverfahren durchzuführen ist, hängt von der Anzahl der dem Betrieb angehörenden wahlberechtigten schwerbehinderten Menschen im Zeitpunkt der Einleitung der Wahl ab.

Besteht der Betrieb oder die Dienststelle nicht aus räumlich weiter auseinander liegenden Teilen und sind dort weniger als **fünfzig Wahlberechtigte** beschäftigt, ist die Schwerbehindertenvertretung in einem vereinfachten Wahlverfahren zu wählen (§ 177 Abs. 6 Satz 3 SGB IX, § 18 SchwbVWO). Die Rechtsbegriffe der nicht räumlich weit auseinander liegenden Teile in § 177 Abs. 6 Satz 3 SGB IX und in § 18 SchwbWO sind nicht mit dem Rechtsbegriff der räumlich weiten Entfernung im § 4 Abs. 1 Satz 1 Nr. 1 BetrVG identisch. Räumlich weit auseinander liegende Teile von Betrieben im Sinne des § 177 Abs. 6 Satz 3 SGB IX liegen dann vor, wenn die Wahlberechtigten die im förmlichen Wahlverfahren vermittelten Kenntnisse über den Ablauf der Wahl und über die Wahlbewerber und ihre Eignung für das zu vergebende Amt wegen der Entfernung der Betriebsteile voneinander und den damit verbundenen Schwierigkeiten bei der Kontaktaufnahme nicht erlangen können (BAG 7.4.2004 – 7ABR 42/03). Für den Schwellenwert der fünfzig Wahlberechtigten kommt es auf den Zeitpunkt des Wahlausschreibens bzw. der Einladung zur Wahlversammlung an (BAG 16.11.2005 – 7 ABR 9/05). Auf eine zu einem früheren Zeitpunkt zutreffende Liste kann die Entscheidung für das vereinfachte Wahlverfahren nicht gestützt werden.

Wird die Wahl im vereinfachten Wahlverfahren durchgeführt, obwohl eine der beiden oder beide **Voraussetzungen** am Wahltag **nicht erfüllt** sind, ist die Wahl **anfechtbar** (s. BAG 7.4.2004 – 7ABR 42/03).

Wird die Wahl im förmlichen Wahlverfahren durchgeführt, obwohl die Voraussetzungen für das vereinfachte Wahlverfahren gegeben sind, und sind keine weiteren Verstöße gegen die Wahlvorschriften festgestellt worden, ist die Wahl **nicht anfechtbar** (Neumann/Pahlen, 15. Aufl. 2024, § 18 SchwbWO, Rn. 3). Um die Anfechtbarkeit zu vermeiden, muss die Entscheidung daher gegen das vereinfachte Wahlverfahren ausfallen, wenn die Zahl der Wahlberechtigten um 50 herum schwankt. Im vereinfachten Wahlverfahren war **Briefwahl ursprünglich nicht vorgesehen.** Der Regelfall ist, dass nur diejenigen ihr Wahlrecht ausüben können, die als Wahlberechtigte in der Wahlversammlung auch anwesend sind.

Aus Anlass der COVID-19-Pandemie wurde mit § 28 SchwbVWO eine zunächst befristete Sonderregelung zur schriftlichen Stimmabgabe auch in vereinfachten Wahlverfahren geschaffen, welche im Frühjahr 2022 dauerhaft in § 20 Abs. 5 SchwbVWO verankert wurde.

Im vereinfachten Wahlverfahren wird **kein Wahlvorstand** benannt. Diese Aufgabe übernehmen die Wahlversammlung und die von ihr gewählte **Wahlleitung, die nach § 20 SchwbVWO aus einer Person besteht**. Die **Wahlversammlung** ist eine eigenständige Einrichtung im Rahmen der Wahl, für die besondere Fristen und Formen zum Beispiel hinsichtlich der Einladung und der Abwicklung zu beachten sind. So dürfen auch keine Bedenken bestehen, wenn die Wahlversammlung und die Jahresversammlung der schwerbehinderten Beschäftigten gemäß § 178 Abs. 6 SGB IX am selben Tag stattfinden. Beide Versammlungen sind jedoch streng voneinander abzugrenzen, die Tagesordnung ist entsprechend abzufassen. Hierbei ist es auch ausdrücklich erforderlich, zu einer Wahlversammlung einzuladen. Die Einladung zu dieser Wahlversammlung ist an keine Form oder Frist gebunden, muss aber so rechtzeitig erfolgen und bekannt gemacht werden, dass alle Wahlberechtigten teilnehmen können. Die Einladung erfolgt durch die Schwerbehindertenvertretung (§ 19 Abs. 1 SchwbVWO). Sie ist damit auch verpflichtet, einen geeigneten Aushang zu erstellen und dafür zu sorgen, dass Personen angesprochen werden, welche für Wahlleitung und mögliche Wahlhelfer geeignet sind.

Nur wenn im Betrieb bzw. in der Dienststelle keine Schwerbehindertenvertretung amtiert, können drei Wahlberechtigte, der Betriebs- oder Personalrat oder das Integrationsamt einladen (§ 19 Abs. 2 SchwbVWO). Am einfachsten ist es, wenn der Betriebs- oder Personalrat diese Aufgabe übernimmt. Er ist nach § 176 SGB IX verpflichtet, Wahlen zu fördern und einzuleiten. Im Vorfeld einer solchen Wahl kann auch die GSBV an betrieblichen Versammlungen teilnehmen und über Chancen und Wünschbarkeit einer SBV-Wahl werben (dazu BAG 12. 12. 2023 – 7 ABR 23/22, dazu Kohte, Fachbeitrag B 1/2025, *www.reha-recht.de*).

Da die Wahlberechtigung zu Beginn der Versammlung nachgewiesen werden muss, sollte bereits im Aushang darauf hingewiesen werden, dass entsprechende Nachweisdokumente mitgebracht werden müssen.

Zur **Wahlversammlung** ist spätestens **drei Wochen vor Ablauf der Amtszeit der Schwerbehindertenvertretung** durch **Aushang** oder sonst in geeigneter Weise einzuladen. Die Wahl wird von einem **Wahlleiter bzw. einer Wahlleiterin** geleitet. Die Wahlleitung wird in der Versammlung von den anwesenden Wahlberechtigten mit einfacher Stimmenmehrheit gewählt.

Wenn es notwendig ist, kann die Wahlversammlung auch **Wahlhelfer:innen** bestellen. Diese können beispielsweise die – in der Versammlung erstellten Stimmzettel – in ausreichender Menge entsprechend der Zahl der anwesenden Wahlberechtigten vervielfältigen, falls im Wahlraum kein Kopierer vorhanden ist.

Die Wahlversammlung beschließt mit einfacher Stimmenmehrheit, wie viele **Stellvertreter:innen** zu wählen sind. Es sollten mindestens zwei sein.

Jeder Wähler/jede Wählerin kann in der Wahlversammlung Kandidaten/Kandidatinnen für die Wahl der Schwerbehindertenvertretung und ihrer Stellvertreter:innen vorschlagen. Nicht schwerbehinderte oder gleichgestellte Bewerber:innen für die Wahl können sich – nach Zustimmung der Wahlberechtigten – auch in der Versammlung vorstellen.

Die Vertrauensperson und der Stellvertreter bzw. die Stellvertreterin werden in zwei **getrennten Wahlgängen** gewählt.

Die Wahlberechtigung ergibt sich im vereinfachten Wahlverfahren nach §§ 19 ff. SchwbVWO nicht aus einer Wählerliste, sondern muss bei Zweifeln durch eine Bescheinigung oder durch eine andere Feststellung der Wahlleitung nachgewiesen werden. Dem Wahlleiter obliegt es, dafür zu sorgen, dass nur Wahlberechtigte wählen (LAG Köln 25. 4. 2012 – 9 TaBV 96/11). Die Wahlleitung hat diese in eine Liste aufzunehmen, die vorbereitet oder auch erst bei der Wahl aufgestellt werden kann. Zur Erstellung der Liste müssen im Vorfeld der Wahl der Vertrauens-

person bzw. dem Betriebs- oder Personalrat Auskünfte und Unterlagen durch den Arbeitgeber zur Verfügung gestellt werden.
Das Wahlrecht wird durch Abgabe eines **Stimmzettels** in einem Wahlumschlag ausgeübt. Auf dem Stimmzettel sind vom Wahlleiter/von der Wahlleiterin die Kandidaten/Kandidatinnen in alphabetischer Reihenfolge unter Angabe von Familienname und Vorname aufzuführen.
Die **Stimmzettel** und **Wahlumschläge** müssen sämtlich die gleiche Größe, Farbe, Beschaffenheit und Beschriftung haben. Die Wahlleitung verteilt die Stimmzettel und trifft Vorkehrungen, dass die Wähler:innen ihre Stimme unbeobachtet abgeben können. Der Wähler/die Wählerin übergibt den Wahlumschlag, in dem der Stimmzettel enthalten ist, der Wahlleitung. Dieser/diese legt den Wahlumschlag in Gegenwart des Wählers/der Wählerin ungeöffnet in einen dafür bestimmten Behälter und hakt die Stimmabgabe in der Wählerliste ab.
Unmittelbar nach Beendigung des Wahlaktes zählt die Wahlleitung die Stimmen aus und stellt das Wahlergebnis fest. Diese Auszählung gehört zum öffentlichen Teil der Versammlung. Gewählt ist, wer die meisten Stimmen erhält. Bei Stimmengleichheit entscheidet das Los.
Die anschließende Wahl der Stellvertretungen erfolgt nach demselben Ablauf, hier entscheidet die Stimmenanzahl über die Reihenfolge der Stellvertretungen.
Der Wahlleiter/die Wahlleiterin muss unverzüglich **die Gewählten benachrichtigen**. Sind diese in der Versammlung nicht anwesend, so hat die Benachrichtigung schriftlich zu erfolgen. Darüber hinaus muss der Wahlleiter/die Wahlleiterin das Ergebnis der Wahl durch **Aushang** bekannt geben. Der Aushang hat zwei volle Wochen zu erfolgen.
Die Wahlunterlagen sind der gewählten Schwerbehindertenvertretung zu übergeben und von dieser mindestens bis zur Beendigung der Wahlperiode aufzuheben (vgl. § 20 Abs. 4 i. V. m. § 16 SchwbVWO).
Neue Regelung durch § 20 Abs. 5 SchwbVWO:
Aus Anlass der COVID-19-Pandemie wurde zunächst im § 28 SchwbVWO eine zeitlich begrenzte Sonderregelung eingefügt. Diese wurde im Frühjahr 2022 verstetigt und findet sich nun in § 20 Abs. 5 SchwbVWO. Die Wahlversammlung kann danach auch online stattfinden; § 11 SchwbVWO gilt entsprechend für die schriftliche Stimmabgabe bei der Wahl der SBV und ihrer Stellvertretungen im vereinfachten Wahlverfahren. Dieser kurze Verweis auf die Durchführung der schriftlichen Stimmabgabe nach den Regelungen des förmlichen Wahlverfahrens hat erhebliche Auswirkungen: Bereits in der Wahlankündigung muss auf den Ablauf des Verfahrens, die schriftliche Stimmabgabe, die Frist für die Einsendung der Briefwahlunterlagen und den Ort und Zeitpunkt der öffentlichen Auszählung hingewiesen werden. Die Frist sollte großzügig bemessen sein, damit möglichst keine Stimmen wegen Verzögerung auf dem Postweg und dadurch zu spätem Eingang als ungültig gelten.
In der Versammlung, zu der die bisherige SBV – oder, falls es noch keine gab – drei Wahlberechtigte, der Betriebs- oder Personalrat oder das Integrationsamt eingeladen haben, werden die Wahlleitung gewählt, die Anzahl der Stellvertretungen beschlossen, Kandidaten vorgeschlagen und der weitere Ablauf noch einmal besprochen. Die Wahlleitung erstellt die Stimmzettel für beide Wahlgänge und versendet diese im Anschluss an die online-Versammlung mit den übrigen Wahlunterlagen analog zum förmlichen Briefwahlverfahren (§ 11 SchwbVWO). Bis zum Ende der Frist bzw. bis zum Stimmauszählung können Wähler:innen, welche sich gegenüber der Wahlleitung als wahlberechtigt legitimieren, noch Wahlunterlagen anfordern und an der Wahl teilnehmen, auch wenn sie an der online-Versammlung nicht teilgenommen haben. Dies stellt eine erhebliche Veränderung gegenüber dem ansonsten an einem Tag und nur für zur Wahlversammlung erschienene Wahlberechtigte stattfindenden Wahlablauf dar.

Vereinfachtes Wahlverfahren

Die Online-Variante des vereinfachten Wahlverfahrens ist nur unzureichend geregelt und birgt viele Risiken. Die Wahlleitung agiert als Einzelperson und erhält die volle Verantwortung für den ordnungsgemäßen Ablauf des komplexen Briefwahlverfahrens mit einer ggf. nachträglich zu ergänzenden Liste der Wahlberechtigten. Sie muss gleichzeitig den Datenschutz sowie die digitale Barrierefreiheit in der Online-Versammlung sicherstellen. Die Vorstellung des Gesetzgebers, dass sich eine Person spontan in der Wahlversammlung des vereinfachten Wahlverfahrens bereiterklärt, die Wahlleitung zu übernehmen, ist bereits unrealistisch. Die Steigerung dessen stellt die Online-Variante dar, zu welcher im besten Fall die amtierende SBV einlädt und deren anspruchsvolle Konsequenzen sie als Wahlleitung typischerweise selbst tragen muss, weil sich niemand anderes dazu in der Lage sieht.

Hinweis:
Soll eine Wahl mit einer digitalen Wahlversammlung und anschließender schriftlicher Stimmabgabe stattfinden, so muss vorab sichergestellt sein, dass alle Wahlberechtigten die Möglichkeit der Teilnahme an der online-Veranstaltung haben. Streng genommen darf dazu nicht auf private E-Mail-Anschriften und privates technisches Equipment verwiesen werden, denn damit wäre der gleiche Zugang zur Wahl nicht gewährleistet. Eine SBV, die sich für dieses Verfahren entscheidet, sollte diese Voraussetzungen vorab gründlich prüfen.

ON LINE

Formular 20
Formular 20a
Formular 21
Formular 21a
Formular 22
Formular 23
Formular 24
Formular 25
Formular 26
Formular 27

Formular 20

Merkblatt

für die Durchführung des vereinfachten Wahlverfahrens

Im vereinfachten Wahlverfahren ist die Wahlversammlung das wichtigste Ereignis, denn fast alle Entscheidungen fallen nur in dieser Versammlung. Deshalb ist es so wichtig, dass alle Wahlberechtigten rechtzeitig eingeladen werden, dass die Versammlung gut vorbereitet ist und möglichst viele Wahlberechtigte erscheinen. In der Einladung wird bereits auf den wahrscheinlichen Zeitpunkt und Ort der Stimmauszählung hingewiesen.

1. Die Wahlversammlung wird vom Einberufer eröffnet. Einberufer ist grundsätzlich die amtierende Vertrauensperson der schwerbehinderten Menschen. Ist im Betrieb/Dienststelle keine Schwerbehindertenvertretung vorhanden, können drei Wahlberechtigte, der Betriebsrat/Personalrat oder das Integrationsamt Einberufer sein.
2. Es wird zunächst eine Liste der anwesenden Wahlberechtigten erstellt. Der Nachweis erfolgt über den Schwerbehindertenausweis oder den Gleichstellungsbescheid. Deshalb ist es wichtig, dass in der Einladung darauf hingewiesen wird, dass diese Dokumente mitzubringen sind.
3. Anschließend lässt der Einberufer Vorschläge für die Wahl der Wahlleitung machen. Kommt es nur zu einem Vorschlag, kann dieser durch Handaufheben gewählt werden. Die Wahlleitung wird mit einfacher Stimmenmehrheit gewählt (§ 20 Abs. 1 SchwbVWO).
4. Von der Wahlleitung wird die weitere Versammlung geleitet. Sie lässt ggf. Wahlhelfer:innen wählen, welche die Wahlhandlungen unterstützen.
5. Die Wahlleitung lässt durch die Versammlung feststellen, wie viele Stellvertreter zu wählen sind. Die Wahlversammlung beschließt mit einfacher Stimmenmehrheit, wie viele Stellvertreter zu wählen sind (§ 20 Abs. 2 Satz 1 SchwbVWO).
6. Die Vertrauensperson der schwerbehinderten Menschen und deren Stellvertreter sind in getrennten Wahlgängen zu wählen. Mehrere Stellvertreter werden in einem gemeinsamen Wahlgang gewählt (§ 20 Abs. 2 Satz 2 SchwbVWO).
7. Jede:r Wähler:in kann Kandidaten zur Wahl der Schwerbehindertenvertretung und deren Stellvertreter:innen vorschlagen (§ 20 Abs. 2 Satz 3 SchwbVWO). Kandidieren können auch Personen, die nicht schwerbehindert oder gleichgestellt sind.
8. Auf dem Stimmzettel sind von der Wahlleitung die Kandidat:innen in alphabetischer Reihenfolge unter Angabe von Familienname und Vorname aufzuführen. Die entsprechenden organisatorischen Vorbereitungen (etwa Bereitstellen von Schreibgerät, Laptop, Drucker bzw. Kopiergerät) müssen vorher getroffen werden. Die Stimmzettel und Wahlumschläge müssen sämtlich die gleiche Größe, Farbe, Beschaffenheit und Beschriftung haben. Dies entspricht auch den Grundsätzen der geheimen Wahl.
9. Sind bei der Wahl der Stellvertretung mehrere Stellvertreter:innen festgelegt worden, dürfen nur so viele Kreuze auf dem Stimmzettel vergeben werden, wie maximal Stellvertreter:innen zu wählen sind.
10. Für beide Wahlgänge gilt: Der Wähler/die Wählerin übergibt den Wahlumschlag, in den der Stimmzettel eingelegt ist, an die Wahlleitung. Diese legt den Wahlumschlag in Gegenwart des Wählers/der Wählerin ungeöffnet in einen dafür bestimmten Behälter und hält den Namen des Wählers/der Wählerin in einer Liste fest.
11. Nach Beendigung eines Wahlganges zählt die Wahlleitung die Stimmen öffentlich aus, stellt das Ergebnis fest und gibt es bekannt.
12. Als Vertrauensperson und als Stellvertreter:in ist gewählt, wer jeweils die meisten Stimmen erhält. Bei Stimmengleichheit entscheidet das Los (§ 20 Abs. 4 i.V.m. § 13 Abs. 2 SchwbVWO).
13. Benachrichtigung der Gewählten (gegen Empfangsbestätigung). Benachrichtigungsschreiben und Empfangsbestätigung sollten vorbereitet sein und können nach der Wahl sofort den Gewählten übergeben werden.
14. Die Wahl gilt als angenommen, wenn nicht innerhalb von drei Arbeitstagen eine ausdrückliche Ablehnung bei der Wahlleitung eingeht (§ 20 Abs. 4 i.V.vm. § 14 Abs. 1 SchwbVWO).
15. Ist die Annahme der Wahl festgestellt, erfolgt die Bekanntmachung des Wahlergebnisses durch Aushang unter gleichzeitiger Mitteilung an Arbeitgeber/Dienstherrn, Betriebs-/Personalrat und die zuständige Gewerkschaft.
16. Die Wahlleitung übergibt die Wahlunterlagen an die Vertrauensperson, die verpflichtet ist, diese für die Dauer der Amtsperiode aufzubewahren.

Formular 20a

Merkblatt

für die Durchführung des vereinfachten Wahlverfahrens online

1. Zur digitalen Wahlversammlung wird vom Einberufer/von der Einberuferin eingeladen. Einberufer/Einberuferin ist grundsätzlich die amtierende Vertrauensperson der schwerbehinderten Menschen. Ist im Betrieb/Dienststelle keine Schwerbehindertenvertretung vorhanden, können drei Wahlberechtigte, der Betriebsrat/Personalrat oder das Integrationsamt Einberufer sein.
   In der Einladung, die an alle schwerbehinderten und gleichgestellten Beschäftigten versandt und außerdem im Betrieb ausgehängt werden muss, sind die Kontaktdaten des/der Einberufenden angegeben, da Teilnehmer sich vorab als teilnahmeberechtigt legitimieren und registrieren müssen, um den Link zur digitalen Veranstaltung zu erhalten. Mit der Einladung sollten bereits die Durchführung der Briefwahl und der geplante Ort und Zeitpunkt der öffentlichen Öffnung der Briefwahlunterlagen sowie der anschließenden öffentlichen Stimmauszählung bekannt gegeben werden. Die Stimmauszählung erfolgt nach dem Ende der Briefwahl.
2. In der digitalen Wahlversammlung lässt der Einberufer/die Einberuferin zunächst Vorschläge für die Wahl einer Wahlleitung machen. Kommt es nur zu einem Vorschlag, kann dieser mittels Reaktionszeichen gewählt werden. Die Wahlleitung ist mit einfacher Stimmenmehrheit gewählt (§ 20 Abs. 1 SchwbVWO).
   Anschließend sollte die Durchführung der Wahl online inklusive Briefwahl in der digitalen Wahlversammlung rückwirkend legitimiert werden (einfache Mehrheit, z. B. durch Reaktionszeichen).
3. Von der Wahlleitung wird die weitere Versammlung geleitet. Sie lässt durch die Versammlung feststellen, wie viele Stellvertreter:innen zu wählen sind. Die Wahlversammlung beschließt mit einfacher Stimmenmehrheit, wie viele Stellvertreter:innen zu wählen sind (§ 20 Abs. 2 Satz 1 SchwbVWO).
4. Jeder Wähler/jede Wählerin kann Kandidaten zur Wahl der Schwerbehindertenvertretung und ihrer Stellvertreter:innen vorschlagen (§ 20 Abs. 2 Satz 3 SchwbVWO).
5. Auf den Stimmzetteln sind von der Wahlleitung die Kandidaten in alphabetischer Reihenfolge unter Angabe von Familienname und Vorname aufzuführen. Sind bei der Wahl des Stellvertreters/der Stellvertreterin mehrere Stellvertreter:innen festgelegt worden, dürfen nur so viele Kreuze auf dem entsprechenden Stimmzettel vergeben werden, wie maximal zu wählen sind.
6. Nach der digitalen Wahlversammlung werden die Stimmzettel und Wahlumschläge (sämtlich die gleiche Größe, Farbe, Beschaffenheit und Beschriftung) sowie die Erklärung über die persönliche Stimmabgabe, eine Information über den Wahlablauf und die Freiumschläge an alle Teilnehmer:innen der Versammlung versandt. Bis zum Zeitpunkt der Auszählung können sich noch weitere Wahlberechtigte die Unterlagen schicken oder aushändigen lassen, auch wenn sie nicht an der Wahlversammlung teilgenommen haben.
7. Die Wähler:innen senden den Wahlumschlag, in den die beiden Stimmzettel eingelegt sind, mit der Erklärung der persönlichen Stimmabgabe bis zum Ablauf der Frist zurück an die Wahlleitung. Die Wahlleitung legt die Wahlumschläge ungeöffnet in die Urne und hält die Namen der Wähler:innen in einer Liste fest.
8. Nach Beendigung der Frist öffnet die Wahlleitung öffentlich die Wahlumschläge, zählt die Stimmen aus, stellt das Ergebnis fest und gibt es bekannt.
9. Als Vertrauensperson und als Stellvertreter:in sind gewählt, wer jeweils die meisten Stimmen erhält. Bei Stimmengleichheit entscheidet das Los (§ 20 Abs. 4 i. V. m. § 13 Abs. 2 SchwbVWO).
10. Benachrichtigung der Gewählten (gegen Empfangsbestätigung). Benachrichtigungsschreiben und Empfangsbestätigung sollten vorbereitet sein und können nach der Wahl sofort den Gewählten übergeben werden.
11. Die Wahl gilt als angenommen, wenn nicht innerhalb von drei Arbeitstagen eine ausdrückliche Ablehnung bei der Wahlleitung eingeht (§ 20 Abs. 4 i. V. m. § 14 Abs. 1 SchwbVWO).
12. Ist die Annahme der Wahl festgestellt, erfolgt die Bekanntmachung des Wahlergebnisses durch Aushang unter gleichzeitiger Mitteilung an Arbeitgeber/Dienstherrn, Betriebs-/Personalrat und die zuständige Gewerkschaft.
13. Die Wahlleitung übergibt die Wahlunterlagen an die Vertrauensperson, die verpflichtet ist, diese für die Dauer der Amtsperiode aufzubewahren.

XIII. Anfechtung/Nichtigkeit/Vorläufiger Rechtsschutz

1. Anfechtung der Wahl

Besondere Regelungen, wann eine Wahl nichtig ist oder angefochten werden kann, sind in der Wahlordnung für Schwerbehindertenvertretungen (SchwbVWO) nicht enthalten. Auch das SGB IX trifft keine ausdrückliche Regelung über die Wahlanfechtung. Nach § 177 Abs. 6 Satz 2 SGB IX sind die Vorschriften über die Wahlanfechtung bei der Wahl des Betriebs- und Personalrats sinngemäß anzuwenden.

1.1 Zuständiges Gericht

Gem. § 2a Abs. 1 Nr. 3a ArbGG in der Fassung aufgrund des Gesetzes zur Stärkung der Teilhabe und Selbstbestimmung von Menschen mit Behinderungen (Bundesteilhabegesetz) vom 23.12.2016 sind ausschließlich die Gerichte für Arbeitssachen zuständig für Angelegenheiten aus den §§ 177, 178 und 222 SGB IX. Die Rechtswegzuweisung in § 2a Abs. 1 Nr. 3a ArbGG unterscheidet nicht zwischen privatem und öffentlichem Bereich. Deshalb sind die Arbeitsgerichte auch für Wahlanfechtungsverfahren bei Wahlen der Schwerbehindertenvertretungen in Betrieben und Dienststellen nach dem Personalvertretungsrecht zuständig. Diese zutreffende Ansicht wird sowohl in der Judikatur (BAG 11.11.2003 – 7 AZB 40/03) als auch in der Literatur vertreten (Adlhoch, NZA 2004, 1372). Eine beim Verwaltungsgericht eingelegte Wahlanfechtung müsste von diesem an das Arbeitsgericht verwiesen werden (§ 17a GVG). Wahlanfechtungsfristen werden auch durch die Einlegung beim unzuständigen Gericht gewahrt, wenn dies nicht rechtsmissbräuchlich geschehen ist (Lamster, NZA 2004, 301, 302).
Die Wahl der Vertrauensperson und ihres Stellvertreters/ihrer Stellvertreterin ist getrennt anzufechten, da es sich um zwei unabhängige Wahlen handelt (BAG 29.7.2009 – 7 ABR 91/07).

1.2 Anfechtungsberechtigung

Anfechtungsberechtigte der Wahl der Schwerbehindertenvertretung sind gem. § 19 BetrVG und § 26 BPersVG drei oder mehr Wahlberechtigte sowie der Arbeitgeber. Die SBV-Wahl kann also nicht von jedermann angefochten werden, der Betreffende muss vielmehr zum Kreis der Anfechtungsberechtigten zählen.
Anfechtungsberechtigt sind

- drei oder mehr **Wahlberechtigte** – anfechtungsberechtigt sind auch schwerbehinderte Leiharbeitnehmer i. S. d. § 7 Satz 2 BetrVG.
  Die Wahlberechtigung muss nur zum Zeitpunkt der Wahl gegeben sein. Ein späterer Wegfall der Wahlberechtigung (beispielsweise durch Ausscheiden aus dem Betrieb) nimmt dem

Beschäftigten die Anfechtungsbefugnis nicht. Die Wahlanfechtung wird nur dann unzulässig, wenn alle Wahlanfechtenden während des Verfahrens endgültig aus ihrem Arbeitsverhältnis ausscheiden. Dies führt dies zum Wegfall des Rechtsschutzinteresses und damit zur Unzulässigkeit des Anfechtungsverfahrens (BAG 16.11.2005 – 7 ABR 9/05).
- der Arbeitgeber bzw. der Leiter/die Leiterin der Dienststelle

Nicht anfechtungsberechtigt sind:
- Betriebs- und Personalräte
- Gewerkschaften (BAG 29.7.2009 – 7 ABR 25/08). Die Gewerkschaften erhalten im SGB IX und der Wahlordnung zur Wahl der Schwerbehindertenvertretung keine eigenen Rechte. Sie werden auch nicht im § 182 SGB IX, bei der Zusammenarbeit der Schwerbehindertenvertretung mit dem Arbeitgeber und sonstigen in den Betrieben und Dienststellen bestehenden Stellen erwähnt.

  Nach § 19 BetrVG und § 26 BPersVG kann jede im Betrieb vertretene Gewerkschaft die Wahl des Betriebs- oder Personalrats anfechten. Dieses Recht wird jedoch nach der herrschenden Rechtsprechung nicht den Gewerkschaften für die Wahl der Schwerbehindertenvertretung zugestanden (BAG 29.7.2009 – 7 ABR 25/08). Das BAG begründet seine Auffassung wie folgt: Das SGB IX und die SchwbVWO gewähren den in der Dienststelle/Betrieb vertretenen Gewerkschaften hingegen bei der Wahl der Schwerbehindertenvertretung keine eigenen Rechte. Dies ergebe sich auch aus § 182 SGB IX, der die Zusammenarbeit der Schwerbehindertenvertretung mit dem Arbeitgeber und sonstigen in den Betrieben und Dienststellen bestehenden Stellen regelt, dort werden die Gewerkschaften nicht erwähnt. Den fehlenden eigenen gesetzlichen Befugnissen der in der Dienstelle vertretenen Gewerkschaften bei der Wahl der Schwerbehindertenvertretung entspricht bei einer sinngemäßen Anwendung der Vorschriften über die Anfechtung der Wahl die fehlende Berechtigung der Gewerkschaften zur Anfechtung der Wahl. Das BAG führt weiter aus: es sei weder zur Sicherung eigener Rechte der Gewerkschaften noch aus sonstigen Gründen veranlasst, den in der Dienstelle als an der Wahl Unbeteiligten ein eigenes Anfechtungsrecht zuzuerkennen. Dies sei auch nicht aus verfassungsrechtlichen Gründen geboten. Durch die fehlende Anfechtungsberechtigung bei der Wahl der Schwerbehindertenvertretung werde die durch Art. 9 Abs. 3 GG geschützte koalitionsmäßige Betätigung der Gewerkschaften nicht eingeschränkt. Die Gewerkschaften könnten auch ohne eigenes Wahlanfechtungsrecht die Bildung einer Schwerbehindertenvertretung in der Dienstelle fördern und hierfür werben.

  Die Argumentation in der BAG-Entscheidung (BAG 29.7.2009 – 7 ABR 25/08) ist unbefriedigend und doch sehr verkürzt. Nach den Bestimmungen des § 177 Abs. 6 Satz 2 SGB IX sind die Vorschriften über die Wahlanfechtung, den Wahlschutz und die Wahlkosten bei der Wahl des Betriebs-, Personal-, Richter-, Staatsanwalts- oder Präsidialrats sinngemäß anzuwenden. Danach greifen eindeutig die Vorschriften des § 19 Abs. 2 BetrVG bzw. des § 26 BPersVG, wonach neben dem Arbeitgeber oder mindestens drei Wahlberechtigten eine im Betrieb vertretene Gewerkschaft anfechtungsberechtigt ist. Dies deshalb auszuschließen, da die Gewerkschaften nicht im § 182 SGB IX genannt seien, entbehrt einer zwingenden Logik. Es scheint eher ein Konstruktionsfehler des Gesetzgebers, das Zusammenwirken mit den Gewerkschaften auf dem Gebiet der Teilhabe auszuklammern.

  Das Kooperationsverhältnis der Gewerkschaften und Vereinigungen der Arbeitgeber mit dem Arbeitgeber und dem Betriebsrat gem. den Bestimmungen des § 2 BetrVG ist umfassend, gilt uneingeschränkt auch für die berufliche Teilhabe und sollte bezüglich des Kooperationspartners Schwerbehindertenvertretung nicht begrenzt werden.

1.3 Anfechtungsfrist

Die **Anfechtungsfrist** beträgt, vom Tage der Bekanntgabe des Wahlergebnisses an gerechnet,
- teils zwei Wochen (§ 19 Abs. 2 Satz 2 BetrVG, § 22 Abs. 1 BlnPersVG, § 27 Abs. 2 Satz 2 HmbPersVG, § 22 Abs. 1 LPersVG NW, § 25 Abs. 1 Satz 1 SaarPersVG, § 18 Abs. 2 MBG Schl-H, § 18 Abs. 2 PersVG Meckl-Vorp, § 27 Abs. 1 PersVG LSA),
- teils zwölf Arbeitstage (§ 26 BPersVG, § 25 LPersVG BW, § 19 Abs. 1 LPersVG RP, § 25 Abs. 1 ThürPersVG, § 25 Abs. 1 SächsPersVG),
- teils vierzehn Kalendertage (Art. 25 Abs. 1 BayPersVG, § 21 BremPersVG, § 22 Abs. 1 HPVG, § 21 NdsPersVG),
- teils zehn Arbeitstage (§ 25 Abs. 2 LPersVG Bbg).

1.4 Anfechtungsgründe

Eine erfolgreiche Anfechtung hat zur **Voraussetzung,** dass gegen wesentliche Vorschriften über das Wahlrecht, die Wählbarkeit oder das Wahlverfahren verstoßen worden und eine Berichtigung nicht erfolgt ist.
Es ist nicht entscheidend, ob durch den Rechtsverstoß das Wahlergebnis tatsächlich nicht geändert oder beeinflusst wurde, sondern ob durch den Verstoß bei unterstellter objektiver Betrachtungsweise das Wahlergebnis anders ausgefallen wäre.
Gründe für eine Wahlanfechtung sind beispielsweise:
- die Wahl erfolgt ohne vorherige Ankündigung auf der Jahresversammlung der schwerbehinderten Beschäftigten;
- die Wahl wird fälschlicherweise im vereinfachten Wahlverfahren durchgeführt. Die Anfechtung ist allerdings dann nicht möglich, wenn durch den Verstoß das Wahlergebnis nicht geändert oder beeinflusst werden konnte;
- die Liste der Wahlberechtigten wird entgegen § 3 Abs. 2 SchwbVWO nicht an geeigneter Stelle oder nicht in allen in verschiedenen Orten in der BRD gelegenen Betriebsstätten, in denen schwerbehinderte und/oder gleichgestellte Wahlberechtigte tätig sind, zur Einsicht ausgelegt (BAG 5.5.2004 – 7 ABR 44/03);
- Fehlen einer Information ausländischer Wahlberechtigter durch den Wahlvorstand gemäß § 2 Abs. 5 SchwbVWO über das Wahlverfahren (und so weiter) in geeigneter Weise (BAG 13.10.2004 – 7 ABR 5/04);
- Wahl mehrerer Schwerbehindertenvertretungen für einzelne Betriebsteile, obwohl es sich um einen einheitlichen Betrieb handelt. Wenn die Anfechtung auf die Verletzung des Betriebsbegriffes gestützt werden soll, dann muss die Wahl aller dabei gewählten Schwerbehindertenvertretungen angefochten werden (BAG 7.12.1988 – 7 ABR 10/88);
- Versendung des Wahlausschreibens per Rundmail (LAG Köln 11.4.2008 – 11 TaBV 80/07, br 2009, 91);
- die Unterschriften für einen Wahlvorschlag werden nicht im Original, sondern nur als Telekopien übersandt (BAG 20.1.2010 – 7 ABR 39/08);
- Wahlvorschläge sind mit digitaler Signatur versehen (VG Köln 5.6.2023 – 33 K 3267/22.PVB);
- unzulässige Fristverlängerung für Wahlvorschläge (LAG Chemnitz 21.3.2024 – 4 TaBV 22/22);
- Verstoß gegen das in § 13 Abs. 1 SchwbVWO enthaltene Gebot der öffentlichen Stimmauszählung durch das Fehlen eines Hinweises im Betrieb über Ort und Beginn der Stimmauszählung (BAG 15.11.2000 – 7 ABR 53/99);

- Öffnung der Briefwahlunterlagen in nicht ausreichend angekündigter und zugänglicher Öffentlichkeit (LAG Niedersachsen 27. 3. 2024 – 2 TaBV 44/33);
- Verstoß gegen den ungeschriebenen Grundsatz der Chancengleichheit durch Einflussnahme auf den Wählerwillen (ArbG Hannover 4. 7. 2023 – 12 BV 6/23; LAG Frankfurt 25. 5. 2020 – 16 TaBV 147/19).

1.5 Getrennte Anfechtung

Zur Wahlanfechtung der Wahl eines stellvertretenden Mitglieds der Schwerbehindertenvertretung bedarf es nicht gleichzeitig der Wahlanfechtung der Vertrauensperson. Es handelt sich nicht um eine unzulässige **Teilanfechtung** einer einheitlichen Wahl, da die Wahl der Vertrauensperson und die Wahl des stellvertretenden Mitgliedes/der stellvertretenden Mitglieder in zwei getrennten Wahlgängen durchgeführt werden. Jedes Wahlverfahren kann unabhängig voneinander mit Fehlern behaftet sein (BAG 29. 7. 2009 – 7 ABR 91/07). Fehler bei der Wahl des Stellvertreters oder der Stellvertreter haben somit keinen Einfluss auf die Wirksamkeit der Wahl der Vertrauensperson. Es ist also zunächst entscheidend, dass in einer gerichtlichen Überprüfung festgestellt wird, dass eine wesentliche wahlrechtliche Bestimmung verletzt wurde und dieser Rechtsmangel Auswirkungen auf das Wahlergebnis haben konnte.

1.6 Folgen der Anfechtung

Die Folgen einer Anfechtung der Schwerbehindertenvertretungswahl sind unterschiedlich geregelt. Wird die Wahl der Schwerbehindertenvertretung rechtskräftig für ungültig erklärt, so unterscheiden sich die nach dem BetrVG bzw. BPersVG eintretenden Rechtsfolgen von jenen, die im Geltungsbereich in den meisten LPersVG für diesen Fall vorgesehen sind. Sowohl im Geltungsbereich des BetrVG wie auch des BPersVG ist eine für ungültig erklärte fehlerhafte Wahl zu wiederholen. Da weder vom Arbeitsgericht ein Wahlvorstand bereits zum jetzigen Zeitpunkt eingesetzt werden kann noch ein Wahlvorstand im Amt ist, tritt eine Zeit ein, in der keine Schwerbehindertenvertretung im Amt ist. Die schwerbehindertenvertretungslose Zeit beginnt mit der Rechtskraft der gerichtlichen Entscheidung und dem dadurch eintretenden Ende des Amtes der Schwerbehindertenvertretung und endet erst mit der Konstituierung der aus der Wiederholungswahl hervorgehenden Schwerbehindertenvertretung.
Der Wahlvorstand für die Wiederholungswahl ist im Geltungsbereich des BetrVG und des BPersVG durch die Betriebs- bzw. Personalversammlung zu bestellen. Im Geltungsbereich des BPersVG kann der Wahlvorstand ausnahmsweise auch durch den Dienststellenleiter bestellt werden. Der so bestellte Wahlvorstand hat die Wiederholungswahl grundsätzlich unter den ursprünglichen Bedingungen unter Vermeidung der früheren Fehler durchzuführen.
Im Geltungsbereich der meisten LPersVG sind Regelungen vorgesehen, mit denen vermieden wird, dass nach Eintritt der Rechtskraft einer die Wahl der Schwerbehindertenvertretung für ungültig erklärenden Entscheidung eine schwerbehindertenvertretungslose Zeit eintritt. Fast alle Landespersonalvertretungsgesetze sehen für den Fall der erfolgreichen Anfechtung einer Personalratswahl vor, dass der Personalrat neu gewählt wird und bis dahin der Wahlvorstand die Aufgaben des Personalrats wahrnimmt. Diese Grundsätze können auf die Schwerbehindertenvertretungen im Geltungsbereich der Landesvertretungsgesetze übertragen werden.

2. Nichtigkeit der Wahl

Die Verstöße gegen wesentliche Vorschriften über das Wahlrecht, die Wählbarkeit oder das Wahlverfahren können nicht nur zur Ungültigkeit der Wahl der Schwerbehindertenvertretung mit der Folge ihrer Wiederholung, sondern auch dazu führen, dass die Wahl **nichtig** ist. Eine nichtige Wahl ist aber nur in besonderen **Ausnahmefällen** gegeben. Die Nichtigkeit kommt nur bei ganz groben und offensichtlichen Verstößen in Betracht. Es muss bei der Wahl gegen wesentliche Grundsätze des Wahlrechts in einem so hohen Maße verstoßen worden sein, dass nicht einmal der Anschein einer dem Gesetz entsprechenden Wahl vorliegt.
Die Nichtigkeit einer Wahl kommt beispielsweise in folgenden Fällen in Betracht:

- Wahl unter bewusstem Ausschluss der Gleichgestellten,
- Wahl in der Wahlversammlung durch Zuruf oder Handaufheben statt der vorgeschriebenen geheimen Stimmabgabe per Stimmzettel,
- Wahl einer Schwerbehindertenvertretung, obwohl die Amtszeit der bisherigen Schwerbehindertenvertretung noch gar nicht abgelaufen ist.

Mängel, die die Wahl der Schwerbehindertenvertretung für sich allein nur anfechtbar machen, können zur Nichtigkeit der Wahl führen, wenn mehrere dieser Mängel vorliegen.

Beispiel:
Die Wahl wird ohne Wahlausschreiben und ohne Wählerliste durchgeführt. Außerdem konnten Wahlberechtigte aus Betriebsteilen und Kleinstbetrieben (§ 4 BetrVG) nicht an der Wahl teilnehmen. Sie hatten auch nicht die Möglichkeit, eigene Wahlvorschläge einzureichen.

Die Nichtigkeit der Wahl kann von jedermann, zu jeder Zeit und in jeder Form geltend gemacht werden, sofern ein berechtigtes Interesse an dieser Feststellung besteht. Dieses erforderliche rechtliche Interesse liegt beispielsweise bei dem unterlegenen Wahlbewerber und dem Arbeitgeber vor. Aufgrund ihrer personalvertretungs- bzw. betriebsverfassungsrechtlichen Stellung gilt dies auch für Personal- und Betriebsräte. Da die Gewerkschaften nicht in die Wahlen der Schwerbehindertenvertretungen durch das SGB IX einbezogen sind, besitzen sie hierbei auch nicht die Befugnis, die Feststellung der Nichtigkeit zu beantragen.

3. Vorläufiger Rechtsschutz/Arbeitsgerichtliches Beschlussverfahren

Streitigkeiten über die Wahlanfechtung führen zu einem arbeitsgerichtlichen Beschlussverfahren. Das Gericht hat, auch wenn keine Ausforschungspflicht besteht (DKW-Homburg, § 19, Rn. 49), den Sachverhalt von Amts wegen zu erforschen. Für Klagen der Feststellung der Nichtigkeit der Wahl, für Wahlanfechtungsklagen und einstweilige Verfügungen ist ausschließlich das Arbeitsgericht zuständig. Die nachträgliche Überprüfung einer bereits durchgeführten Wahl erfolgt durch Wahlanfechtungs- und Nichtigkeitsfeststellungsklage. Gerichtliche Verfahren dauern aber lange, in der Regel Monate – während des Wahlablaufes können so Streitfragen nicht schnell genug geklärt werden.

Daher ist es möglich, eine einstweilige Verfügung zu beantragen. § 85 Abs. 2 ArbGG sieht die einstweilige Verfügung für das arbeitsgerichtliche Beschlussverfahren vor. Jeder, der durch Maßnahmen des Wahlvorstandes in seinem aktiven oder passiven Wahlrecht beeinträchtigt wird, kann eine einstweilige Verfügung beantragen. Antragsgegner der einstweiligen Verfügung ist der Wahlvorstand.
Der vorläufige Rechtsschutz führt dazu, dass einzelne Maßnahmen des Wahlvorstandes korrigiert werden können. Auch ein Wahlabbruch verbunden mit der unverzüglichen Einleitung von Neuwahlen kann verfügt werden – solange der Fehler so schwerwiegend ist, dass die Nichtigkeit der Wahl droht.
Nicht möglich ist es, die Wahl so lange auszusetzen, bis die streitige Rechtsfrage geklärt ist. Das widerspräche dem Ziel des vorläufigen Rechtsschutzes, schnell Rechtssicherheit herbeizuführen.
Anträge auf einstweilige Verfügungen sind grundsätzlich nur während des Wahlverfahrens möglich. Ist die Wahl der Schwerbehindertenvertretung bereits beendet, kommt vorläufiger Rechtsschutz nicht mehr in Betracht.

XIV. Kosten der Wahl

1. Sachkosten und persönliche Kosten

Die durch die Wahl der Schwerbehindertenvertretung entstehenden Kosten sind in sinngemäßer Anwendung der Vorschriften des Betriebsverfassungsgesetzes bzw. der Personalvertretungsgesetze vom Arbeitgeber bzw. von der Dienststelle zu tragen (§ 177 Abs. 6 Satz 2 SGB IX). Es finden jeweils Anwendung:

- § 20 Abs. 3 Satz 1 BetrVG
- § 25 Abs. 2 Satz 1 BPersVG
- § 20 Abs. 2 LPersVG BW
- Art. 24 Abs. 2 Satz 3 BayPersVG
- § 21 Satz 1 BlnPersVG
- § 24 Abs. 3 LPersVG Bbg
- § 20 Abs. 3 Satz 1 BremPersVG
- § 26 HmbPersVG
- § 21 Abs. 2, 3 HPVG
- § 17 Abs. 1 PersVG Meckl-Vorp
- § 20 Abs. 2, 3 NdsPersVG
- § 21 Abs. 2 LPersVG NW
- § 18 Abs. 3, 4 LPersVG RP
- § 24 Abs. 2 SaarPersVG
- § 24 Abs. 2 SächsPersVG
- § 24 Abs. 3 PersVG LSA
- § 17 MBG Schl-H
- § 24 Abs. 2 ThürPersVG

Dazu gehören **alle Kosten, die durch die Vorbereitung und Durchführung der Wahl entstehen.**

Der Arbeitgeber bzw. die Dienststelle hat die Kosten für die Stimmzettel, Wahlurnen, Wahlkabinen usw. zu tragen.

Ferner hat der Arbeitgeber bzw. die Dienststelle die vom Wahlvorstand benötigten Räume für dessen Besprechungen und für die Stimmabgabe zur Verfügung zu stellen. Auch der Raum für eine eventuelle Wahlversammlung zur Bestellung des Wahlvorstands bzw. zur Durchführung der vereinfachten Wahl gehört dazu. In Betracht kommen außerdem Portokosten bei schriftlicher Stimmabgabe sowie ggf. Kosten für den Transport mobilitätseingeschränkter Wahlberechtigter oder – im vereinfachten Wahlverfahren bei Präsenzwahl an einem von mehreren räumlich nah gelegenen Betriebsteilen – für die Anreise der Wahlberechtigten zur Wahlversammlung.

Die Kostentragungspflicht des Arbeitgebers bzw. der Dienststelle erstreckt sich auch auf die **persönlichen Kosten,** die den Wahlvorstandsmitgliedern dadurch entstehen, dass sie zur ordnungsgemäßen Vorbereitung und Durchführung der Wahl **Reisen** unternehmen müssen.
Seit der Reform des SGB IX durch das BTHG kann auch die Wahl der Konzern-, Gesamt-, Bezirks- und Hauptschwerbehindertenvertretungen in Betrieben und Dienststellen im Rahmen einer Versammlung nach dem vereinfachten Wahlverfahren abgehalten werden (§ 22 Abs. 3 SchwbVWO). Dadurch entstehen ggf. weitere Reisekosten, die der Arbeitgeber zu tragen hat.
Er hat kein Recht, diese Variante der Wahl mit Verweis auf die Kosten zu untersagen.
Zu den Kosten gehören auch die Kosten einer Schulung (siehe Kapitel VI. 5.).

2. Arbeitszeitversäumnis

Arbeitszeitversäumnis zur Ausübung des Wahlrechts oder zur Betätigung im Wahlvorstand berechtigt den Arbeitgeber nicht zur Minderung des Arbeitsentgelts oder der Dienstbezüge.
Das ergibt sich aus:

- § 177 Abs. 6 Satz 2 SGB IX i. V. m. § 20 Abs. 3 Satz 2 BetrVG
- § 25 Abs. 2 Satz 2 BPersVG
- § 20 Abs. 2 Satz 2 LPersVG BW
- Art. 24 Abs. 2 Satz 2 BayPersVG
- § 21 Satz 2 BlnPersVG
- § 26 Abs. 3 HmbPersVG
- § 20 Abs. 3 Satz 2 BremPersVG
- § 21 Abs. 2 Satz 3 HPVG
- § 17 Satz 2 PersVG Meckl-Vorp
- § 20 Abs. 2 Satz 1 und 2 NdsPersVG
- § 21 Abs. 2 Satz 2 LPersVG NW
- § 18 Abs. 3 Satz 2 LPersVG RP
- § 24 Abs. 2 Satz 2 SaarPersVG
- § 24 Abs. 2 Satz 2 SächsPersVG
- § 24 Abs. 3 Satz 2 LPersVG Bbg
- § 24 Abs. 3 Satz 2 PersVG LSA
- § 17 Satz 2 MBG Schl-H
- § 24 Abs. 2 Satz 2 ThürPersVG

Der Wahlvorstand erfüllt seine Aufgaben während der Arbeitszeit. Eine etwaige Versammlung zur Bestellung des Wahlvorstands findet während der Arbeitszeit statt. Dies gilt auch für die Wahl selbst.
In allen diesen Fällen ist für das im Rahmen des Erforderlichen liegende Arbeitszeitversäumnis das volle Arbeitsentgelt vom Arbeitgeber weiterzuzahlen.

XV. Schutz der Wahl

1. Verbot der Behinderung und unzulässigen Beeinflussung der Wahl

Der Wahlschutz richtet sich ebenfalls nach den Vorschriften des Betriebsverfassungsgesetzes und der Personalvertretungsgesetze.
Nach § 177 Abs. 6 Satz 2 SGB IX finden jeweils folgende Vorschriften sinngemäß Anwendung:

- § 20 Abs. 1 und 2 BetrVG
- § 25 Abs. 1 Satz 1 und 2 BPersVG
- § 20 Abs. 1 LPersVG BW
- Art. 24 Abs. 1 BayPersVG
- § 20 Satz 1 BlnPersVG
- § 24 Abs. 1, 2 LPersVG Bbg
- § 20 Abs. 1, 2 BremPersVG
- § 25 HmbPersVG
- § 21 Abs. 1 HPVG
- § 16 PersVG Meckl-Vorp
- § 20 Abs. 1, 2 NdsPersVG
- § 21 Abs. 1 LPersVG NW
- § 18 Abs. 1, 2 LPersVG RP
- § 24 Abs. 1 SaarPersVG
- § 24 Abs. 1 SächsPersVG
- § 24 Abs. 1, 2 PersVG LSA
- § 16 MBG Schl-H
- § 24 Abs. 1 ThürPersVG

Niemand darf die Wahl der Schwerbehindertenvertretung bzw. des Stellvertreters/der Stellvertreterin **behindern**. Insbesondere darf kein Beschäftigter/keine Beschäftigte in der Ausübung des aktiven und passiven Wahlrechts **beschränkt** werden. Außerdem darf niemand die Wahl durch Zufügung oder Androhung von Nachteilen oder durch Gewährung oder Versprechen von Vorteilen (so § 20 Abs. 2 BetrVG) oder in einer gegen die guten Sitten verstoßenden Weise (so – weiter gefasst – die oben zitierten Vorschriften der Personalvertretungsgesetze) beeinflussen.
Diese Verbote, die die freie Ausübung des aktiven und passiven Wahlrechts schützen sollen, richten sich gegen **jedermann**.
Die Behinderung oder unzulässige Beeinflussung der Wahl kann mit Freiheitsstrafe bis zu einem Jahr oder mit Geldstrafe geahndet werden; sie kann die Anfechtbarkeit der Wahl, bei besonders groben Verstößen die Nichtigkeit der Wahl begründen.

Eine unzulässige Wahlbehinderung durch den Arbeitgeber bzw. den Dienststellenleiter/die Dienststellenleiterin liegt z. B. darin, dass dieser/diese sich weigert, die notwendigen Wahlräume oder ggf. die nötige IT zur Verfügung zu stellen, oder dass er/sie dem Wahlvorstand die für die Aufstellung der Wählerliste notwendigen Angaben vorenthält.
Eine unzulässige Beschränkung des aktiven und passiven Wahlrechts der einzelnen Beschäftigten liegt insbesondere darin, dass es diesen unmöglich gemacht wird, sich an der Wahl zu beteiligen.
Das kann etwa dadurch geschehen, dass der Arbeitgeber bzw. der Dienststellenleiter/die Dienststellenleiterin sich weigert, einem/einer Beschäftigten die notwendige Arbeitsbefreiung für die Tätigkeit als Wahlvorstandsmitglied oder Wahlhelfer:in oder für die Teilnahme an der Wahl selbst zu geben.

Hinweis:
Soll eine Wahl nach der neuen Regelung des § 20 Abs. 5 SchwbVWO mit einer schriftlichen Stimmabgabe im Anschluss an eine online-Wahlversammlung stattfinden, so muss vorab sichergestellt sein, dass alle Wahlberechtigten die Möglichkeit der Teilnahme an der online-Veranstaltung haben. Streng genommen darf dazu nicht auf private E-Mail-Anschriften und privates technisches Equipment verwiesen werden, denn damit wäre der gleiche Zugang zur Wahl nicht gewährleistet. Eine SBV, die sich für dieses Verfahren entscheidet, sollte diese Voraussetzungen vorab gründlich prüfen.

2. Besonderer Schutz der Mitglieder des Wahlvorstands und der Wahlbewerber:innen

2.1 Kündigungsschutz

Aus der in § 177 Abs. 6 Satz 2 SGB IX vorgeschriebenen sinngemäßen Anwendung der für den Wahlschutz bei der Wahl des Betriebs- oder Personalrats geltenden Vorschriften folgt auch:
Die im Arbeitsverhältnis stehenden Mitglieder des Wahlvorstands und Wahlbewerber:innen haben den besonderen Kündigungsschutz des § 15 Abs. 3 KSchG. D.h. Wahlbewerbern/Wahlbewerberinnen darf vom Zeitpunkt der **Aufstellung** des Wahlvorschlags an, Wahlvorstandsmitgliedern vom Zeitpunkt ihrer **Bestellung** an, jeweils **bis zur Bekanntgabe des Wahlergebnisses** nicht gekündigt werden. Es sei denn, dass Tatsachen vorliegen, die den Arbeitgeber zur Kündigung aus **wichtigem Grund** ohne Einhaltung einer Kündigungsfrist berechtigen, **und** dass die nach § 103 Abs. 1 BetrVG, § 55 Abs. 1 oder § 127 Abs. 1 Satz 1 BPersVG erforderliche **Zustimmung des Betriebs- bzw. Personalrats** zu dieser außerordentlichen Kündigung vorliegt oder das **Arbeitsgericht** nach § 103 Abs. 2 BetrVG bzw. das **Verwaltungsgericht** nach § 55 Abs. 1 Satz 2 und 3 oder § 127 Abs. 1 Satz 2 und 3 BPersVG eine eventuelle Zustimmungsverweigerung des Betriebs- bzw. Personalrats rechtskräftig ersetzt.
Der besondere Kündigungsschutz für Wahlbewerber:innen und Mitglieder des Wahlvorstands gilt nach § 15 Abs. 3 KSchG weiter **bis zum Ablauf von sechs Monaten nach Bekanntgabe des Wahlergebnisses:** Eine Kündigung ist nur aus wichtigem Grund zulässig, bedarf aber nicht mehr der Zustimmung des Betriebs- oder Personalrats oder einer Zustimmungsersetzung durch das Arbeitsgericht bzw. das Verwaltungsgericht.

Wahlberechtigte, die zur Versammlung zur Wahl eines Wahlvorstands nach § 1 Abs. 2 SchwbVWO oder zur Wahlversammlung im vereinfachten Wahlverfahren nach § 19 Abs. 2 SchwbVWO einladen, haben den besonderen Kündigungsschutz des § 15 Abs. 3a KSchG. Der Kündigungsschutz reicht vom Zeitpunkt der Einladung bis zur Bekanntgabe des Wahlergebnisses und gilt für die ersten drei in der Einladung aufgeführten Wahlberechtigten (s. u. unter 2.2 am Ende).

2.2 Versetzungs- und Abordnungsschutz

Nach § 177 Abs. 6 Satz 2 SGB IX besteht **im Geltungsbereich des Personalvertretungsrechts** ein besonderer Versetzungs- und Abordnungsschutz, der sich im Einzelnen aus folgenden Vorschriften ergibt:

- § 25 Abs. 1 Satz 3 i. V. m. § 55 Abs. 2 Satz 1 und 3 BPersVG
- § 20 Abs. 1 Satz 3 i. V. m. § 47 Abs. 1 Satz 1 und Abs. 2, 4 LPersVG BW
- Art. 24 Abs. 1 Satz 3 i. V. m. Art. 47 Abs. 1, 2, 3 Satz 1 und 2 BayPersVG
- § 20 Satz 1 i. V. m. § 44 BlnPersVG
- § 24 Abs. 2 i. V. m. § 47 Abs. 1,2,4 LPersVG Bbg
- § 20 Abs. 2 BremPersVG i. V. m. §§ 15, 16 KSchG
- §§ 25 Abs. 2, 52 Abs. 2 HmbPersVG
- § 64 Abs. 2, § 66 Abs. 1 HPVG
- § 16 Abs. 2 i. V. m. § 40 Abs. 1, 2 Satz 1 und 2 PersVG Meckl-Vorp
- § 20 Abs. 2 i. V. m. § 41 Abs. 1 NdsPersVG
- § 21 Abs. 1 Satz 3 i. V. m. § 43 LPersVG NW
- § 18 Abs. 2 i. V. m. § 70 LPersVG RP
- § 24 Abs. 1 Satz 3 i. V. m. § 46 SaarPersVG
- § 24 Abs. 1 Satz 2 i. V. m. § 48 Abs. 1, 2 SächsPersVG
- § 24 Abs. 2 i. V. m. 46 Abs. 1 PersVG LSA
- § 16 Abs. 2 i. V. m. § 38 Abs. 1, 2 Satz 1 und 2 MBG Schl-H
- § 24 Abs. 1 Satz 3 i. V. m. § 47 Abs. 1, 2 ThürPersVG

Danach gilt Folgendes:

Sowohl im Beamtenverhältnis als auch im Arbeitsverhältnis stehende Mitglieder des Wahlvorstands und Wahlbewerber:innen dürfen gegen ihren Willen nur versetzt oder abgeordnet werden, wenn dies auch unter Berücksichtigung ihrer Mitgliedschaft im Wahlvorstand bzw. ihrer Eigenschaft als Wahlbewerber:innen aus wichtigen dienstlichen Gründen unvermeidbar ist. Als Versetzung in diesem Sinne gilt auch die mit einem Wechsel des Dienstorts verbundene Umsetzung in derselben Dienststelle; das Einzugsgebiet im Sinne des Umzugskostenrechts gehört zum Dienstort.

Das BlnPersVG und das SaarPersVG erstrecken diesen Schutz auch auf die Übertragung eines anderen Arbeitgebers bzw. auf die Beschäftigung auf anderen Arbeitsplätzen.

Liegen nach den oben genannten Vorschriften des Personalvertretungsrechts die Voraussetzungen für eine Versetzung oder Abordnung (oder – in Berlin bzw. im Saarland – für eine Übertragung eines anderen Arbeitsgebietes bzw. eine Beschäftigung auf einem anderen Arbeitsplatz) vor, so bedarf eine solche Maßnahme im öffentlichen Dienst in Berlin, Bremen, Niedersachsen, Rheinland-Pfalz, im Saarland, in Schleswig-Holstein und in Hessen zusätzlich noch der Zustimmung des Personalrats. Im Bundesdienst und im öffentlichen Dienst in Baden-Württemberg, Bayern, Hamburg, Nordrhein-Westfalen und Mecklenburg-Vorpommern PersVG LSA ist eine Zustimmung des Personalrats entbehrlich.

Der Versetzungs- und Abordnungsschutz beginnt bei Wahlvorstandsmitgliedern mit dem Zeitpunkt ihrer Bestellung, bei Wahlbewerbern/Wahlbewerberinnen mit dem Zeitpunkt der Aufstellung des Wahlvorschlags. Er endet grundsätzlich mit der Bekanntgabe des Wahlergebnisses.
Durch das BetrVerfReformG vom 28.7.2001 ist der kollektivrechtliche Schutz für **betriebsverfassungsrechtliche Funktionsträger** nach § 103 BetrVG auch auf Versetzungen ausgeweitet. Nicht gerechtfertigt ist es aber, ihn auf Fälle zu beschränken, die einen Verlust des Amtes oder der Wählbarkeit zur Folge hätten. Im Wege der Ergänzung des KSchG (§ 15 Abs. 3a KSchG) sind darüber hinaus die ersten drei zur Wahl eines Wahlvorstands Einladenden einem besonderen Kündigungsschutz unterstellt worden (s. o. unter 2.1). Vor der Versetzung muss der Arbeitgeber die Zustimmung des Betriebsrats einholen.
Verweigert der Betriebsrat die Zustimmung, so kann der Arbeitgeber sich diese gerichtlich ersetzen lassen. Das Arbeitsgericht kann die Zustimmung ersetzen, wenn die Versetzung auch unter Berücksichtigung der betriebsverfassungsrechtlichen Stellung des Arbeitnehmers/der Arbeitnehmerin aus dringenden betrieblichen Gründen notwendig ist.
Die Regelungen des § 15 Abs. 3a KSchG sind auch bei der Wahl der Schwerbehindertenvertretung einschlägig: So ist die Kündigung eines Arbeitnehmers, der zu einer Wahlversammlung einlädt oder die Bestellung eines Wahlvorstands beantragt, vom Zeitpunkt der Einladung oder Antragstellung an bis zur Bekanntgabe des Wahlergebnisses unzulässig. Dieser Kündigungsschutz gilt für die ersten drei in der Einladung oder die ersten drei in der Antragstellung aufgeführten Arbeitnehmer.
Wenn die geplante Wahl dann nicht stattfindet, besteht der Kündigungsschutz vom Zeitpunkt der Einladung oder Antragstellung an drei Monate.
Diese Regelungen sind natürlich auch auf die Initiatoren einer erstmaligen Wahl der Schwerbehindertenvertretung auch im einfachen Wahlverfahren sowie deren Wahlleitung anzuwenden.
Darüber hinaus wurde mit § 15 Abs. 3b KSchG ein besonderer Kündigungsschutz für sogenannte »Vorfeldinitiator:innen« eingeführt, der sich ebenfalls auf die Wahlen zur Schwerbehindertenvertretung erstreckt: Die Kündigung eines Arbeitnehmers, der Vorbereitungshandlungen zur Errichtung eines Betriebsrats unternimmt und eine öffentlich beglaubigte Erklärung mit dem Inhalt abgegeben hat, dass er die Absicht hat, einen Betriebsrat zu errichten, ist unzulässig, soweit sie aus Gründen erfolgt, die in der Person oder in dem Verhalten des Arbeitnehmers liegen, es sei denn, dass Tatsachen vorliegen, die den Arbeitgeber zur Kündigung aus wichtigem Grund ohne Einhaltung einer Kündigungsfrist berechtigen. Dies gilt entsprechend für Arbeitnehmer:innen, die eine Wahl der Schwerbehindertenvertretung initiieren.
Der Kündigungsschutz gilt von der Abgabe der Erklärung an bis zum Zeitpunkt der Einladung zu einer Wahlversammlung, längstens jedoch für drei Monate.

XVI. Berichterstattung

Sobald die Namen der Vertrauensperson und ihrer Stellvertretungen endgültig feststehen, sollten sie der Bundesagentur für Arbeit und dem Integrationsamt (§ 182 Abs. 2 SGB IX) mitgeteilt werden, weil diese mit den Vertrauenspersonen zusammenarbeiten. Dies ist gem. § 163 Abs. 8 SGB IX Aufgabe des Arbeitgebers. Auch die für den Betrieb zuständige Gewerkschaft sollte informiert werden. Die Gewerkschaft wird die ihnen bekannten Vertrauenspersonen und ihre Stellvertreter und Stellvertreterinnen unterstützen, mit wichtigen Informationen für ihre Arbeit versehen und zu Schulungs- und Informationsveranstaltungen einladen.

XVII. Fristberechnung

Die Vorschriften des SGB IX und der Wahlordnung und die sinngemäß anzuwendenden Vorschriften des Betriebsverfassungsrechts und des Personalvertretungsrechts über die Fristen sind zwingend. Der Wahlvorstand ist insbesondere nicht berechtigt, die vorgeschriebenen Fristen zu verkürzen. Auch die Verlängerung einer Frist zur Einreichung von Wahlvorschlägen im Wahlausschreiben kann zur Anfechtbarkeit führen (LAG Chemnitz 21.3.2024 – 4 TaBV 22/22), anders zu bewerten ist die Nachfrist nach § 7 SchwbVWO.
Eine Frist ist eingehalten, wenn bis zu ihrem Ablauf die erforderliche Handlung vorgenommen oder die erforderliche Erklärung dem Empfänger/der Empfängerin zugegangen ist.
Die meisten Fristen werden nach Wochen oder nach Arbeitstagen berechnet. So sind z. B. Wahlvorschläge vor Ablauf von zwei Wochen seit Erlass des Wahlausschreibens einzureichen; heilbare Mängel der Wahlvorschläge können binnen einer Frist von drei Arbeitstagen seit ihrer Beanstandung beseitigt werden.
Für die Berechnung der Fristen finden die §§ 187 bis 193 BGB entsprechende Anwendung (§ 186 BGB).
Hervorzuheben ist § 187 Abs. 1 BGB. Danach wird, wenn für den **Anfang einer Frist** ein besonderes Ereignis maßgebend ist, bei der Berechnung der Frist der Tag nicht mitgerechnet, in welchen das Ereignis fällt.

> **Beispiel:**
> Beanstandet etwa der Wahlvorstand gegenüber dem Vertreter/der Vertreterin des Wahlvorschlags (Vorschlagsvertreter:in), dass die schriftliche Zustimmung eines Bewerbers/einer Bewerberin zur Aufnahme in den Wahlvorschlag nicht vorliegt, so wird der Tag, an dem die Beanstandung dem/der Vorschlagsvertreter:in zugeht, bei der Berechnung der Mangelbeseitigungsfrist von drei Arbeitstagen nicht mitgezählt.

Die Regelung des § 187 Abs. 1 BGB hat zur Folge, dass eine von einem besonderen Ereignis in Lauf gesetzte **Frist, die nach Wochen bestimmt ist**, mit dem Ablauf desjenigen Tages der letzten Woche endet, welcher durch seine Benennung dem Tag entspricht, in den das Ereignis fällt (§ 188 Abs. 2 BGB).

> **Beispiel:**
> Das Wahlausschreiben wird am Mittwoch, dem 16. September 2026 erlassen. Die Frist für die Einreichung von Wahlvorschlägen, die zwei Wochen seit Erlass des Wahlausschreibens beträgt, endet mit Ablauf von Mittwoch, dem 30. September 2026.

Abweichend von den Vorschriften des BGB ist es allerdings zulässig, den **Fristablauf** vom Ende des letzten Tages der Frist auf das **Ende der Arbeitszeit am letzten Tag der Frist** zu verlegen, wenn es sich dabei zugleich um das Ende der Arbeitszeit der überwiegenden Mehrheit der Beschäftigten des Betriebes bzw. der Dienststelle handelt.
Arbeitstage sind nicht gleichzusetzen mit Werktagen. Vielmehr handelt es sich um diejenigen Tage, an denen die ganz überwiegende Mehrheit der Belegschaft regelmäßig der Arbeit im Betrieb nachgeht, also unter Umständen auch Sonn- oder Feiertage.
§ 193 BGB regelt das Hinausschieben des Endes einer Frist von einem Sonntag, Feiertag oder Samstag auf den nächsten Werktag und ist deshalb auf Fristen, die nach Arbeitstagen zu berechnen sind, nicht anzuwenden.
Schwierigkeiten bereitet die Fristberechnung in den **Schichtbetrieben**. Eine Frist von drei Arbeitstagen läuft in einem 3-Schicht-Betrieb erst ab, wenn neun Schichten verfahren sind, weil erst dann für die ganz überwiegende Zahl der wahlberechtigten Arbeitnehmer:innen seit Fristbeginn drei Arbeitstage abgelaufen sind. Aus Gründen der Rechtssicherheit und Rechtsklarheit muss beim Fristbeginn von Kalendertagen, nicht von Arbeitsschichten ausgegangen werden. Wird etwa dem/r Vorschlagsvertreter:in ein Beanstandungsschreiben überreicht, so wird der Tag der Aushändigung betriebseinheitlich nicht mitgerechnet, auch wenn diese noch vor dem Arbeitsbeginn der dritten Schicht erfolgt. Der Kalendertag der Aushändigung scheidet nämlich für alle Fristen aus der Berechnung aus. Es zählen nur Arbeitstage, die für die einzelnen wahlberechtigten Arbeitnehmer:innen nach dem Ende des Kalendertages der Aushändigung beginnen.

Beispiel:
Bei einem 3-Schicht-Betrieb läuft die Arbeitszeit der ersten Schicht von 7 Uhr bis 15 Uhr (Frühschicht), die der zweiten Schicht von 15 Uhr bis 23 Uhr (Spätschicht) und die der dritten Schicht von 23 Uhr bis 7 Uhr (Nachtschicht). Der Wahlvorstand händigt dem/r Vorschlagsvertreter:in am 22. September 2026 gegen 14 Uhr ein Beanstandungsschreiben aus. Die Frist zur Mängelbeseitigung beträgt drei Arbeitstage. Bei ihrer Berechnung wird der 22. September 2026 betriebseinheitlich für alle Schichten nicht mitgezählt. Die Frist beginnt mit der Frühschicht am 23. September 2026 um 7 Uhr und läuft mit dem Ende der Nachtschicht am 26. September 2026 um 7.00 Uhr ab.

XVIII. Wahl der Konzern-, Gesamt-, Bezirks- und Hauptschwerbehindertenvertretung (Stufenvertretungen)

1. Gesamtschwerbehindertenvertretung

Eine Gesamtschwerbehindertenvertretung und wenigstens ein Stellvertreter/eine Stellvertreterin werden dort gewählt, wo

- **im Geltungsbereich des Betriebsverfassungsgesetzes** für mehrere Betriebe eines Arbeitgebers ein **Gesamtbetriebsrat** oder
- **im Geltungsbereich des Personalvertretungsrechts** für den Geschäftsbereich mehrerer Dienststellen ein **Gesamtpersonalrat**

errichtet ist (§ 180 Abs. 1 und 5 SGB IX).

Die Gesamtschwerbehindertenvertretung wird nicht von den schwerbehinderten Beschäftigten der einzelnen Betriebe oder Dienststellen in Urwahl gewählt. **Wahlberechtigt** sind vielmehr nur die Schwerbehindertenvertretungen der einzelnen Betriebe oder Dienststellen. Die Stellvertretungen sind nicht wahlberechtigt, können aber natürlich im Falle der Verhinderung der Schwerbehindertenvertretung an deren Stelle an der Wahl teilnehmen.

Existiert nur in einem von mehreren Betrieben oder nur in einer von mehreren Dienststellen eine Schwerbehindertenvertretung, so bestellt diese allein die Gesamtschwerbehindertenvertretung; die schwerbehinderten Beschäftigten der Betriebe oder Dienststellen, die keine Schwerbehindertenvertretung haben, sind auch in diesem Ausnahmefall nicht wahlberechtigt. Die Schwerbehindertenvertretung kann sich in so einem Fall auch selbst zur Gesamtschwerbehindertenvertretung erklären.

Für den Fall, dass nur zwei Schwerbehindertenvertretungen amtieren, muss zwischen ihnen Einvernehmen über die Bestellung der Gesamtschwerbehindertenvertretung herbeigeführt werden. Kommt eine Einigung nicht zustande, so entscheidet das Los (§ 22 Abs. 2 SchwbVWO).

Für die Gesamtschwerbehindertenvertretung sieht § 22 SchwbVWO die schriftliche Stimmabgabe vor. Sofern rechtzeitig vor Ablauf der Amtszeit eine Versammlung nach § 180 Abs. 8 SGB IX durchgeführt wird, kann aber auch im Rahmen dieser Versammlung gewählt werden (§ 22 Abs. 3 SchwbVWO); dann findet das vereinfachte Wahlverfahren nach § 20 SchwbVWO Anwendung. Das gilt nicht, wenn mehr als 49 örtliche Schwerbehindertenvertretungen gewählt worden sind, dann muss die Gesamtschwerbehindertenvertretung zwingend nach dem förmlichen Verfahren gewählt werden.

Wählbar ist **jeder/jede Beschäftigte** im Unternehmen des Arbeitgebers oder im Geschäftsbereich der gesamtpersonalratsfähigen Dienststellen, **der/die auch als Vertrauensperson wählbar ist** (§ 180 Abs. 7 i. V. m. § 177 Abs. 3 SGB IX). Es ist also durchaus möglich, dass eine nicht schwerbehinderte Beschäftigte/ein nicht schwerbehinderter Beschäftigter, die/der nicht Schwerbehindertenvertretung auf örtlicher Ebene ist, zur Gesamtschwerbehindertenvertretung gewählt wird. Voraussetzung ist lediglich, dass sie/er von einer wahlberechtigten Schwerbehindertenvertretung vorgeschlagen wird. Insbesondere in einem Betrieb, der selbst keine Schwerbehindertenvertretung wählen konnte, könnte so eine Betreuungslücke im Arbeitsalltag geschlossen werden, denn hier würde die Gesamtschwerbehindertenvertretung im Rahmen des erstreckten Mandats gem. § 180 Abs. 6 Satz 1, 1. Halbsatz, 2. Alt. SGB IX die Aufgaben der Schwerbehindertenvertretung übernehmen.

Nach § 180 Abs. 7 SGB IX ist die Gesamtvertrauensperson in der Zeit vom 1. Dezember bis zum 31. Januar zu wählen. Erstmals 1986/87, in der Zukunft 2026/2027, 2030/2031, usw.

Der Streit über die Wirksamkeit einer Wahl zur Gesamtschwerbehindertenvertretung ist nach den §§ 180 Abs. 7 i. V. m. 177 Abs. 6 Satz 2 SGB IX im arbeitsgerichtlichen Beschlussverfahren zu entscheiden (BAG 22. 3. 2012 – 7 AZB 51/11).

Soweit eine Gesamtschwerbehindertenvertretung bereits besteht, hat diese rechtzeitig vor Amtsende die Neuwahlen einzuleiten. Dies geschieht entweder durch Bestellung eines Wahlvorstands spätestens acht Wochen vor Amtsablauf (förmliches Verfahren), oder im vereinfachten Wahlverfahren – präsent wie auch in der digitalen Variante – mindestens drei Wochen vor Amtsende durch Einladung zu einer Wahlversammlung.

Für die Gesamtschwerbehindertenvertretung sind zwar nur die Schwerbehindertenvertretungen wahlberechtigt; die Wählbarkeit richtet sich aber wie bei den örtlichen Wahlen nach § 177 Abs. 3 SGB IX, sodass grundsätzlich allen Beschäftigten zusteht, zu kandidieren. Daher muss eine Information über die Wahlen, Bedingungen der Kandidatur, den Wahlablauf sowie die Fristen und den Zeitpunkt der Wahl in allen Betrieben ausgehängt werden.

Zunächst muss natürlich das Ende der örtlichen Wahlen abgewartet werden, denn daraus ergibt sich erst, wer wahlberechtigt ist.

Wenn **erstmalig** eine Gesamtschwerbehindertenvertretung gewählt werden soll, kann im vereinfachten Wahlverfahren (nicht mehr als 49 Schwerbehindertenvertretungen im Unternehmen) die Wahl durch drei Schwerbehindertenvertretungen initiiert werden. Diese können entscheiden, ob sie zu einer Präsenzversammlung oder zu einer Online-Versammlung einladen.

Falls diese nicht tätig werden, kann die Wahl auch vom Gesamtbetriebsrat oder dem Integrationsamt eingeleitet werden, allerdings sollten diese den Schwerbehindertenvertretungen nicht zuvorkommen.

Auf Ebene der Stufenvertretung kann die Online-Variante durchaus eine sinnvolle Wahl sein: Die Wählerliste birgt keine Überraschungen, die wahlberechtigten Schwerbehindertenvertretungen haben oftmals Erfahrung mit dem förmlichen Verfahren und der Briefwahl. Außerdem vermeidet man so bei weit auseinanderliegenden Betriebsteilen das aufwändige Verfahren mit Wahlvorschlägen und Stützunterschriften und verringert gleichzeitig den Reiseaufwand, welcher mit einer Präsenzsitzung verbunden wäre.

2. Konzernschwerbehindertenvertretung

§ 180 Abs. 2 SGB IX regelt die Errichtung einer Konzernschwerbehindertenvertretung. Die Vorschrift setzt voraus, dass ein Konzernbetriebsrat errichtet ist.

Ein Konzernbetriebsrat wird nur für Konzerne i. S. des § 18 Abs. 1 AktG vorgesehen. Darunter sind Konzerne zu verstehen, bei denen ein herrschendes und ein oder mehrere abhängige Unternehmen unter der einheitlichen Leitung des herrschenden Unternehmens zusammengefasst sind.

Während die Errichtung des GBR zwingend in § 47 BetrVG vorgeschrieben ist, ist die Bildung eines Konzernbetriebsrats vom Willen der Gesamtbetriebsräte abhängig. Sie bedarf der Zustimmung der Gesamtbetriebsräte der Konzernunternehmen, die mehr als 50 v. H. der Arbeitnehmer des Konzerns beschäftigt (§ 54 BetrVG). Die Initiative zur Errichtung des Konzernbetriebsrats kann von jedem Gesamtbetriebsrat ergriffen werden.
Die Konzernschwerbehindertenvertretung wird von den Gesamtschwerbehindertenvertretungen gewählt. An die Stelle der Gesamtschwerbehindertenvertretung kann eine Schwerbehindertenvertretung treten, wenn ein Konzernunternehmen nur aus einem Betrieb besteht.
Die Konzernschwerbehindertenvertretung besteht nach § 180 Abs. 5 SGB IX ebenso wie die örtliche Schwerbehindertenvertretung aus einer Vertrauensperson und mindestens einem stellvertretenden Mitglied.
Während für die Gesamtschwerbehindertenvertretung die (unter 1.) beschriebene Möglichkeit besteht, dass – wenn nur eine örtliche Schwerbehindertenvertretung besteht – diese sich zur Gesamtschwerbehindertenvertretung erklärt, hat das BAG ausgeschlossen, dass sich die Zuständigkeit der einzigen im Konzern bestehenden Schwerbehindertenvertretung auf die Wahrnehmung der Aufgaben der Konzernschwerbehindertenvertretung erstecken könne (BAG 4. 11. 2015 – 7 ABR 62/13). Nur wenn auf der Ebene der Gesamtschwerbehindertenvertretung mindestens zwei wahlberechtigte Gesamtschwerbehindertenvertretungen die Konzernschwerbehindertenvertretung wählen können, könne selbstverständlich eine von ihnen auch zur Konzernschwerbehindertenvertretung gewählt werden.
Wählbar sind – konzernweit – alle Beschäftigten, die auch in eine örtliche Schwerbehindertenvertretung gewählt werden können (siehe Kapitel V 2.1).
Insbesondere in einem zum Konzern gehörenden Betrieb, der selbst keine örtliche Schwerbehindertenvertretung wählen konnte, könnte eine Betreuungslücke im Arbeitsalltag geschlossen werden, indem eine Beschäftigte/ein Beschäftigter (mit oder ohne Schwerbehinderung oder Gleichstellung) zur Konzernschwerbehindertenvertretung gewählt würde, um dann im Rahmen des erstreckten Mandats gem. § 180 Abs. 6 Satz 2 SGB IX die Aufgaben der örtlichen Schwerbehindertenvertretung zu übernehmen.
§ 22 SchwbVWO sieht vor, dass die Konzernschwerbehindertenvertretung durch schriftliche Stimmabgabe gewählt wird. Sofern rechtzeitig vor Ablauf der Amtszeit eine Versammlung nach § 180 Abs. 8 SGB IX durchgeführt wird, kann aber auch im Rahmen dieser Versammlung gewählt werden (§ 22 Abs. 3 SchwbVWO); dann findet das vereinfachte Wahlverfahren nach § 20 SchwbVWO Anwendung. Das gilt nicht, wenn mehr als 49 Gesamtschwerbehindertenvertretungen gewählt worden sind, dann muss die Konzernschwerbehindertenvertretung zwingend nach dem förmlichen Verfahren gewählt werden.
Soweit eine Konzernschwerbehindertenvertretung bereits besteht, hat diese rechtzeitig vor Amtsende die Neuwahlen einzuleiten. Dies geschieht entweder durch Bestellung eines Wahlvorstands spätestens acht Wochen vor Amtsablauf (förmliches Verfahren), oder im vereinfachten Wahlverfahren – präsent wie auch in der digitalen Variante – mindestens drei Wochen vor Amtsende durch Einladung zu einer Wahlversammlung.
Für die Konzernschwerbehindertenvertretung sind zwar nur die Gesamtschwerbehindertenvertretungen wahlberechtigt; die Wählbarkeit richtet sich aber wie bei den örtlichen Wahlen nach § 177 Abs. 3 SGB IX, sodass grundsätzlich allen Beschäftigten zusteht, zu kandidieren. Daher muss eine Information über die Wahlen, Bedingungen der Kandidatur, den Wahlablauf sowie die Fristen und den Zeitpunkt der Wahl in allen Betrieben ausgehängt werden.

Allerdings muss ggf. zunächst das Ergebnis der Wahl(en) der Gesamtschwerbehindertenvertretung(en) abgewartet werden, denn daraus ergibt sich erst, wer wahlberechtigt ist.
Wenn **erstmalig** eine Konzernschwerbehindertenvertretung gewählt werden soll, kann im vereinfachten Wahlverfahren (nicht mehr als 49 Schwerbehindertenvertretungen im Unternehmen) die Wahl durch drei Gesamtschwerbehindertenvertretungen initiiert werden. Diese können entscheiden, ob sie zu einer Präsenzversammlung oder zu einer online-Versammlung einladen. Falls diese nicht tätig werden, kann die Wahl auch vom Konzernbetriebsrat oder dem Integrationsamt eingeleitet werden, allerdings sollten diese den Gesamtschwerbehindertenvertretungen nicht zuvorkommen.
Die Konzernschwerbehindertenvertretung wird in der Zeit vom 1. Februar bis zum 31. März 2027 gewählt. Die folgenden Wahlen finden dann 2031, 2035, 2039 usw. statt.

3. Bezirksschwerbehindertenvertretung

Eine Bezirksschwerbehindertenvertretung und wenigstens ein Stellvertreter/eine Stellvertreterin werden **im Geltungsbereich des Personalvertretungsrechts** für den Geschäftsbereich mehrstufiger Verwaltungen bei den **Mittelbehörden** gewählt, bei denen ein **Bezirkspersonalrat** gebildet ist (§ 180 Abs. 1 Satz 1 und Abs. 4 SGB IX).
Wahlberechtigt sind die **Schwerbehindertenvertretungen** im Geschäftsbereich der Mittelbehörde, also die Schwerbehindertenvertretung der Mittelbehörde selbst und die Schwerbehindertenvertretungen der nachgeordneten Dienststellen. Für alle Fälle, in denen nur eine Schwerbehindertenvertretung amtiert oder nur zwei Schwerbehindertenvertretungen amtieren, wird auf das oben zu Ziffer 1 Gesagte verwiesen.
Wählbar ist **jeder/jede Beschäftigte** im Geschäftsbereich der Mittelbehörde, **der/die auch als Vertrauensperson wählbar ist** (§ 180 Abs. 7 i. V. m. § 177 Abs. 3 SGB IX).
Die Einladung zur Wahlversammlung oder die Bestellung des Wahlvorstands erfolgt auch hier durch die bisherige Bezirksschwerbehindertenvertretung. Ist diese noch nicht existent, können auch der Bezirkspersonalrat oder das Integrationsamt die Wahl initiieren.
Nach § 180 Abs. 7 SGB IX sind die Bezirksvertrauenspersonen in der Zeit vom 1. Dezember bis zum 31. Januar zu wählen. Erstmals wurden sie 1986/1987 gewählt. Die nächsten regelmäßigen Wahlen finden 2026/2027, 2030/2031 und so weiter statt.

4. Hauptschwerbehindertenvertretung

Eine Hauptschwerbehindertenvertretung und wenigstens ein Stellvertreter/eine Stellvertreterin werden **im Geltungsbereich des Personalvertretungsrechts** für den Geschäftsbereich mehrstufiger Verwaltungen bei den **obersten Dienstbehörden** gewählt, bei denen ein Hauptpersonalrat gebildet ist (§ 177 Abs. 2 Satz 1 i. V. m. Abs. 4 SGB IX).
Wahlberechtigt sind die **Schwerbehindertenvertretung der obersten** Dienstbehörde **und** grundsätzlich **die im Geschäftsbereich der obersten Dienstbehörde bestehenden** Bezirksschwerbehindertenvertretungen. **Ist die Zahl der Bezirksschwerbehindertenvertretungen** jedoch niedriger als zehn, so sind neben der Schwerbehindertenvertretung der obersten Dienst-

behörde und der amtierenden Bezirksschwerbehindertenvertretung auch die Schwerbehindertenvertretungen aller nachgeordneten Dienststellen wahlberechtigt (§ 177 Abs. 2 Satz 2 SGB IX i. V. m. § 180 Abs. 3 Satz 2, 2. Halbsatz SGB IX). Fehlen im Geschäftsbereich der obersten Dienstbehörde Mittelbehörden und existieren deshalb auch keine Bezirksschwerbehindertenvertretungen, so sind die Schwerbehindertenvertretung der obersten Dienstbehörde selbst und die Schwerbehindertenvertretungen der nachgeordneten Dienststellen wahlberechtigt.
Für alle Fälle, in denen nur ein oder nur zwei Wahlberechtigte vorhanden sind, wird auf das oben zu Ziffer 1 Gesagte verwiesen.
Wählbar ist **jeder/jede Beschäftigte** im Geschäftsbereich der obersten Dienstbehörde, **der/die auch als Vertrauensperson wählbar ist** (§ 180 Abs. 7 i. V. m. § 177 Abs. 3 SGB IX).
Auch für die Hauptschwerbehindertenvertretung erfolgt die Einladung zur Wahlversammlung oder die Bestellung des Wahlvorstands durch die Hauptschwerbehindertenvertretung. Ist diese noch nicht existent, können auch der Hauptpersonalrat oder das Integrationsamt die Wahl initiieren.
Nach § 180 Abs. 7 SGB IX sind die Hauptschwerbehindertenvertretungen regelmäßig in der Zeit vom 1. Februar bis zum 31. März zu wählen. Erstmals 1987, später 2027, 2030, 2035 und so weiter.

5. Wahlverfahren

Die Konzern-, Gesamt-, Bezirks- und Hauptschwerbehindertenvertretung werden durch schriftliche Stimmabgabe gewählt. Im Übrigen sind die §§ 1 Abs. 1, 2 bis 5, 7 bis 10 und 13 bis 17 SchwbVWO sinngemäß anzuwenden (§ 22 Abs. 1 Satz 1 und 2 SchwbVWO).
§ 1 Abs. 2 SchwbVWO findet sinngemäß mit der Maßgabe Anwendung, dass sich die Wahlberechtigten auch in sonst geeigneter Weise über die Bestellung eines Wahlvorstands einigen können (§ 22 Abs. 1 Satz 3 SchwbVWO).
§ 6 SchwbVWO findet sinngemäß mit der Maßgabe Anwendung, dass bei **weniger als fünf Wahlberechtigten die Unterzeichnung eines Wahlvorschlags durch eine/n Wahlberechtigte/n ausreicht** (§ 22 Abs. 1 Satz 4 SchwbVWO).
Da das vorgesehene Wahlverfahren für die Wahl der Konzern-, Gesamt-, Bezirks- und Hauptschwerbehindertenvertretung in Betrieben und Dienststellen mehr als umständlich erscheint, ist zu empfehlen, im Interesse aller Beteiligten von der Möglichkeit der Wahl im Sinne der Vorschrift des § 22 Abs. 3 SchwbVWO Gebrauch zu machen. **Hiernach kann die Konzern-, Gesamt-, Bezirks- und Hauptschwerbehindertenvertretung in einer nach § 180 Abs. 8 SGB IX einzuberufenden Versammlung der Schwerbehinderten-Vertrauenspersonen im vereinfachten Wahlverfahren gewählt werden.**
Es ist den Gewerkschaften gelungen, den Gesetzgeber im Zuge der Reform des SGB IX durch das Bundesteilhabegesetz zu überzeugen, dass das **Kriterium der räumlichen Nähe im Sinne von § 177 Abs. 6 Satz 3, 2. Halbsatz SGB IX nicht mehr anzuwenden ist**. Der von diesem Kriterium bezweckten Sicherstellung der Information aller Wahlberechtigten über die anstehende Wahl und ihre Durchführung bedarf es bei der Wahl der Stufenvertretungen und ihrer Stellvertreter nicht. Denn anders als bei der Wahl der örtlichen Schwerbehindertenvertretung handelt es sich hierbei nicht um eine Direktwahl durch die schwerbehinderten Arbeitnehmer:innen, sondern ausschließlich die einzelnen Funktionsträger sind wahlberechtigt. Diese verfügen aber hinsicht-

lich der Wahl zur Stufenvertretung über die nötige Sachkunde. Das besondere Schutzbedürfnis des § 177 Abs. 6 SGB IX besteht insofern nicht.
In der Wahlordnung (§ 22 Abs. 3 SchwbVWO) ist auf die Durchführung der Versammlung durch die Konzernschwerbehindertenvertretung ausdrücklich hingewiesen worden. In § 180 Abs. 8 SGB IX ist die Konzernschwerbehindertenvertretung nicht benannt worden.

Wichtiger Hinweis:
Für die Stufenvertretung sind zwar nur die Schwerbehindertenvertretungen der jeweils darunter liegenden Ebene wahlberechtigt; die Wählbarkeit richtet sich aber wie bei den örtlichen Wahlen nach § 177 Abs. 3 SGB IX, sodass grundsätzlich allen Beschäftigten zusteht, zu kandidieren. Daher muss eine Information über die Wahlen, Bedingungen der Kandidatur, den Wahlablauf sowie die Fristen und den Zeitpunkt der Wahl in allen Betrieben und Dienststellen ausgehängt werden.

XIX. Wahl der Schwerbehindertenvertretung der schwerbehinderten Richterinnen und Richter

Nach § 177 Abs. 1 Satz 2 SGB IX wählen bei Gerichten, denen mindestens fünf schwerbehinderte Richter:innen angehören, diese **einen Richter/eine Richterin** zu ihrer Schwerbehindertenvertretung. Diese besondere Schwerbehindertenvertretung der schwerbehinderten Richterinnen und Richter steht als zusätzliches Organ **neben der allgemeinen Vertrauensperson** aller Beschäftigten des Gerichts. Vorbereitung und Durchführung der Wahl richten sich nach §§ 24 und 25 SchwbVWO. Die dort getroffenen Regelungen sehen ein Verfahren vor, das einfacher ist als das förmliche Wahlverfahren bei der Wahl der allgemeinen Schwerbehindertenvertretung. Ergänzend sind nach § 177 Abs. 6 Satz 2 SGB IX die Vorschriften des Richtervertretungsrechts des Bundes und der Länder über das Wahlverfahren, den Wahlschutz und die Wahlkosten bei der Wahl des Richterrats sinngemäß anzuwenden.
Nach § 180 Abs. 4 Satz 1 und Abs. 4 SGB IX werden für Gerichte eines Zweiges der Gerichtsbarkeit, für die ein Bezirks- oder Hauptrichterrat gebildet ist, eine besondere **Bezirks- und Hauptschwerbehindertenvertretung der schwerbehinderten Richter** und jeweils wenigstens ein Stellvertreter/eine Stellvertreterin gewählt. Eine Hauptschwerbehindertenvertretung der schwerbehinderten Richter:innen wird auch dann gewählt, wenn in einem Zweig der Gerichtsbarkeit bei den Gerichten der Länder zwar ein Hauptrichterrat nicht gebildet ist, aber mehrere Schwerbehindertenvertretungen der schwerbehinderten Richter:innen zu wählen sind (§ 180 Abs. 4 Satz 2 SGB IX). Für die Wahl der Bezirks- und Hauptschwerbehindertenvertretung der schwerbehinderten Richter:innen gelten die Regelungen über die Wahl der Vertretung der schwerbehinderten Richter:innen, die Durchführung der Wahl und der Nachwahl des stellvertretenden Mitglieds entsprechend (§ 27 SchwbVWO).

XX. Wahl der Schwerbehindertenvertretung der schwerbehinderten Staatsanwältinnen und -anwälte

Für die Wahl der Schwerbehindertenvertretung, der Bezirks- und Hauptschwerbehindertenvertretung der schwerbehinderten Staatsanwältinnen und -anwälte gelten die Ausführungen zu XIX. entsprechend.

XXI. Wahl von Schwerbehindertenvertretungen in den Dienststellen der Stationierungsstreitkräfte der NATO-Staaten

Auf die **zivilen Arbeitskräfte** bei den **ausländischen Streitkräften der NATO-Staaten** im Bundesgebiet ist nach Art. 56 Abs. 9 des Zusatzabkommens zum Nato-Truppenstatut und dem auf diesen Artikel Bezug nehmenden Abschnitt des Unterzeichnungsprotokolls grundsätzlich das allerdings modifizierte BPersVG anzuwenden. Art. 56 Abs. 9 des Zusatzabkommens zu dem Abkommen zwischen den Parteien des Nordatlantikvertrages über die Rechtsstellung ihrer Truppen hinsichtlich der in der Bundesrepublik Deutschland stationierten ausländischen Truppen vom 3. 8. 1959 – geändert durch das Abkommen vom 21. 10. 1971, die Vereinbarung vom 18. 5. 1981 und das Abkommen vom 18. 3. 1993 – verweist nämlich auf die für die zivilen Bediensteten bei der Bundeswehr maßgebenden Vorschriften des deutschen Rechts über die Personalvertretung. Das sind nach § 70 Abs. 1 Soldatengesetz die Vorschriften des **BPersVG** und der auf seiner Grundlage erlassenen Rechtsverordnungen. Jedoch gilt die Verweisung auf das Bundespersonalvertretungsrecht nach Art. 56 Abs. 9 Zusatzabkommen nur insoweit, als in dem auf diesen Artikel Bezug nehmenden Abschnitt des Unterzeichnungsprotokolls nicht etwas anderes bestimmt ist. Das Unterzeichnungsprotokoll zu Art. 56 Abs. 9 des Zusatzabkommens enthält zahlreiche Abwandlungen und Einschränkungen des BPersVG.

Diese Vorschriften gelten nicht für das gesamte Personal der in der Bundesrepublik stationierten Streitkräfte, sondern nur für die **zivilen Arbeitskräfte bei einer Truppe und einem zivilen Gefolge.**

Auch in den Dienststellen der Stationierungsstreitkräfte der Nato-Staaten sind Schwerbehindertenvertretungen und ggf. Gesamt-, Betriebs- und Hauptschwerbehindertenvertretungen zu wählen. Zwar können die Stationierungsstreitkräfte der Nato-Staaten nicht öffentlich-rechtlich zur Beschäftigung schwerbehinderter Menschen herangezogen werden, sodass die Vorschriften des SGB IX über die Beschäftigungspflicht der Arbeitgeber deshalb insoweit nicht anwendbar sind. Jedoch gelten nach den Abkommen die für die zivilen Beschäftigten bei der Bundeswehr maßgebenden arbeitsrechtlichen Vorschriften auch für die Arbeitnehmer bei den Stationierungsstreitkräften der Nato-Staaten. Das bedeutet, dass für die von den Nato-Staaten freiwillig beschäftigten schwerbehinderten Menschen die gleichen Regelungen des SGB IX gelten wie für die deutschen Dienststellen bei der Bundeswehr.

Das für die Stationierungsstreitkräfte geltende Betriebsvertretungsrecht geht von einem dreistufigen Aufbau der Dienststellen aus und unterscheidet oberste Dienstbehörden, Mittelbehörden und Dienststellen der unteren Stufe. Nach § 88 BPersVG ist bei der obersten Dienstbehörde (Hauptquartier) eine Hauptbetriebsvertretung und damit eine Hauptschwerbehindertenvertretung und bei der Mittelbehörde eine Bezirksbetriebsvertretung und für die schwerbehinderten Beschäftigten eine Bezirksschwerbehindertenvertretung als Stufenvertretung zu bilden.

Nach § 177 Abs. 6 Satz 2 SGB IX i. V.m. Art. 56 Abs. 9 des Zusatzabkommens sind für die Wahlanfechtung, den Wahlschutz und die Wahlkosten die entsprechenden Vorschriften des BPersVG unter Berücksichtigung des Unterzeichnungsprotokolls zu Art. 56 Abs. 9 sinngemäß anzuwenden.

XXII. Wahl von Schwerbehindertenvertretungen in Betrieben und Dienststellen von Religionsgemeinschaften und ihren karitativen und erzieherischen Einrichtungen

Das Kirchenrecht kennt je nach Konfession verschiedene Ausnahmen vom bzw. Ergänzungen des SGB IX. Aufgrund des verfassungsrechtlich geschützten kirchlichen Selbstbestimmungsrechts (Art. 140 GG) besteht im kirchlichen Bereich die Befugnis, u.A. bestimmte Regelungen zur Schwerbehindertenvertretung in den §§ 176ff. SGB IX für nicht anwendbar zu erklären, auszuschließen bzw. einzuschränken.
Die Mitarbeitervertretungen der katholischen und evangelischen Einrichtungen haben nach ihren jeweiligen Kollektivgesetzen ebenfalls die Eingliederung schwerbehinderter Menschen in den Betrieb oder die Dienststelle zu fördern (vgl. § 26 Mitarbeitervertretungsordnung der katholischen Kirche (MAVO); § 35 Kirchengesetz über Mitarbeitervertretungen in der Evangelischen Kirche in Deutschland (MVG-EKD)).
Das SGB IX klammert – im Gegensatz zu § 118 Abs. 2 BetrVG und § 112 BPersVG – die Kirchen und ihre Einrichtungen nicht aus seinem Geltungsbereich aus, allerdings benennt es die Mitarbeitervertretung (MAV) auch nicht in der Liste der Interessenvertretungen (z.B. § 176 SGB IX).
Soweit kirchliche Einrichtungen oder Institutionen eigene, spezielle kirchenrechtliche Regelungen getroffen haben, finden das SGB IX und die SchwbVWO aufgrund des verfassungsrechtlichen Sonderstatus der Kirche keine Anwendung.

1. Katholische Kirche

Die Rahmenordnung für eine Mitarbeitervertretungsordnung der katholischen Kirche (MAVO) benennt in § 28a MAVO die Aufgaben und Beteiligung der Mitarbeitervertretung (MAV) zum Schutz schwerbehinderter Menschen. Hier wird die Förderung der Eingliederung schwerbehinderter Menschen betont (§ 28a Abs. 1 Satz 1 MAVO) und auf die dem Dienstgeber obliegenden Verpflichtungen aus §§ 154, 155, 166 und 167 SGB IX verwiesen (§ 28a Abs. 1 Satz 2 MAVO).
Die Mitarbeitervertretung wirkt auf die Wahl einer Vertrauensperson der schwerbehinderten Mitarbeiterinnen und Mitarbeiter hin (§ 28a Abs. 1 Satz 3 MAVO). Der Dienstgeber trifft mit der Schwerbehindertenvertretung, der MAV und in Zusammenarbeit mit dem Beauftragten des Dienstgebers gem. § 181 SGB IX (Inklusionsbeauftragter) eine verbindliche Inklusionsvereinbarung (§ 28a Abs. 2 Satz 1 MAVO), deren Inhalt sich nach § 166 SGB IX richtet (§ 28a Abs. 2 Satz 6 MAVO).
Die Regelungen zur Mitwirkung der Vertrauensperson der schwerbehinderten Mitarbeiterinnen und Mitarbeiter gem. § 52 MAVO sehen eine Wahl der Vertrauensperson nach dem

SGB IX und damit nach der Schwerbehindertenwahlverordnung (SchwbVWO) vor (§ 52 Abs. 1 Satz 1 MAVO).
Die Rechte der Vertrauensperson ergeben sich aus § 178 Abs. 1–6 SGB IX; nach § 52 Abs. 1 Satz 2 Nr. 2 MAVO hat die Vertrauensperson außerdem ein **Stimmrecht in der Mitarbeitervertretung** (MAV).
Hinsichtlich möglicher Rechtsstreitigkeiten ist die Zuständigkeit den kirchlichen Gerichten für Arbeitssachen vorbehalten.

2. Evangelische Kirche

In Einrichtungen der evangelischen Kirche gilt das Kirchengesetz über Mitarbeitervertretungen in der Evangelischen Kirche in Deutschland (MVG-EKD).
§ 50 MVG-EKD sieht die Wahl einer Vertrauensperson der schwerbehinderten Mitarbeiter und Mitarbeiterinnen sowie mindestens eines Stellvertreters oder einer Stellvertreterin vor.
Für das Wahlverfahren finden §§ 11, 13 und 14 MVG-EKD sowie die Wahlordnung zum Kirchengesetz über Mitarbeitervertretungen in der Evangelischen Kirche in Deutschland (WahlO-MVG) Anwendung. Die Wahlordnung (WahlO-MVG) gilt in 16 der 20 Gliedkirchen der EKD. In den anderen Gliedkirchen wurden eigenständige Wahlordnungen erlassen, die sich aber an der WahlO-MVG orientieren.
Diese Wahlordnung regelt in § 15 die Wahl der Vertrauensperson der schwerbehinderten Mitarbeiter und Mitarbeiterinnen. Die Wahl findet **ausschließlich im Briefwahlverfahren** statt, im Übrigen gilt die Wahlordnung für die MAV.
Problematisch ist, dass die anzuwendende Wahlordnung der Mitarbeitervertretung (MAV) **nur einen Wahlgang** vorsieht, sodass es im Gegensatz zur Wahl nach der SchwbVWO nicht möglich ist, gezielt nur für die Schwerbehindertenvertretung oder nur für die Stellvertretung zu kandidieren.

> **Tipp:**
> Um Konkurrenzsituationen zu vermeiden und zögernde Erstkandidaten, die sich nur die Stellvertretung zutrauen zu ermutigen, sollte dennoch in zwei getrennten Wahlgängen gewählt werden.

Der Wahlzeitraum ist angelehnt an die Wahl zur Mitarbeitervertretung (MAV) zwischen 1. Januar und 30. April, die Amtszeit beträgt vier Jahre und endet ungeachtet des Wahltermins jeweils am 30. April. Aufgrund des zeitlich unterschiedlichen Inkrafttretens einzelner MVG-EKD-Anwendungsgesetze gibt es keinen einheitlichen Wahltermin; die nächsten Wahlen verteilen sich auf die Zeit zwischen 2025 und 2029.
Hinsichtlich möglicher Rechtsstreitigkeiten ist die Zuständigkeit den kirchlichen Gerichten vorbehalten.
Sonderfall: Die Schwerbehindertenvertretung der Pastorinnen und Pastoren in der Evangelisch-Lutherischen Kirche in Norddeutschland
Seit 2015 gibt es ein eigenes Pastorenvertretungsgesetz, welches 2018 eine Novelle erfuhr. In dessen § 11 PastVG ist eine eigene Schwerbehindertenvertretung der Pastorinnen und Pastoren geregelt, die aus der Vertrauensperson und bis zu zwei Stellvertretungen besteht.

Die Amtszeit beträgt sechs Jahre, es gilt eine **eigenständige Wahlordnung**, nach § 11 Abs. 2 PastVG finden jedoch im Übrigen die Vorschriften des SGB IX in der jeweils geltenden Fassung Anwendung, **es gilt also staatliches Recht**.

Anhang 1
Neuntes Buch Sozialgesetzbuch (SGB IX) – Rehabilitation und Teilhabe von Menschen mit Behinderungen –

in der Fassung der Bekanntmachung vom 23. Dezember 2016 (BGBl. I S. 3234), zuletzt geändert durch Artikel 6 des Gesetzes vom 22. Dezember 2023 (BGBl. 2023 I Nr. 412).

– Auszüge –

Teil 3
Besondere Regelungen zur Teilhabe schwerbehinderter Menschen (Schwerbehindertenrecht)

Kapitel 3
Sonstige Pflichten der Arbeitgeber; Rechte der schwerbehinderten Menschen

§ 163
Zusammenwirken der Arbeitgeber mit der Bundesagentur für Arbeit und den Integrationsämtern

(1) Die Arbeitgeber haben, gesondert für jeden Betrieb und jede Dienststelle, ein Verzeichnis der bei ihnen beschäftigten schwerbehinderten, ihnen gleichgestellten behinderten Menschen und sonstigen anrechnungsfähigen Personen laufend zu führen und dieses den Vertretern oder Vertreterinnen der Bundesagentur für Arbeit und des Integrationsamtes, die für den Sitz des Betriebes oder der Dienststelle zuständig sind, auf Verlangen vorzulegen.

(2) Die Arbeitgeber haben der für ihren Sitz zuständigen Agentur für Arbeit einmal jährlich bis spätestens zum 31. März für das vorangegangene Kalenderjahr, aufgegliedert nach Monaten, die Daten anzuzeigen, die zur Berechnung des Umfangs der Beschäftigungspflicht, zur Überwachung ihrer Erfüllung und der Ausgleichsabgabe notwendig sind. Der Anzeige sind das nach Absatz 1 geführte Verzeichnis sowie eine Kopie der Anzeige und des Verzeichnisses zur Weiterleitung an das für ihren Sitz zuständige Integrationsamt beizufügen. Dem Betriebs-, Personal-, Richter-, Staatsanwalts- und Präsidialrat, der Schwerbehindertenvertretung und dem Inklusionsbeauftragten des Arbeitgebers ist je eine Kopie der Anzeige und des Verzeichnisses zu übermitteln.

(3) Zeigt ein Arbeitgeber die Daten bis zum 30. Juni nicht, nicht richtig oder nicht vollständig an, erlässt die Bundesagentur für Arbeit nach Prüfung in tatsächlicher sowie in rechtlicher Hinsicht einen Feststellungsbescheid über die zur Berechnung der Zahl der Pflichtarbeitsplätze für schwerbehinderte Menschen und der besetzten Arbeitsplätze notwendigen Daten.

(4) Die Arbeitgeber, die Arbeitsplätze für schwerbehinderte Menschen nicht zur Verfügung zu stellen haben, haben die Anzeige nur nach Aufforderung durch die Bundesagentur für Arbeit im Rahmen einer repräsentativen Teilerhebung zu erstatten, die mit dem Ziel der Erfassung

der in Absatz 1 genannten Personengruppen, aufgegliedert nach Bundesländern, alle fünf Jahre durchgeführt wird.

(5) Die Arbeitgeber haben der Bundesagentur für Arbeit und dem Integrationsamt auf Verlangen die Auskünfte zu erteilen, die zur Durchführung der besonderen Regelungen zur Teilhabe schwerbehinderter und ihnen gleichgestellter behinderter Menschen am Arbeitsleben notwendig sind.

(6) Für das Verzeichnis und die Anzeige des Arbeitgebers sind die mit der Bundesarbeitsgemeinschaft der Integrationsämter und Hauptfürsorgestellen, abgestimmten Vordrucke der Bundesagentur für Arbeit zu verwenden. Die Bundesagentur für Arbeit soll zur Durchführung des Anzeigeverfahrens in Abstimmung mit der Bundesarbeitsgemeinschaft ein elektronisches Übermittlungsverfahren zulassen.

(7) Die Arbeitgeber haben den Beauftragten der Bundesagentur für Arbeit und des Integrationsamtes auf Verlangen Einblick in ihren Betrieb oder ihre Dienststelle zu geben, soweit es im Interesse der schwerbehinderten Menschen erforderlich ist und Betriebs- oder Dienstgeheimnisse nicht gefährdet werden.

(8) Die Arbeitgeber haben die Vertrauenspersonen der schwerbehinderten Menschen (§ 177 Absatz 1 Satz 1 bis 3 und § 180 Absatz 1 bis 5) unverzüglich nach der Wahl und ihren Inklusionsbeauftragten für die Angelegenheiten der schwerbehinderten Menschen (§ 181 Satz 1) unverzüglich nach der Bestellung der für den Sitz des Betriebes oder der Dienststelle zuständigen Agentur für Arbeit und dem Integrationsamt zu benennen.

§ 164
Pflichten des Arbeitgebers und Rechte schwerbehinderter Menschen

(1) Die Arbeitgeber sind verpflichtet zu prüfen, ob freie Arbeitsplätze mit schwerbehinderten Menschen, insbesondere mit bei der Agentur für Arbeit arbeitslos oder arbeitssuchend gemeldeten schwerbehinderten Menschen, besetzt werden können. Sie nehmen frühzeitig Verbindung mit der Agentur für Arbeit auf. Die Bundesagentur für Arbeit oder ein Integrationsfachdienst schlägt den Arbeitgebern geeignete schwerbehinderte Menschen vor. Über die Vermittlungsvorschläge und vorliegende Bewerbungen von schwerbehinderten Menschen haben die Arbeitgeber die Schwerbehindertenvertretung und die in § 176 genannten Vertretungen unmittelbar nach Eingang zu unterrichten. Bei Bewerbungen schwerbehinderter Richterinnen und Richter wird der Präsidialrat unterrichtet und gehört, soweit dieser an der Ernennung zu beteiligen ist. Bei der Prüfung nach Satz 1 beteiligen die Arbeitgeber die Schwerbehindertenvertretung nach § 178 Absatz 2 und hören die in § 176 genannten Vertretungen an. Erfüllt der Arbeitgeber seine Beschäftigungspflicht nicht und ist die Schwerbehindertenvertretung oder eine in § 176 genannte Vertretung mit der beabsichtigten Entscheidung des Arbeitgebers nicht einverstanden, ist diese unter Darlegung der Gründe mit ihnen zu erörtern. Dabei wird der betroffene schwerbehinderte Mensch angehört. Alle Beteiligten sind vom Arbeitgeber über die getroffene Entscheidung unter Darlegung der Gründe unverzüglich zu unterrichten. Bei Bewerbungen schwerbehinderter Menschen ist die Schwerbehindertenvertretung nicht zu beteiligen, wenn der schwerbehinderte Mensch die Beteiligung der Schwerbehindertenvertretung ausdrücklich ablehnt.

(2) Arbeitgeber dürfen schwerbehinderte Beschäftigte nicht wegen ihrer Behinderung benachteiligen. Im Einzelnen gelten hierzu die Regelungen des Allgemeinen Gleichbehandlungsgesetzes.

(3) Die Arbeitgeber stellen durch geeignete Maßnahmen sicher, dass in ihren Betrieben und Dienststellen wenigstens die vorgeschriebene Zahl schwerbehinderter Menschen eine möglichst dauerhafte behinderungsgerechte Beschäftigung finden kann. Absatz 4 Sätze 2 und 3 gelten entsprechend.

(4) Die schwerbehinderten Menschen haben gegenüber ihren Arbeitgebern Anspruch auf

1. Beschäftigung, bei der sie ihre Fähigkeiten und Kenntnisse möglichst voll verwerten und weiterentwickeln können,
2. bevorzugte Berücksichtigung bei innerbetrieblichen Maßnahmen der beruflichen Bildung zur Förderung ihres beruflichen Fortkommens,
3. Erleichterungen im zumutbaren Umfang zur Teilnahme an außerbetrieblichen Maßnahmen der beruflichen Bildung,
4. behinderungsgerechte Einrichtung und Unterhaltung der Arbeitsstätten einschließlich der Betriebsanlagen, Maschinen und Geräte sowie der Gestaltung der Arbeitsplätze, des Arbeitsumfeldes, der Arbeitsorganisation und der Arbeitszeit, unter besonderer Berücksichtigung der Unfallgefahr,
5. Ausstattung ihres Arbeitsplatzes mit den erforderlichen technischen Arbeitshilfen

unter Berücksichtigung der Behinderung und ihrer Auswirkungen auf die Beschäftigung. Bei der Durchführung der Maßnahmen nach den Nummern 1, 4 und 5 unterstützen die Bundesagentur für Arbeit und die Integrationsämter die Arbeitgeber unter Berücksichtigung der für die Beschäftigung wesentlichen Eigenschaften der schwerbehinderten Menschen. Ein Anspruch nach Satz 1 besteht nicht, soweit seine Erfüllung für den Arbeitgeber nicht zumutbar oder mit unverhältnismäßigen Aufwendungen verbunden wäre oder soweit die staatlichen oder berufsgenossenschaftlichen Arbeitsschutzvorschriften oder beamtenrechtliche Vorschriften entgegenstehen.

(5) Die Arbeitgeber fördern die Einrichtung von Teilzeitarbeitsplätzen. Sie werden dabei von den Integrationsämtern unterstützt. Schwerbehinderte Menschen haben einen Anspruch auf Teilzeitbeschäftigung, wenn die kürzere Arbeitszeit wegen Art oder Schwere der Behinderung notwendig ist; Absatz 4 Satz 3 gilt entsprechend.

§ 165
Besondere Pflichten der öffentlichen Arbeitgeber

Die Dienststellen der öffentlichen Arbeitgeber melden den Agenturen für Arbeit frühzeitig nach einer erfolglosen Prüfung zur internen Besetzung des Arbeitsplatzes frei werdende und neu zu besetzende sowie neue Arbeitsplätze (§ 156). Mit dieser Meldung gilt die Zustimmung zur Veröffentlichung der Stellenangebote als erteilt. Haben schwerbehinderte Menschen sich um einen solchen Arbeitsplatz beworben oder sind sie von der Bundesagentur für Arbeit oder einem von dieser beauftragten Integrationsfachdienst vorgeschlagen worden, werden sie zu einem Vorstellungsgespräch eingeladen. Eine Einladung ist entbehrlich, wenn die fachliche Eignung offensichtlich fehlt. Einer Inklusionsvereinbarung nach § 166 bedarf es nicht, wenn für die Dienststellen dem § 166 entsprechende Regelungen bereits bestehen und durchgeführt werden.

§ 166
Inklusionsvereinbarung

(1) Die Arbeitgeber treffen mit der Schwerbehindertenvertretung und den in § 176 genannten Vertretungen in Zusammenarbeit mit dem Inklusionsbeauftragten des Arbeitgebers (§ 181) eine verbindliche Inklusionsvereinbarung. Auf Antrag der Schwerbehindertenvertretung wird unter Beteiligung der in § 176 genannten Vertretungen hierüber verhandelt. Ist eine Schwerbehindertenvertretung nicht vorhanden, steht das Antragsrecht den in § 176 genannten Vertretungen zu. Der Arbeitgeber oder die Schwerbehindertenvertretung können das Integrationsamt einladen, sich an den Verhandlungen über die Inklusionsvereinbarung zu beteiligen. Das Integrationsamt soll dabei insbesondere darauf hinwirken, dass unterschiedliche Auffassungen überwunden werden. Der Agentur für Arbeit und dem Integrationsamt, die für den Sitz des Arbeitgebers zuständig sind, wird die Vereinbarung übermittelt.

(2) Die Vereinbarung enthält Regelungen im Zusammenhang mit der Eingliederung schwerbehinderter Menschen, insbesondere zur Personalplanung, Arbeitsplatzgestaltung, Gestaltung des Arbeitsumfelds, Arbeitsorganisation, Arbeitszeit sowie Regelungen über die Durchführung in den Betrieben und Dienststellen. Dabei ist die gleichberechtigte Teilhabe schwerbehinderter Menschen am Arbeitsleben bei der Gestaltung von Arbeitsprozessen und Rahmenbedingungen von Anfang an zu berücksichtigen. Bei der Personalplanung werden besondere Regelungen zur Beschäftigung eines angemessenen Anteils von schwerbehinderten Frauen vorgesehen.

(3) In der Vereinbarung können insbesondere auch Regelungen getroffen werden

1. zur angemessenen Berücksichtigung schwerbehinderter Menschen bei der Besetzung freier, frei werdender oder neuer Stellen,
2. zu einer anzustrebenden Beschäftigungsquote, einschließlich eines angemessenen Anteils schwerbehinderter Frauen,
3. zu Teilzeitarbeit,
4. zur Ausbildung behinderter Jugendlicher,
5. zur Durchführung der betrieblichen Prävention (betriebliches Eingliederungsmanagement) und zur Gesundheitsförderung,
6. über die Hinzuziehung des Werks- oder Betriebsarztes auch für Beratungen über Leistungen zur Teilhabe sowie über besondere Hilfen im Arbeitsleben.

(4) In den Versammlungen schwerbehinderter Menschen berichtet der Arbeitgeber über alle Angelegenheiten im Zusammenhang mit der Eingliederung schwerbehinderter Menschen.

§ 167
Prävention

(1) Der Arbeitgeber schaltet bei Eintreten von personen-, verhaltens- oder betriebsbedingten Schwierigkeiten im Arbeits- oder sonstigen Beschäftigungsverhältnis, die zur Gefährdung dieses Verhältnisses führen können, möglichst frühzeitig die Schwerbehindertenvertretung und die in § 176 genannten Vertretungen sowie das Integrationsamt ein, um mit ihnen alle Möglichkeiten und alle zur Verfügung stehenden Hilfen zur Beratung und mögliche finanzielle Leistungen zu erörtern, mit denen die Schwierigkeiten beseitigt werden können und das Arbeits- oder sonstige Beschäftigungsverhältnis möglichst dauerhaft fortgesetzt werden kann.

(2) Sind Beschäftigte innerhalb eines Jahres länger als sechs Wochen ununterbrochen oder wiederholt arbeitsunfähig, klärt der Arbeitgeber mit der zuständigen Interessenvertretung im

Sinne des § 176, bei schwerbehinderten Menschen außerdem mit der Schwerbehindertenvertretung, mit Zustimmung und Beteiligung der betroffenen Person die Möglichkeiten, wie die Arbeitsunfähigkeit möglichst überwunden werden und mit welchen Leistungen oder Hilfen erneuter Arbeitsunfähigkeit vorgebeugt und der Arbeitsplatz erhalten werden kann (betriebliches Eingliederungsmanagement). Beschäftigte können zusätzlich eine Vertrauensperson eigener Wahl hinzuziehen. Soweit erforderlich wird der Werks- oder Betriebsarzt hinzugezogen. Die betroffene Person oder ihr gesetzlicher Vertreter ist zuvor auf die Ziele des betrieblichen Eingliederungsmanagements sowie auf Art und Umfang der hierfür erhobenen und verwendeten Daten hinzuweisen. Kommen Leistungen zur Teilhabe oder begleitende Hilfen im Arbeitsleben in Betracht, werden vom Arbeitgeber die Rehabilitationsträger oder bei schwerbehinderten Beschäftigten das Integrationsamt hinzugezogen. Diese wirken darauf hin, dass die erforderlichen Leistungen oder Hilfen unverzüglich beantragt und innerhalb der Frist des § 14 Absatz 2 Satz 2 erbracht werden. Die zuständige Interessenvertretung im Sinne des § 176, bei schwerbehinderten Menschen außerdem die Schwerbehindertenvertretung, können die Klärung verlangen. Sie wachen darüber, dass der Arbeitgeber die ihm nach dieser Vorschrift obliegenden Verpflichtungen erfüllt.
(3) Die Rehabilitationsträger und die Integrationsämter können Arbeitgeber, die ein betriebliches Eingliederungsmanagement einführen, durch Prämien oder einen Bonus fördern.

Kapitel 4
Kündigungsschutz

§ 168
Erfordernis der Zustimmung

Die Kündigung des Arbeitsverhältnisses eines schwerbehinderten Menschen durch den Arbeitgeber bedarf der vorherigen Zustimmung des Integrationsamtes.

§ 169
Kündigungsfrist

Die Kündigungsfrist beträgt mindestens vier Wochen.

§ 170
Antragsverfahren

(1) Die Zustimmung zur Kündigung beantragt der Arbeitgeber bei dem für den Sitz des Betriebes oder der Dienststelle zuständigen Integrationsamt schriftlich oder elektronisch. Der Begriff des Betriebes und der Begriff der Dienststelle im Sinne dieses Teils bestimmen sich nach dem Betriebsverfassungsgesetz und dem Personalvertretungsrecht.
(2) Das Integrationsamt holt eine Stellungnahme des Betriebsrates oder Personalrates und der Schwerbehindertenvertretung ein und hört den schwerbehinderten Menschen an.
(3) Das Integrationsamt wirkt in jeder Lage des Verfahrens auf eine gütliche Einigung hin.

Kapitel 5
Betriebs-, Personal-, Richter-, Staatsanwalts- und Präsidialrat, Schwerbehindertenvertretung, Inklusionsbeauftragter des Arbeitgebers

§ 176
Aufgaben des Betriebs-, Personal-, Richter-, Staatsanwalts- und Präsidialrates

Betriebs-, Personal-, Richter-, Staatsanwalts- und Präsidialrat fördern die Eingliederung schwerbehinderter Menschen. Sie achten insbesondere darauf, dass die dem Arbeitgeber nach den §§ 154, 155 und 164 bis 167 obliegenden Verpflichtungen erfüllt werden; sie wirken auf die Wahl der Schwerbehindertenvertretung hin.

§ 177
Wahl und Amtszeit der Schwerbehindertenvertretung

(1) In Betrieben und Dienststellen, in denen wenigstens fünf schwerbehinderte Menschen nicht nur vorübergehend beschäftigt sind, werden eine Vertrauensperson und wenigstens ein stellvertretendes Mitglied gewählt, das die Vertrauensperson im Falle der Verhinderung vertritt. Ferner wählen bei Gerichten, denen mindestens fünf schwerbehinderte Richter oder Richterinnen angehören, diese einen Richter oder eine Richterin zu ihrer Schwerbehindertenvertretung. Satz 2 gilt entsprechend für Staatsanwälte oder Staatsanwältinnen, soweit für sie eine besondere Personalvertretung gebildet wird. Betriebe oder Dienststellen, die die Voraussetzungen des Satzes 1 nicht erfüllen, können für die Wahl mit räumlich nahe liegenden Betrieben des Arbeitgebers oder gleichstufigen Dienststellen derselben Verwaltung zusammengefasst werden; soweit erforderlich, können Gerichte unterschiedlicher Gerichtszweige und Stufen zusammengefasst werden. Über die Zusammenfassung entscheidet der Arbeitgeber im Benehmen mit dem für den Sitz der Betriebe oder Dienststellen einschließlich Gerichten zuständigen Integrationsamt.

(2) Wahlberechtigt sind alle in dem Betrieb oder der Dienststelle beschäftigten schwerbehinderten Menschen.

(3) Wählbar sind alle in dem Betrieb oder der Dienststelle nicht nur vorübergehend Beschäftigten, die am Wahltage das 18. Lebensjahr vollendet haben und dem Betrieb oder der Dienststelle seit sechs Monaten angehören; besteht der Betrieb oder die Dienststelle weniger als ein Jahr, so bedarf es für die Wählbarkeit nicht der sechsmonatigen Zugehörigkeit. Nicht wählbar ist, wer kraft Gesetzes dem Betriebs-, Personal-, Richter-, Staatsanwalts- oder Präsidialrat nicht angehören kann.

(4) In Dienststellen der Bundeswehr sind auch schwerbehinderte Soldatinnen und Soldaten wahlberechtigt und auch Soldatinnen und Soldaten wählbar.

(5) Die regelmäßigen Wahlen finden alle vier Jahre in der Zeit vom 1. Oktober bis 30. November statt. Außerhalb dieser Zeit finden Wahlen statt, wenn

1. das Amt der Schwerbehindertenvertretung vorzeitig erlischt und ein stellvertretendes Mitglied nicht nachrückt,
2. die Wahl mit Erfolg angefochten worden ist oder
3. eine Schwerbehindertenvertretung noch nicht gewählt ist.

Hat außerhalb des für die regelmäßigen Wahlen festgelegten Zeitraumes eine Wahl der Schwerbehindertenvertretung stattgefunden, wird die Schwerbehindertenvertretung in dem auf die Wahl folgenden nächsten Zeitraum der regelmäßigen Wahlen neu gewählt. Hat die Amtszeit der Schwerbehindertenvertretung zu Beginn des für die regelmäßigen Wahlen festgelegten Zeitraums noch nicht ein Jahr betragen, wird die Schwerbehindertenvertretung im übernächsten Zeitraum für regelmäßige Wahlen neu gewählt.

(6) Die Vertrauensperson und das stellvertretende Mitglied werden in geheimer und unmittelbarer Wahl nach den Grundsätzen der Mehrheitswahl gewählt. Im Übrigen sind die Vorschriften über die Wahlanfechtung, den Wahlschutz und die Wahlkosten bei der Wahl des Betriebs-, Personal-, Richter-, Staatsanwalts- oder Präsidialrates sinngemäß anzuwenden. In Betrieben und Dienststellen mit weniger als 50 wahlberechtigten schwerbehinderten Menschen wird die Vertrauensperson und das stellvertretende Mitglied im vereinfachten Wahlverfahren gewählt, sofern der Betrieb oder die Dienststelle nicht aus räumlich weit auseinander liegenden Teilen besteht. Ist in einem Betrieb oder einer Dienststelle eine Schwerbehindertenvertretung nicht gewählt, so kann das für den Betrieb oder die Dienststelle zuständige Integrationsamt zu einer Versammlung schwerbehinderter Menschen zum Zwecke der Wahl eines Wahlvorstandes einladen.

(7) Die Amtszeit der Schwerbehindertenvertretung beträgt vier Jahre. Sie beginnt mit der Bekanntgabe des Wahlergebnisses oder, wenn die Amtszeit der bisherigen Schwerbehindertenvertretung noch nicht beendet ist, mit deren Ablauf. Das Amt erlischt vorzeitig, wenn die Vertrauensperson es niederlegt, aus dem Arbeits-, Dienst- oder Richterverhältnis ausscheidet oder die Wählbarkeit verliert. Scheidet die Vertrauensperson vorzeitig aus dem Amt aus, rückt das mit der höchsten Stimmenzahl gewählte stellvertretende Mitglied für den Rest der Amtszeit nach; dies gilt für das stellvertretende Mitglied entsprechend. Auf Antrag eines Viertels der wahlberechtigten schwerbehinderten Menschen kann der Widerspruchsausschuss bei dem Integrationsamt (§ 202) das Erlöschen des Amtes einer Vertrauensperson wegen grober Verletzung ihrer Pflichten beschließen.

(8) In Betrieben gilt § 21a des Betriebsverfassungsgesetzes entsprechend.

§ 178
Aufgaben der Schwerbehindertenvertretung

(1) Die Schwerbehindertenvertretung fördert die Eingliederung schwerbehinderter Menschen in den Betrieb oder die Dienststelle, vertritt ihre Interessen in dem Betrieb oder der Dienststelle und steht ihnen beratend und helfend zur Seite. Sie erfüllt ihre Aufgaben insbesondere dadurch, dass sie

1. darüber wacht, dass die zugunsten schwerbehinderter Menschen geltenden Gesetze, Verordnungen, Tarifverträge, Betriebs- oder Dienstvereinbarungen und Verwaltungsanordnungen durchgeführt, insbesondere auch die dem Arbeitgeber nach den §§ 154, 155 und 164 bis 167 obliegenden Verpflichtungen erfüllt werden,
2. Maßnahmen, die den schwerbehinderten Menschen dienen, insbesondere auch präventive Maßnahmen, bei den zuständigen Stellen beantragt,
3. Anregungen und Beschwerden von schwerbehinderten Menschen entgegennimmt und, falls sie berechtigt erscheinen, durch Verhandlung mit dem Arbeitgeber auf eine Erledigung hinwirkt; sie unterrichtet die schwerbehinderten Menschen über den Stand und das Ergebnis der Verhandlungen.

Die Schwerbehindertenvertretung unterstützt Beschäftigte auch bei Anträgen an die nach § 152 Absatz 1 zuständigen Behörden auf Feststellung einer Behinderung, ihres Grades und einer Schwerbehinderung sowie bei Anträgen auf Gleichstellung an die Agentur für Arbeit. In Betrieben und Dienststellen mit in der Regel mehr als 100 beschäftigten schwerbehinderten Menschen kann sie nach Unterrichtung des Arbeitgebers das mit der höchsten Stimmenzahl gewählte stellvertretende Mitglied zu bestimmten Aufgaben heranziehen. Ab jeweils 100 weiteren beschäftigten schwerbehinderten Menschen kann jeweils auch das mit der nächsthöheren Stimmenzahl gewählte Mitglied herangezogen werden. Die Heranziehung zu bestimmten Aufgaben schließt die Abstimmung untereinander ein.

(2) Der Arbeitgeber hat die Schwerbehindertenvertretung in allen Angelegenheiten, die einen einzelnen oder die schwerbehinderten Menschen als Gruppe berühren, unverzüglich und umfassend zu unterrichten und vor einer Entscheidung anzuhören; er hat ihr die getroffene Entscheidung unverzüglich mitzuteilen. Die Durchführung oder Vollziehung einer ohne Beteiligung nach Satz 1 getroffenen Entscheidung ist auszusetzen, die Beteiligung ist innerhalb von sieben Tagen nachzuholen; sodann ist endgültig zu entscheiden. Die Kündigung eines schwerbehinderten Menschen, die der Arbeitgeber ohne eine Beteiligung nach Satz 1 ausspricht, ist unwirksam. Die Schwerbehindertenvertretung hat das Recht auf Beteiligung am Verfahren nach § 164 Absatz 1 und beim Vorliegen von Vermittlungsvorschlägen der Bundesagentur für Arbeit nach § 164 Absatz 1 oder von Bewerbungen schwerbehinderter Menschen das Recht auf Einsicht in die entscheidungsrelevanten Teile der Bewerbungsunterlagen und Teilnahme an Vorstellungsgesprächen.

(3) Der schwerbehinderte Mensch hat das Recht, bei Einsicht in die über ihn geführte Personalakte oder ihn betreffende Daten des Arbeitgebers die Schwerbehindertenvertretung hinzuzuziehen. Die Schwerbehindertenvertretung bewahrt über den Inhalt der Daten Stillschweigen, soweit sie der schwerbehinderte Mensch nicht von dieser Verpflichtung entbunden hat.

(4) Die Schwerbehindertenvertretung hat das Recht, an allen Sitzungen des Betriebs-, Personal-, Richter-, Staatsanwalts- oder Präsidialrates und deren Ausschüssen sowie des Arbeitsschutzausschusses beratend teilzunehmen; sie kann beantragen, Angelegenheiten, die einzelne oder die schwerbehinderten Menschen als Gruppe besonders betreffen, auf die Tagesordnung der nächsten Sitzung zu setzen. Erachtet sie einen Beschluss des Betriebs-, Personal-, Richter-, Staatsanwalts- oder Präsidialrates als eine erhebliche Beeinträchtigung wichtiger Interessen schwerbehinderter Menschen oder ist sie entgegen Absatz 2 Satz 1 nicht beteiligt worden, wird auf ihren Antrag der Beschluss für die Dauer von einer Woche vom Zeitpunkt der Beschlussfassung an ausgesetzt; die Vorschriften des Betriebsverfassungsgesetzes und des Personalvertretungsrechtes über die Aussetzung von Beschlüssen gelten entsprechend. Durch die Aussetzung wird eine Frist nicht verlängert. In den Fällen des § 21e Absätze 1 und 3 des Gerichtsverfassungsgesetzes ist die Schwerbehindertenvertretung, außer in Eilfällen, auf Antrag einer betroffenen schwerbehinderten Richterin oder eines schwerbehinderten Richters vor dem Präsidium des Gerichtes zu hören.

(5) Die Schwerbehindertenvertretung wird zu Besprechungen nach § 74 Absatz 1 des Betriebsverfassungsgesetzes, § 65 des Bundespersonalvertretungsgesetzes sowie den entsprechenden Vorschriften des sonstigen Personalvertretungsrechtes zwischen dem Arbeitgeber und den in Absatz 4 genannten Vertretungen hinzugezogen.

(6) Die Schwerbehindertenvertretung hat das Recht, mindestens einmal im Kalenderjahr eine Versammlung schwerbehinderter Menschen im Betrieb oder in der Dienststelle durchzuführen. Die für Betriebs- und Personalversammlungen geltenden Vorschriften finden entsprechende Anwendung.

(7) Sind in einer Angelegenheit sowohl die Schwerbehindertenvertretung der Richter und Richterinnen als auch die Schwerbehindertenvertretung der übrigen Bediensteten beteiligt, so handeln sie gemeinsam.

(8) Die Schwerbehindertenvertretung kann an Betriebs- und Personalversammlungen in Betrieben und Dienststellen teilnehmen, für die sie als Schwerbehindertenvertretung zuständig ist, und hat dort ein Rederecht, auch wenn die Mitglieder der Schwerbehindertenvertretung nicht Angehörige des Betriebes oder der Dienststelle sind.

§ 179
Persönliche Rechte und Pflichten der Vertrauenspersonen der schwerbehinderten Menschen

(1) Die Vertrauenspersonen führen ihr Amt unentgeltlich als Ehrenamt.
(2) Die Vertrauenspersonen dürfen in der Ausübung ihres Amtes nicht behindert oder wegen ihres Amtes nicht benachteiligt oder begünstigt werden; dies gilt auch für ihre berufliche Entwicklung.
(3) Die Vertrauenspersonen besitzen gegenüber dem Arbeitgeber die gleiche persönliche Rechtsstellung, insbesondere den gleichen Kündigungs-, Versetzungs- und Abordnungsschutz wie ein Mitglied des Betriebs-, Personal-, Staatsanwalts- oder Richterrates. Das stellvertretende Mitglied besitzt während der Dauer der Vertretung und der Heranziehung nach § 178 Absatz 1 Sätze 4 und 5 die gleiche persönliche Rechtsstellung wie die Vertrauensperson, im Übrigen die gleiche Rechtsstellung wie Ersatzmitglieder der in Satz 1 genannten Vertretungen.
(4) Die Vertrauenspersonen werden von ihrer beruflichen Tätigkeit ohne Minderung des Arbeitsentgelts oder der Dienstbezüge befreit, wenn und soweit es zur Durchführung ihrer Aufgaben erforderlich ist. Sind in den Betrieben und Dienststellen in der Regel wenigstens 100 schwerbehinderte Menschen beschäftigt, wird die Vertrauensperson auf ihren Wunsch freigestellt; weiter gehende Vereinbarungen sind zulässig. Satz 1 gilt entsprechend für die Teilnahme der Vertrauensperson und des mit der höchsten Stimmenzahl gewählten stellvertretenden Mitglieds sowie in den Fällen des § 178 Absatz 1 Satz 5 auch des jeweils mit der nächsthöheren Stimmenzahl gewählten weiteren stellvertretenden Mitglieds an Schulungs- und Bildungsveranstaltungen, soweit diese Kenntnisse vermitteln, die für die Arbeit der Schwerbehindertenvertretung erforderlich sind.
(5) Freigestellte Vertrauenspersonen dürfen von inner- oder außerbetrieblichen Maßnahmen der Berufsförderung nicht ausgeschlossen werden. Innerhalb eines Jahres nach Beendigung ihrer Freistellung ist ihnen im Rahmen der Möglichkeiten des Betriebes oder der Dienststelle Gelegenheit zu geben, eine wegen der Freistellung unterbliebene berufliche Entwicklung in dem Betrieb oder der Dienststelle nachzuholen. Für Vertrauenspersonen, die drei volle aufeinander folgende Amtszeiten freigestellt waren, erhöht sich der genannte Zeitraum auf zwei Jahre.
(6) Zum Ausgleich für ihre Tätigkeit, die aus betriebsbedingten oder dienstlichen Gründen außerhalb der Arbeitszeit durchzuführen ist, haben die Vertrauenspersonen Anspruch auf entsprechende Arbeits- oder Dienstbefreiung unter Fortzahlung des Arbeitsentgelts oder der Dienstbezüge.
(7) Die Vertrauenspersonen sind verpflichtet,
1. ihnen wegen ihres Amtes anvertraute oder sonst bekannt gewordene fremde Geheimnisse, namentlich zum persönlichen Lebensbereich gehörende Geheimnisse, nicht zu offenbaren und
2. ihnen wegen ihres Amtes bekannt gewordene und vom Arbeitgeber ausdrücklich als geheimhaltungsbedürftig bezeichnete Betriebs- oder Geschäftsgeheimnisse nicht zu offenbaren und nicht zu verwerten.

Diese Pflichten gelten auch nach dem Ausscheiden aus dem Amt. Sie gelten nicht gegenüber der Bundesagentur für Arbeit, den Integrationsämtern und den Rehabilitationsträgern, soweit deren Aufgaben den schwerbehinderten Menschen gegenüber es erfordern, gegenüber den Vertrauenspersonen in den Stufenvertretungen (§ 180) sowie gegenüber den in § 79 Absatz 1 des Betriebsverfassungsgesetzes und den in den entsprechenden Vorschriften des Personalvertretungsrechtes genannten Vertretungen, Personen und Stellen.

(8) Die durch die Tätigkeit der Schwerbehindertenvertretung entstehenden Kosten trägt der Arbeitgeber; für öffentliche Arbeitgeber gelten die Kostenregelungen für Personalvertretungen entsprechend. Das Gleiche gilt für die durch die Teilnahme der stellvertretenden Mitglieder an Schulungs- und Bildungsveranstaltungen nach Absatz 4 Satz 3 entstehenden Kosten. Satz 1 umfasst auch eine Bürokraft für die Schwerbehindertenvertretung in erforderlichem Umfang.

(9) Die Räume und der Geschäftsbedarf, die der Arbeitgeber dem Betriebs-, Personal-, Richter-, Staatsanwalts- oder Präsidialrat für dessen Sitzungen, Sprechstunden und laufende Geschäftsführung zur Verfügung stellt, stehen für die gleichen Zwecke auch der Schwerbehindertenvertretung zur Verfügung, soweit ihr hierfür nicht eigene Räume und sächliche Mittel zur Verfügung gestellt werden.

§ 180
Konzern-, Gesamt-, Bezirks- und Hauptschwerbehindertenvertretung

(1) Ist für mehrere Betriebe eines Arbeitgebers ein Gesamtbetriebsrat oder für den Geschäftsbereich mehrerer Dienststellen ein Gesamtpersonalrat errichtet, wählen die Schwerbehindertenvertretungen der einzelnen Betriebe oder Dienststellen eine Gesamtschwerbehindertenvertretung. Ist eine Schwerbehindertenvertretung nur in einem der Betriebe oder in einer der Dienststellen gewählt, nimmt sie die Rechte und Pflichten der Gesamtschwerbehindertenvertretung wahr.

(2) Ist für mehrere Unternehmen ein Konzernbetriebsrat errichtet, wählen die Gesamtschwerbehindertenvertretungen eine Konzernschwerbehindertenvertretung. Besteht ein Konzernunternehmen nur aus einem Betrieb, für den eine Schwerbehindertenvertretung gewählt ist, hat sie das Wahlrecht wie eine Gesamtschwerbehindertenvertretung.

(3) Für den Geschäftsbereich mehrstufiger Verwaltungen, bei denen ein Bezirks- oder Hauptpersonalrat gebildet ist, gilt Absatz 1 sinngemäß mit der Maßgabe, dass bei den Mittelbehörden von deren Schwerbehindertenvertretung und den Schwerbehindertenvertretungen der nachgeordneten Dienststellen eine Bezirksschwerbehindertenvertretung zu wählen ist. Bei den obersten Dienstbehörden ist von deren Schwerbehindertenvertretung und den Bezirksschwerbehindertenvertretungen des Geschäftsbereichs eine Hauptschwerbehindertenvertretung zu wählen; ist die Zahl der Bezirksschwerbehindertenvertretungen niedriger als zehn, sind auch die Schwerbehindertenvertretungen der nachgeordneten Dienststellen wahlberechtigt.

(4) Für Gerichte eines Zweiges der Gerichtsbarkeit, für die ein Bezirks- oder Hauptrichterrat gebildet ist, gilt Absatz 3 entsprechend. Sind in einem Zweig der Gerichtsbarkeit bei den Gerichten der Länder mehrere Schwerbehindertenvertretungen nach § 177 zu wählen und ist in diesem Zweig kein Hauptrichterrat gebildet, ist in entsprechender Anwendung von Absatz 3 eine Hauptschwerbehindertenvertretung zu wählen. Die Hauptschwerbehindertenvertretung nimmt die Aufgabe der Schwerbehindertenvertretung gegenüber dem Präsidialrat wahr.

(5) Für jede Vertrauensperson, die nach den Absätzen 1 bis 4 neu zu wählen ist, wird wenigstens ein stellvertretendes Mitglied gewählt.

(6) Die Gesamtschwerbehindertenvertretung vertritt die Interessen der schwerbehinderten Menschen in Angelegenheiten, die das Gesamtunternehmen oder mehrere Betriebe oder Dienststellen des Arbeitgebers betreffen und von den Schwerbehindertenvertretungen der einzelnen Betriebe oder Dienststellen nicht geregelt werden können, sowie die Interessen der schwerbehinderten Menschen, die in einem Betrieb oder einer Dienststelle tätig sind, für die eine Schwerbehindertenvertretung nicht gewählt ist; dies umfasst auch Verhandlungen und den Abschluss entsprechender Inklusionsvereinbarungen. Satz 1 gilt entsprechend für die Konzern-, Bezirks- und Hauptschwerbehindertenvertretung sowie für die Schwerbehindertenvertretung der obersten Dienstbehörde, wenn bei einer mehrstufigen Verwaltung Stufenvertretungen nicht gewählt sind. Die nach Satz 2 zuständige Schwerbehindertenvertretung ist auch in persönlichen Angelegenheiten schwerbehinderter Menschen, über die eine übergeordnete Dienststelle entscheidet, zuständig; sie gibt der Schwerbehindertenvertretung der Dienststelle, die den schwerbehinderten Menschen beschäftigt, Gelegenheit zur Äußerung. Satz 3 gilt nicht in den Fällen, in denen der Personalrat der Beschäftigungsbehörde zu beteiligen ist.
(7) § 177 Absatz 3 bis 8, § 178 Absatz 1 Satz 4 und 5, Absatz 2, 4, 5 und 7 und § 179 gelten entsprechend, § 177 Absatz 5 mit der Maßgabe, dass die Wahl der Gesamt- und Bezirksschwerbehindertenvertretungen in der Zeit vom 1. Dezember bis 31. Januar, die der Konzern- und Hauptschwerbehindertenvertretungen in der Zeit vom 1. Februar bis 31. März stattfindet, § 177 Absatz 6 mit der Maßgabe, dass bei den Wahlen zu überörtlichen Vertretungen der zweite Halbsatz des Satzes 3 nicht gilt.
(8) § 178 Absatz 6 gilt für die Durchführung von Versammlungen der Vertrauens- und der Bezirksvertrauenspersonen durch die Gesamt-, Bezirks- oder Hauptschwerbehindertenvertretung entsprechend.

§ 181
Inklusionsbeauftragter des Arbeitgebers

Der Arbeitgeber bestellt einen Inklusionsbeauftragten, der ihn in Angelegenheiten schwerbehinderter Menschen verantwortlich vertritt; falls erforderlich, können mehrere Inklusionsbeauftragte bestellt werden. Der Inklusionsbeauftragte soll nach Möglichkeit selbst ein schwerbehinderter Mensch sein. Der Inklusionsbeauftragte achtet vor allem darauf, dass dem Arbeitgeber obliegende Verpflichtungen erfüllt werden.

§ 182
Zusammenarbeit

(1) Arbeitgeber, Inklusionsbeauftragter des Arbeitgebers, Schwerbehindertenvertretung und Betriebs-, Personal-, Richter-, Staatsanwalts- oder Präsidialrat arbeiten zur Teilhabe schwerbehinderter Menschen am Arbeitsleben in dem Betrieb oder der Dienststelle eng zusammen.
(2) Die in Absatz 1 genannten Personen und Vertretungen, die mit der Durchführung des Teils 3 beauftragten Stellen und die Rehabilitationsträger unterstützen sich gegenseitig bei der Erfüllung ihrer Aufgaben. Vertrauensperson und Inklusionsbeauftragter des Arbeitgebers sind Verbindungspersonen zur Bundesagentur für Arbeit und zu dem Integrationsamt.

§ 183
Verordnungsermächtigung

Die Bundesregierung wird ermächtigt, durch Rechtsverordnung mit Zustimmung des Bundesrates nähere Vorschriften über die Vorbereitung und Durchführung der Wahl der Schwerbehindertenvertretung und ihrer Stufenvertretungen zu erlassen.

Kapitel 10
Sonstige Vorschriften

§ 211
Schwerbehinderte Beamtinnen und Beamte, Richterinnen und Richter, Soldatinnen und Soldaten

(1) Die besonderen Vorschriften und Grundsätze für die Besetzung der Beamtenstellen sind unbeschadet der Geltung dieses Teils auch für schwerbehinderte Beamtinnen und Beamte so zu gestalten, dass die Einstellung und Beschäftigung schwerbehinderter Menschen gefördert und ein angemessener Anteil schwerbehinderter Menschen unter den Beamten und Beamtinnen erreicht wird.
(2) Absatz 1 gilt für Richterinnen und Richter entsprechend.
(3) Für die persönliche Rechtsstellung schwerbehinderter Soldatinnen und Soldaten gelten die §§ 2, 152, 176 bis 182, 199 Absatz 1 sowie die §§ 206, 208, 209 und 228 bis 230. Im Übrigen gelten für Soldatinnen und Soldaten die Vorschriften über die persönliche Rechtsstellung der schwerbehinderten Menschen, soweit sie mit den Besonderheiten des Dienstverhältnisses vereinbar sind.

Kapitel 14
Straf-, Bußgeld- und Schlussvorschriften

§ 238
Bußgeldvorschriften

(1) Ordnungswidrig handelt, wer vorsätzlich oder fahrlässig
1. (weggefallen)
2. entgegen § 163 Absatz 1 ein Verzeichnis nicht, nicht richtig, nicht vollständig oder nicht in der vorgeschriebenen Weise führt oder nicht oder nicht rechtzeitig vorlegt,
3. entgegen § 163 Absatz 2 Satz 1 oder Absatz 4 eine Anzeige nicht, nicht richtig, nicht vollständig, nicht in der vorgeschriebenen Weise oder nicht rechtzeitig erstattet,
4. entgegen § 163 Absatz 5 eine Auskunft nicht, nicht richtig, nicht vollständig oder nicht rechtzeitig erteilt,
5. entgegen § 163 Absatz 7 Einblick in den Betrieb oder die Dienststelle nicht oder nicht rechtzeitig gibt,
6. entgegen § 163 Absatz 8 eine dort bezeichnete Person nicht oder nicht rechtzeitig benennt,
7. entgegen § 164 Absatz 1 Satz 4 oder 9 eine dort bezeichnete Vertretung oder einen Beteiligten nicht, nicht richtig, nicht vollständig oder nicht rechtzeitig unterrichtet oder

8. entgegen § 178 Absatz 2 Satz 1 erster Halbsatz die Schwerbehindertenvertretung nicht, nicht richtig, nicht vollständig oder nicht rechtzeitig unterrichtet oder nicht oder nicht rechtzeitig anhört.

(2) Die Ordnungswidrigkeit kann mit einer Geldbuße bis zu zehntausend Euro geahndet werden.

(3) Verwaltungsbehörde im Sinne des § 36 Absatz 1 Nummer 1 des Gesetzes über Ordnungswidrigkeiten ist die Bundesagentur für Arbeit.

(4) Die Geldbußen fließen in die Kasse der Verwaltungsbehörde, die den Bußgeldbescheid erlassen hat. § 66 des Zehnten Buches gilt entsprechend.

(5) Die nach Absatz 4 Satz 1 zuständige Kasse trägt abweichend von § 105 Absatz 2 des Gesetzes über Ordnungswidrigkeiten die notwendigen Auslagen. Sie ist auch ersatzpflichtig im Sinne des § 110 Absatz 4 des Gesetzes über Ordnungswidrigkeiten.

Anhang 2
Wahlordnung Schwerbehindertenvertretungen (SchwbVWO)

in der Fassung der Bekanntmachung vom 23. April 1990 (BGBl. I S. 811); zuletzt geändert durch Art. 1 der Verordnung vom 18. März 2022 (BGBl. I S. 477).

Erster Teil
Wahl der Schwerbehindertenvertretung in Betrieben und Dienststellen

Erster Abschnitt
Vorbereitung der Wahl

§ 1 Bestellung des Wahlvorstandes

(1) Spätestens acht Wochen vor Ablauf ihrer Amtszeit bestellt die Schwerbehindertenvertretung einen Wahlvorstand aus drei volljährigen in dem Betrieb oder der Dienststelle Beschäftigten und einen oder eine von ihnen als Vorsitzenden oder Vorsitzende.
(2) Ist in dem Betrieb oder der Dienststelle eine Schwerbehindertenvertretung nicht vorhanden, werden der Wahlvorstand und dessen Vorsitzender oder Vorsitzende in einer Versammlung der schwerbehinderten und diesen gleichgestellten behinderten Menschen (Wahlberechtigte) gewählt. Zu dieser Versammlung können drei Wahlberechtigte oder der Betriebs- oder Personalrat einladen. Das Recht des Integrationsamtes, zu einer solchen Versammlung einzuladen (§ 177 Absatz 6 Satz 4 des Neunten Buches Sozialgesetzbuch), bleibt unberührt.

§ 2 Aufgaben des Wahlvorstandes

(1) Der Wahlvorstand bereitet die Wahl vor und führt sie durch. Er kann volljährige in dem Betrieb oder der Dienststelle Beschäftigte als Wahlhelfer oder Wahlhelferin zu seiner Unterstützung bei der Durchführung der Stimmabgabe und bei der Stimmenzählung bestellen.

(2) Die Beschlüsse des Wahlvorstandes werden mit einfacher Stimmenmehrheit seiner Mitglieder gefasst. Über jede Sitzung des Wahlvorstandes ist eine Niederschrift aufzunehmen, die mindestens den Wortlaut der gefassten Beschlüsse enthält. Die Niederschrift ist von dem Vorsitzenden oder der Vorsitzenden und einem weiteren Mitglied des Wahlvorstandes zu unterzeichnen.
(3) Der Wahlvorstand hat die Wahl unverzüglich einzuleiten; sie soll innerhalb von sechs Wochen, spätestens jedoch eine Woche vor dem Tage stattfinden, an dem die Amtszeit der Schwerbehindertenvertretung abläuft.
(4) Der Wahlvorstand beschließt nach Erörterung mit der Schwerbehindertenvertretung, dem Betriebs- oder Personalrat und dem Arbeitgeber, wie viele stellvertretende Mitglieder der Schwerbehindertenvertretung in dem Betrieb oder der Dienststelle zu wählen sind.
(5) Der Wahlvorstand soll dafür sorgen, dass ausländische Wahlberechtigte rechtzeitig über das Wahlverfahren, die Aufstellung der Liste der Wahlberechtigten, die Wahlvorschläge, den Wahlvorgang und die Stimmabgabe in geeigneter Weise unterrichtet werden.
(6) Der Arbeitgeber unterstützt den Wahlvorstand bei der Erfüllung seiner Aufgaben. Er gibt ihm insbesondere alle für die Anfertigung der Liste der Wahlberechtigten erforderlichen Auskünfte und stellt die notwendigen Unterlagen zur Verfügung.

§ 3 Liste der Wahlberechtigten

(1) Der Wahlvorstand stellt eine Liste der Wahlberechtigten auf. Die Wahlberechtigten sollen mit Familienname, Vorname, erforderlichenfalls Geburtsdatum sowie Betrieb oder Dienststelle in alphabetischer Reihenfolge aufgeführt werden.
(2) Die Liste der Wahlberechtigten oder eine Abschrift ist unverzüglich nach Einleitung der Wahl bis zum Abschluss der Stimmabgabe an geeigneter Stelle zur Einsicht auszulegen.

§ 4 Einspruch gegen die Liste der Wahlberechtigten

(1) Wer wahlberechtigt oder in dem Betrieb oder der Dienststelle beschäftigt ist und ein berechtigtes Interesse an einer ordnungsgemäßen Wahl glaubhaft macht, kann innerhalb von zwei Wochen nach Erlass des Wahlausschreibens beim Wahlvorstand schriftlich Einspruch gegen die Richtigkeit der Liste der Wahlberechtigten einlegen.
(2) Über Einsprüche nach Absatz 1 entscheidet der Wahlvorstand unverzüglich. Hält er den Einspruch für begründet, berichtigt er die Liste der Wahlberechtigten. Der Person, die den Einspruch eingelegt hat, wird die Entscheidung des Wahlvorstands unverzüglich mitgeteilt; die Entscheidung muss ihr spätestens am Tag vor dem Beginn der Stimmabgabe zugehen.
(3) Nach Ablauf der Einspruchsfrist soll der Wahlvorstand die Liste der Wahlberechtigten nochmals auf ihre Vollständigkeit hin überprüfen. Im Übrigen kann nach Ablauf der Einspruchsfrist die Liste der Wahlberechtigten nur bei Schreibfehlern, offenbaren Unrichtigkeiten, in Erledigung rechtzeitig eingelegter Einsprüche oder bei Eintritt oder Ausscheiden eines Wahlberechtigten bis zum Tage vor dem Beginn der Stimmabgabe berichtigt oder ergänzt werden.

§ 5 Wahlausschreiben

(1) Spätestens sechs Wochen vor dem Wahltage erlässt der Wahlvorstand ein Wahlausschreiben, das von dem oder der Vorsitzenden und mindestens einem weiteren Mitglied des Wahlvorstandes zu unterschreiben ist. Es muss enthalten:

1. das Datum seines Erlasses,
2. die Namen der Mitglieder des Wahlvorstandes,
3. die Voraussetzungen der Wählbarkeit zur Schwerbehindertenvertretung,
4. den Hinweis, wo und wann die Liste der Wahlberechtigten und diese Verordnung zur Einsicht ausliegen,
5. den Hinweis, dass nur wählen kann, wer in die Liste der Wahlberechtigten eingetragen ist und dass Einsprüche gegen die Richtigkeit der Liste der Wahlberechtigten nur vor Ablauf von zwei Wochen seit dem Erlass des Wahlausschreibens beim Wahlvorstand schriftlich eingelegt werden können; der letzte Tag der Frist ist anzugeben,
6. die Zahl der zu wählenden stellvertretenden Mitglieder,
7. den Hinweis, dass Schwerbehindertenvertretung und stellvertretende Mitglieder in zwei getrennten Wahlgängen gewählt werden und dass sich aus den Wahlvorschlägen ergeben muss, wer als Schwerbehindertenvertretung und wer als stellvertretende Mitglieder vorgeschlagen wird,
8. den Hinweis, dass Wahlberechtigte sowohl einen Wahlvorschlag für die Wahl der Schwerbehindertenvertretung als auch für die Wahl des stellvertretenden Mitglieds unterzeichnen können und dass ein Bewerber oder eine Bewerberin sowohl als Schwerbehindertenvertretung als auch als stellvertretendes Mitglied vorgeschlagen werden kann,
9. die Aufforderung, Wahlvorschläge innerhalb von zwei Wochen nach Erlass des Wahlausschreibens beim Wahlvorstand einzureichen; der letzte Tag der Frist ist anzugeben,
10. die Mindestzahl von Wahlberechtigten, von denen ein Wahlvorschlag unterzeichnet sein muss (§ 6 Abs. 2 Satz 1),
11. den Hinweis, dass die Stimmabgabe an die Wahlvorschläge gebunden ist und dass nur solche Wahlvorschläge berücksichtigt werden dürfen, die fristgerecht (Nummer 9) eingereicht sind,
12. die Bestimmung des Ortes, an dem die Wahlvorschläge bis zum Abschluss der Stimmabgabe durch Aushang oder in sonst geeigneter Weise bekannt gegeben werden,
13. Ort, Tag und Zeit der Stimmabgabe,
14. den Hinweis auf die Möglichkeit der schriftlichen Stimmabgabe (§ 11 Abs. 1), falls der Wahlvorstand nicht die schriftliche Stimmabgabe beschlossen hat (§ 11 Abs. 2),
15. den Ort und die Zeit der Stimmauszählung und der Sitzung des Wahlvorstandes, in der das Wahlergebnis abschließend festgestellt wird,
16. den Ort, an dem Einsprüche, Wahlvorschläge und sonstige Erklärungen gegenüber dem Wahlvorstand abzugeben sind (Anschrift des Wahlvorstandes).

(2) Eine Abschrift oder ein Abdruck des Wahlausschreibens ist vom Tage seines Erlasses bis zum Wahltag an einer oder mehreren geeigneten, den Wahlberechtigten zugänglichen Stellen vom Wahlvorstand auszuhängen und in gut lesbarem Zustand zu erhalten.

§ 6 Wahlvorschläge

(1) Die Wahlberechtigten können innerhalb von zwei Wochen seit Erlass des Wahlausschreibens schriftliche Vorschläge beim Wahlvorstand einreichen. Es können ein Bewerber oder eine Bewerberin als Schwerbehindertenvertretung und ein Bewerber oder eine Bewerberin als stellvertretendes Mitglied vorgeschlagen werden. Hat der Wahlvorstand die Wahl mehrerer stellvertretender Mitglieder beschlossen, können entsprechend viele Bewerber oder Bewerberinnen dafür benannt werden. Ein Bewerber oder eine Bewerberin kann sowohl als Schwerbehindertenvertretung als auch als stellvertretendes Mitglied vorgeschlagen werden.
(2) Jeder Wahlvorschlag muss von einem Zwanzigstel der Wahlberechtigten, mindestens jedoch von drei Wahlberechtigten unterzeichnet sein. Familienname, Vorname, Geburtsdatum, Art der Beschäftigung sowie erforderlichenfalls Betrieb oder Dienststelle der Bewerber oder Bewerberinnen sind anzugeben. Dem Wahlvorschlag ist die schriftliche Zustimmung der Bewerber oder Bewerberinnen beizufügen.
(3) Eine Person, die sich bewirbt, kann nur auf einem Wahlvorschlag benannt werden, es sei denn, sie ist in einem Wahlvorschlag als Schwerbehindertenvertretung und in einem anderen Wahlvorschlag als stellvertretendes Mitglied benannt. Der Wahlvorschlag fordert eine Person, die mit ihrer schriftlichen Zustimmung auf mehreren Wahlvorschlägen für dasselbe Amt benannt ist, auf, innerhalb von drei Arbeitstagen zu erklären, auf welchem der Wahlvorschläge sie benannt bleiben will. Wird diese Erklärung nicht fristgerecht abgegeben, wird der Bewerber oder die Bewerberin von sämtlichen Wahlvorschlägen gestrichen.
(4) Die Unterschrift eines Wahlberechtigten zählt nur auf einem Wahlvorschlag. Der Wahlvorstand hat einen Wahlberechtigten, der mehrere Wahlvorschläge unterzeichnet hat, schriftlich gegen Empfangsbestätigung aufzufordern, binnen drei Arbeitstagen seit dem Zugang der Aufforderung zu erklären, welche Unterschrift er aufrechterhält. Gibt der Wahlberechtigte diese Erklärung nicht fristgerecht ab, zählt seine Unterschrift auf keinem Wahlvorschlag.

§ 7 Nachfrist für Wahlvorschläge

(1) Ist nach Ablauf der in § 6 Abs. 1 genannten Frist kein gültiger Wahlvorschlag für die Wahl der Schwerbehindertenvertretung eingegangen, hat dies der Wahlvorstand sofort in der gleichen Weise bekannt zu machen wie das Wahlausschreiben und eine Nachfrist von einer Woche für die Einreichung von Wahlvorschlägen zu setzen. In der Bekanntmachung ist darauf hinzuweisen, dass die Wahl nur stattfinden kann, wenn innerhalb der Nachfrist mindestens ein gültiger Wahlvorschlag eingereicht wird.
(2) Gehen innerhalb der Nachfrist gültige Wahlvorschläge für die Wahl der Schwerbehindertenvertretung nicht ein, hat der Wahlvorstand sofort bekannt zu machen, dass die Wahl nicht stattfindet.
(3) Absatz 1 Satz 1 gilt entsprechend, wenn für die Wahl des stellvertretenden Mitglieds kein gültiger Wahlvorschlag eingeht oder wenn die Zahl der für dieses Amt gültig vorgeschlagenen Bewerber oder Bewerberinnen nicht der vom Wahlvorstand beschlossenen Zahl der stellvertretenden Mitglieder entspricht.

§ 8 Bekanntmachung der Bewerber und Bewerberinnen

Der Wahlvorstand macht spätestens eine Woche vor Beginn der Stimmabgabe die Namen der Bewerber und Bewerberinnen aus gültigen Wahlvorschlägen in alphabetischer Reihenfolge, getrennt nach Bewerbungen für die Schwerbehindertenvertretung und als stellvertretendes Mitglied, bis zum Abschluss der Stimmabgabe in gleicher Weise bekannt wie das Wahlausschreiben.

Zweiter Abschnitt
Durchführung der Wahl

§ 9 Stimmabgabe

(1) Wer wahlberechtigt ist, kann seine Stimme nur für eine Person abgeben, die rechtswirksam als Bewerber oder Bewerberin vorgeschlagen ist.
(2) Das Wahlrecht wird durch Abgabe eines Stimmzettels in einem Wahlumschlag ausgeübt. Auf dem Stimmzettel sind die Personen, die sich für das Amt der Schwerbehindertenvertretung und als stellvertretendes Mitglied bewerben, getrennt in alphabetischer Reihenfolge unter Angabe von Familienname, Vorname, Geburtsdatum und Art der Beschäftigung aufgeführt. Die Stimmzettel müssen sämtlich die gleiche Größe, Farbe, Beschaffenheit und Beschriftung haben. Das Gleiche gilt für die Wahlumschläge.
(3) Werden mehrere stellvertretende Mitglieder gewählt, soll der Stimmzettel einen Hinweis darauf enthalten, wie viele Bewerber oder Bewerberinnen im Höchstfall angekreuzt werden dürfen.
(4) Bei der Stimmabgabe wird durch Ankreuzen an der im Stimmzettel jeweils vorgesehenen Stelle die von dem Wählenden gewählte Person für das Amt der Schwerbehindertenvertretung und der Stellvertretung gekennzeichnet. Werden mehrere stellvertretende Mitglieder gewählt, können Bewerber oder Bewerberinnen in entsprechender Anzahl angekreuzt werden.
(5) Stimmzettel, auf denen mehr als die zulässige Anzahl der Bewerber und Bewerberinnen angekreuzt oder die mit einem besonderen Merkmal versehen sind oder aus denen sich der Wille des Wählers oder der Wählerin nicht zweifelsfrei ergibt, sind ungültig.

§ 10 Wahlvorgang

(1) Der Wahlvorstand hat geeignete Vorkehrungen für die unbeobachtete Kennzeichnung der Stimmzettel im Wahlraum zu treffen und für die Bereitstellung einer Wahlurne oder mehrerer Wahlurnen zu sorgen. Die Wahlurne muss vom Wahlvorstand verschlossen und so eingerichtet sein, dass die eingeworfenen Wahlumschläge nicht herausgenommen werden können, ohne dass die Urne geöffnet wird.
(2) Während der Wahl müssen immer mindestens zwei Mitglieder des Wahlvorstandes im Wahlraum anwesend sein; sind Wahlhelfer oder Wahlhelferinnen bestellt (§ 2 Abs. 1 Satz 2), genügt die Anwesenheit eines Mitgliedes des Wahlvorstandes und eines Wahlhelfers oder einer Wahlhelferin.
(3) Der Wähler oder die Wählerin händigt den Wahlumschlag, in den der Stimmzettel eingelegt ist, dem mit der Entgegennahme der Wahlumschläge betrauten Mitglied des Wahlvorstandes aus, wobei der Name des Wählers oder der Wählerin angegeben wird. Der Wahlumschlag ist in

Gegenwart des Wählers oder der Wählerin in die Wahlurne einzuwerfen, nachdem die Stimmabgabe in der Liste der Wahlberechtigten vermerkt worden ist.
(4) Wer infolge seiner Behinderung bei der Stimmabgabe beeinträchtigt ist, bestimmt eine Person, die ihm bei der Stimmabgabe behilflich sein soll, und teilt dies dem Wahlvorstand mit. Personen, die sich bei der Wahl bewerben, Mitglieder des Wahlvorstandes sowie Wahlhelfer und Wahlhelferinnen dürfen nicht als Person nach Satz 1 bestimmt werden. Die Hilfeleistung beschränkt sich auf die Erfüllung der Wünsche des Wählers oder der Wählerin zur Stimmabgabe; die nach Satz 1 bestimmte Person darf gemeinsam mit dem Wähler oder der Wählerin die Wahlzelle aufsuchen. Die nach Satz 1 bestimmte Person ist zur Geheimhaltung der Kenntnisse verpflichtet, die sie bei der Hilfeleistung von der Wahl einer anderen Person erlangt hat. Die Sätze 1 bis 4 gelten entsprechend für des Lesens unkundige Wähler und Wählerinnen.
(5) Nach Abschluss der Wahl ist die Wahlurne zu versiegeln, wenn die Stimmenzählung nicht unmittelbar nach Beendigung der Wahl durchgeführt wird.

§ 11 Schriftliche Stimmabgabe

(1) Der Wahlvorstand übergibt oder übersendet den Wahlberechtigten, die an der persönlichen Stimmabgabe verhindert sind, auf deren Verlangen
1. das Wahlausschreiben,
2. den Stimmzettel und den Wahlumschlag,
3. eine vorgedruckte Erklärung, die der Wähler oder die Wählerin abgibt,
4. einen größeren Freiumschlag, der die Anschrift des Wahlvorstandes und als Absender Namen und Anschrift der wahlberechtigten Person sowie den Vermerk »Schriftliche Stimmabgabe« trägt.

In der Erklärung nach Nummer 3 versichert der Wähler oder die Wählerin gegenüber dem Wahlvorstand, dass er oder sie den Stimmzettel persönlich gekennzeichnet hat oder unter den Voraussetzungen des § 10 Abs. 4 durch eine andere Person hat kennzeichnen lassen. Der Wahlvorstand soll zusätzlich zu den Unterlagen nach Nummer 1 bis 4 ein Merkblatt über die schriftliche Stimmabgabe übersenden oder übergeben. Er vermerkt die Übergabe oder Übersendung der Unterlagen in der Liste der Wahlberechtigten.
(2) Der Wahlvorstand kann die schriftliche Stimmabgabe beschließen. Für diesen Fall sind die in Absatz 1 bezeichneten Unterlagen den Wahlberechtigten unaufgefordert zu übersenden.
(3) Die Stimmabgabe erfolgt in der Weise, dass der Wähler oder die Wählerin
1. den Stimmzettel unbeobachtet persönlich kennzeichnet und in den Wahlumschlag einlegt,
2. die vorgedruckte Erklärung unter Angabe des Ortes und des Datums unterschreibt und
3. den Wahlumschlag und die unterschriebene, vorgedruckte Erklärung in dem Freiumschlag verschließt und diesen so rechtzeitig an den Wahlvorstand absendet oder übergibt, dass er vor Abschluss der Wahl vorliegt.

Der Wähler oder die Wählerin kann unter den Voraussetzungen des § 10 Abs. 4 die in den Nummern 1 bis 3 bezeichneten Tätigkeiten durch eine andere Person verrichten lassen.

§ 12 Behandlung der schriftlich abgegebenen Stimmen

(1) Unmittelbar vor Abschluss der Wahl öffnet der Wahlvorstand in öffentlicher Sitzung die bis zu diesem Zeitpunkt eingegangenen Freiumschläge und entnimmt ihnen die Wahlumschläge sowie die vorgedruckten Erklärungen. Ist die schriftliche Stimmabgabe ordnungsgemäß erfolgt

(§ 11), legt der Wahlvorstand die Wahlumschläge nach Vermerk der Stimmabgabe in der Liste der Wahlberechtigten ungeöffnet in die Wahlurne.
(2) Verspätet eingehende Freiumschläge hat der Wahlvorstand mit einem Vermerk über den Zeitpunkt des Eingangs ungeöffnet zu den Wahlunterlagen zu nehmen. Sie sind einen Monat nach Bekanntgabe des Wahlergebnisses ungeöffnet zu vernichten, wenn die Wahl nicht angefochten ist.

§ 13 Feststellung des Wahlergebnisses

(1) Unverzüglich nach Abschluss der Wahl nimmt der Wahlvorstand öffentlich die Auszählung der Stimmen vor und stellt das Ergebnis fest.
(2) Gewählt für das Amt der Schwerbehindertenvertretung oder als stellvertretendes Mitglied ist der Bewerber oder die Bewerberin, der oder die jeweils die meisten Stimmen erhalten hat. Bei Stimmengleichheit entscheidet das Los.
(3) Werden mehrere stellvertretende Mitglieder gewählt, ist als zweites stellvertretendes Mitglied der Bewerber oder die Bewerberin mit der zweithöchsten Stimmenzahl gewählt. Entsprechendes gilt für die Wahl weiterer stellvertretender Mitglieder. Für die Wahl und die Reihenfolge stellvertretender Mitglieder gilt Absatz 2 Satz 2 entsprechend.
(4) Der Wahlvorstand fertigt eine Niederschrift des Wahlergebnisses, die von dem oder der Vorsitzenden sowie mindestens einem weiteren Mitglied des Wahlvorstandes unterschrieben wird. Die Niederschrift muss die Zahl der abgegebenen gültigen und ungültigen Stimmzettel, die auf jeden Bewerber und jede Bewerberin entfallenen Stimmenzahlen sowie die Namen der gewählten Bewerber und Bewerberinnen enthalten.

§ 14 Benachrichtigung der Gewählten und Annahme der Wahl

(1) Der Wahlvorstand benachrichtigt die für das Amt der Schwerbehindertenvertretung oder als stellvertretendes Mitglied Gewählten unverzüglich schriftlich gegen Empfangsbestätigung von ihrer Wahl. Erklärt eine gewählte Person nicht innerhalb von drei Arbeitstagen nach Zugang der Benachrichtigung dem Wahlvorstand ihre Ablehnung der Wahl, ist diese angenommen.
(2) Wird eine Wahl abgelehnt, tritt an die Stelle der Person, die abgelehnt hat, der Bewerber oder die Bewerberin für das Amt der Schwerbehindertenvertretung oder als stellvertretendes Mitglied mit der nächsthöheren Stimmenzahl. Satz 1 gilt für die Wahl mehrerer stellvertretender Mitglieder mit der Maßgabe, dass jeweils der Bewerber oder die Bewerberin mit der nächsthöheren Stimmenzahl nachrückt.

§ 15 Bekanntmachung der Gewählten

Sobald die Namen der Personen, die das Amt der Schwerbehindertenvertretung oder des stellvertretenden Mitglieds innehaben, endgültig feststehen, hat der Wahlvorstand sie durch zweiwöchigen Aushang in gleicher Weise wie das Wahlausschreiben bekannt zu machen (§ 5 Abs. 2) sowie unverzüglich dem Arbeitgeber und dem Betriebs- oder Personalrat mitzuteilen.

§ 16 Aufbewahrung der Wahlunterlagen

Die Wahlunterlagen, insbesondere die Niederschriften, Bekanntmachungen und Stimmzettel, werden von der Schwerbehindertenvertretung mindestens bis zur Beendigung der Wahlperiode aufbewahrt.

§ 17 Nachwahl des stellvertretenden Mitglieds

Scheidet das einzige stellvertretende Mitglied aus oder ist ein stellvertretendes Mitglied noch nicht gewählt, bestellt die Schwerbehindertenvertretung unverzüglich einen Wahlvorstand. Der Wahlvorstand hat die Wahl eines oder mehrerer stellvertretender Mitglieder für den Rest der Amtszeit der Schwerbehindertenvertretung unverzüglich einzuleiten. Im übrigen gelten die §§ 1 bis 16 entsprechend.

Dritter Abschnitt
Vereinfachtes Wahlverfahren

§ 18 Voraussetzungen

Besteht der Betrieb oder die Dienststelle nicht aus räumlich weit auseinander liegenden Teilen und sind dort weniger als fünfzig Wahlberechtigte beschäftigt, ist die Schwerbehindertenvertretung in einem vereinfachten Wahlverfahren nach Maßgabe der folgenden Vorschriften zu wählen.

§ 19 Vorbereitung der Wahl

(1) Spätestens drei Wochen vor Ablauf ihrer Amtszeit lädt die Schwerbehindertenvertretung die Wahlberechtigten durch Aushang oder sonst in geeigneter Weise zur Wahlversammlung ein.
(2) Ist in dem Betrieb oder der Dienststelle eine Schwerbehindertenvertretung nicht vorhanden, können drei Wahlberechtigte, der Betriebs- oder Personalrat oder das Integrationsamt zur Wahlversammlung einladen.

§ 20 Durchführung der Wahl

(1) Die Wahlversammlung wird von einer Person geleitet, die mit einfacher Stimmenmehrheit gewählt wird (Wahlleitung). Die Wahlversammlung kann zur Unterstützung der Wahlleitung Wahlhelfer oder Wahlhelferinnen bestimmen.
(2) Die Wahlversammlung beschließt mit einfacher Stimmenmehrheit, wie viele stellvertretende Mitglieder zu wählen sind. Die Schwerbehindertenvertretung und ein oder mehrere stellvertretende Mitglieder werden in getrennten Wahlgängen gewählt; mehrere stellvertretende Mitglieder werden in einem gemeinsamen Wahlgang gewählt. Jede Person, die wahlberechtigt ist, kann Personen zur Wahl der Schwerbehindertenvertretung und ihrer stellvertretenden Mitglieder vorschlagen.
(3) Das Wahlrecht wird durch Abgabe eines Stimmzettels in einem Wahlumschlag ausgeübt. Auf dem Stimmzettel sind von der Wahlleitung die vorgeschlagenen Personen in alphabetischer Reihenfolge unter Angabe von Familienname und Vorname aufzuführen; die Stimmzettel und Wahlumschläge müssen sämtlich die gleiche Größe, Farbe, Beschaffenheit und Beschriftung

haben. Die Wahlleitung verteilt die Stimmzettel und trifft Vorkehrungen, dass die Wähler und Wählerinnen ihre Stimme unbeobachtet abgeben können; § 9 Abs. 4 gilt entsprechend. Der Wähler oder die Wählerin übergibt den Wahlumschlag, in dem der Stimmzettel eingelegt ist, der Wahlleitung. Diese legt den Wahlumschlag in Gegenwart des Wählers oder der Wählerin ungeöffnet in einen dafür bestimmten Behälter und hält den Namen des Wählers oder der Wählerin in einer Liste fest. Unverzüglich nach Beendigung der Wahlhandlung zählt sie öffentlich die Stimmen aus und stellt das Ergebnis fest.
(4) § 13 Abs. 2 und 3 sowie die §§ 14 bis 16 gelten entsprechend.
(5) Die Wahlversammlung der Schwerbehindertenvertretung kann im vereinfachten Wahlverfahren mittels Video- und Telefonkonferenz erfolgen, wenn sichergestellt ist, dass Dritte vom Inhalt der Sitzung keine Kenntnis nehmen können. Eine Aufzeichnung ist unzulässig. Für die Ausübung des Wahlrechts durch Stimmabgabe bei der Wahl der Schwerbehindertenvertretung und ihrer stellvertretenden Mitglieder gilt § 11 entsprechend.

§ 21 Nachwahl des stellvertretenden Mitglieds

Scheidet das einzige stellvertretende Mitglied aus oder ist ein stellvertretendes Mitglied noch nicht gewählt, lädt die Schwerbehindertenvertretung die Wahlberechtigten unverzüglich zur Wahlversammlung zur Wahl eines oder mehrerer stellvertretender Mitglieder ein. Im übrigen gelten die §§ 18 bis 20 entsprechend.

Zweiter Teil
Wahl der Konzern-, Gesamt-, Bezirks- und Hauptschwerbehindertenvertretung in Betrieben und Dienststellen

§ 22 Wahlverfahren

(1) Konzern-, Gesamt-, Bezirks- und Hauptschwerbehindertenvertretung werden durch schriftliche Stimmabgabe gewählt (§§ 11, 12). Im Übrigen sind § 1 Abs. 1, §§ 2 bis 4, 7 bis 10 und 13 bis 17 sinngemäß anzuwenden. § 1 Abs. 2 findet sinngemäß mit der Maßgabe Anwendung, dass sich die Wahlberechtigten auch in sonst geeigneter Weise über die Bestellung eines Wahlvorstandes einigen können. § 6 findet sinngemäß mit der Maßgabe Anwendung, dass bei weniger als fünf Wahlberechtigten die Unterzeichnung eines Wahlvorschlages durch einen Wahlberechtigten ausreicht.
(2) Bei nur zwei Wahlberechtigten bestimmen diese im beiderseitigen Einvernehmen abweichend von Absatz 1 die Konzern-, Gesamt-, Bezirks- oder Hauptschwerbehindertenvertretung. Kommt eine Einigung nicht zustande, entscheidet das Los.
(3) Sofern rechtzeitig vor Ablauf der Amtszeit der Konzern-, Gesamt-, Bezirks- oder Hauptschwerbehindertenvertretung eine Versammlung nach § 180 Absatz 8 des Neunten Buches Sozialgesetzbuch stattfindet, kann die Wahl abweichend von Absatz 1 im Rahmen dieser Versammlung durchgeführt werden. § 20 findet entsprechende Anwendung.

Dritter Teil
Wahl der Schwerbehindertenvertretung, Bezirks- und Hauptschwerbehindertenvertretung der schwerbehinderten Staatsanwälte und Staatsanwältinnen

§ 23 Wahlverfahren

Für die Wahl der Schwerbehindertenvertretung, der Bezirks- und Hauptschwerbehindertenvertretung der schwerbehinderten Staatsanwälte und Staatsanwältinnen in den Fällen des § 177 Abs. 1 Satz 3 des Neunten Buches Sozialgesetzbuch gelten die Vorschriften des Ersten und Zweiten Teils entsprechend.

Vierter Teil
Wahl der Schwerbehindertenvertretung, Bezirks- und Hauptschwerbehindertenvertretung der schwerbehinderten Richter und Richterinnen

§ 24 Vorbereitung der Wahl der Schwerbehindertenvertretung der Richter und Richterinnen

(1) Spätestens acht Wochen vor Ablauf ihrer Amtszeit lädt die Schwerbehindertenvertretung der schwerbehinderten Richter und Richterinnen die Wahlberechtigten schriftlich oder durch Aushang zu einer Wahlversammlung ein. Die Einladung muss folgende Angaben enthalten:
1. die Voraussetzungen der Wählbarkeit zur Schwerbehindertenvertretung,
2. den Hinweis über eine für Zwecke der Wahl erfolgte Zusammenfassung von Gerichten,
3. den Hinweis, wo und wann die Liste der Wahlberechtigten und diese Verordnung zur Einsicht ausliegen,
4. Ort, Tag und Zeit der Wahlversammlung.

(2) Ist in dem Gericht eine Schwerbehindertenvertretung der schwerbehinderten Richter und Richterinnen nicht vorhanden, laden drei wahlberechtigte Richter und Richterinnen, der Richterrat oder der Präsidialrat zu der Wahlversammlung ein. Das Recht des Integrationsamtes, zu einer solchen Versammlung einzuladen (§ 177 Absatz 6 Satz 4 des Neunten Buches Sozialgesetzbuch), bleibt unberührt.

§ 25 Durchführung der Wahl

(1) Die Wahlversammlung beschließt unter dem Vorsitz des oder der lebensältesten Wahlberechtigten das Wahlverfahren und die Anzahl der stellvertretenden Mitglieder der Schwerbehindertenvertretung.

(2) Die Leitung der Wahlversammlung hat die Gewählten unverzüglich von ihrer Wahl zu benachrichtigen. § 14 Abs. 1 Satz 2 und Abs. 2 sowie die
§§ 15 und 16 gelten entsprechend.

§ 26 Nachwahl des stellvertretenden Mitglieds

Scheidet das einzige stellvertretende Mitglied vorzeitig aus dem Amt aus oder ist ein stellvertretendes Mitglied noch nicht gewählt, lädt die Schwerbehindertenvertretung der schwerbehinderten Richter und Richterinnen unverzüglich zur Wahlversammlung zur Wahl eines oder mehrerer stellvertretender Mitglieder für den Rest ihrer Amtszeit ein. Im Übrigen gelten die §§ 24 und 25 entsprechend.

§ 27 Wahl der Bezirks- und Hauptschwerbehindertenvertretung der schwerbehinderten Richter und Richterinnen

Für die Wahl der Bezirks- und Hauptschwerbehindertenvertretung der schwerbehinderten Richter und Richterinnen gelten die §§ 24 bis 26 entsprechend.

Fünfter Teil Schlussvorschriften

§ 28 (weggefallen)

§ 29 (Inkrafttreten)

Anhang 3
Betriebsverfassungsgesetz (BetrVG)

in der Fassung der Bekanntmachung vom 25. September 2001 (BGBl. I S. 2518), zuletzt geändert durch Artikel 1 des Gesetzes vom 19. Juli 2024 (BGBl. 2024 I Nr. 248).

– Auszüge –

§ 19
Wahlanfechtung

(1) Die Wahl kann beim Arbeitsgericht angefochten werden, wenn gegen wesentliche Vorschriften über das Wahlrecht, die Wählbarkeit oder das Wahlverfahren verstoßen worden ist und eine Berichtigung nicht erfolgt ist, es sei denn, dass durch den Verstoß das Wahlergebnis nicht geändert oder beeinflusst werden konnte.
(2) Zur Anfechtung berechtigt sind mindestens drei Wahlberechtigte, eine im Betrieb vertretene Gewerkschaft oder der Arbeitgeber. Die Wahlanfechtung ist nur binnen einer Frist von zwei Wochen, vom Tage der Bekanntgabe des Wahlergebnisses an gerechnet, zulässig.
(3) Die Anfechtung durch die Wahlberechtigten ist ausgeschlossen, soweit sie darauf gestützt wird, dass die Wählerliste unrichtig ist, wenn nicht zuvor aus demselben Grund ordnungsgemäß Einspruch gegen die Richtigkeit der Wählerliste eingelegt wurde. Dies gilt nicht, wenn die anfechtenden Wahlberechtigten an der Einlegung eines Einspruchs gehindert waren. Die Anfechtung durch den Arbeitgeber ist ausgeschlossen, soweit sie darauf gestützt wird, dass die Wählerliste unrichtig ist und wenn diese Unrichtigkeit auf seinen Angaben beruht.

§ 20
Wahlschutz und Wahlkosten

(1) Niemand darf die Wahl des Betriebsrats behindern. Insbesondere darf kein Arbeitnehmer in der Ausübung des aktiven und passiven Wahlrechts beschränkt werden.
(2) Niemand darf die Wahl des Betriebsrats durch Zufügung oder Androhung von Nachteilen oder durch Gewährung oder Versprechen von Vorteilen beeinflussen.
(3) Die Kosten der Wahl trägt der Arbeitgeber. Versäumnis von Arbeitszeit, die zur Ausübung des Wahlrechts, zur Betätigung im Wahlvorstand oder zur Tätigkeit als Vermittler (§ 18a) erforderlich ist, berechtigt den Arbeitgeber nicht zur Minderung des Arbeitsentgelts.

§ 103
Außerordentliche Kündigung und Versetzung in besonderen Fällen

(1) Die außerordentliche Kündigung von Mitgliedern des Betriebsrats, der Jugend- und Auszubildendenvertretung, der Bordvertretung und des Seebetriebsrats, des Wahlvorstands sowie von Wahlbewerbern bedarf der Zustimmung des Betriebsrats.
(2) Verweigert der Betriebsrat seine Zustimmung, so kann das Arbeitsgericht sie auf Antrag des Arbeitgebers ersetzen, wenn die außerordentliche Kündigung unter Berücksichtigung aller

Umstände gerechtfertigt ist. In dem Verfahren vor dem Arbeitsgericht ist der betroffene Arbeitnehmer Beteiligter.

(2a) Absatz 2 gilt entsprechend, wenn im Betrieb kein Betriebsrat besteht.

(3) Die Versetzung der in Absatz 1 genannten Personen, die zu einem Verlust des Amtes oder der Wählbarkeit führen würde, bedarf der Zustimmung des Betriebsrats; dies gilt nicht, wenn der betroffene Arbeitnehmer mit der Versetzung einverstanden ist. Absatz 2 gilt entsprechend mit der Maßgabe, dass das Arbeitsgericht die Zustimmung zu der Versetzung ersetzen kann, wenn diese auch unter Berücksichtigung der betriebsverfassungsrechtlichen Stellung des betroffenen Arbeitnehmers aus dringenden betrieblichen Gründen notwendig ist.

Anhang 4
Bundespersonalvertretungsgesetz (BPersVG)

vom 9. Juni 2021 (BGBl. I S. 1614), zuletzt durch Artikel 11 des Gesetzes vom 28. Oktober 2025 (BGBl. 2025 I Nr. 259) geändert.

– Auszüge –

§ 25
[Schutz und Kosten der Wahl]

(1) Niemand darf die Wahl des Personalrates behindern oder in einer gegen die guten Sitten verstoßenden Weise beeinflussen. Insbesondere dürfen Wahlberechtigte nicht in der Ausübung des aktiven und passiven Wahlrechts beschränkt werden. § 55 Absatz 1 und 2 Satz 1 und 2 gilt für Mitglieder des Wahlvorstands und Wahlbewerber entsprechend.
(2) Die Kosten der Wahl trägt der Bund. Notwendige Versäumnis von Arbeitszeit infolge der Ausübung des Wahlrechts, der Teilnahme an den in den §§ 22 und 24 Absatz 1 genannten Personalversammlungen oder der Betätigung im Wahlvorstand hat keine Minderung der Dienstbezüge oder des Arbeitsentgeltes zur Folge. Für die Mitglieder des Wahlvorstandes gelten § 46 Absatz 2 und § 51 Satz 2 entsprechend.

§ 26
[Anfechtung der Wahl]

Mindestens drei Wahlberechtigte, jede in der Dienststelle vertretene Gewerkschaft oder die Leiterin oder der Leiter der Dienststelle können binnen einer Frist von zwölf Arbeitstagen, vom Tag der Bekanntgabe des Wahlergebnisses an gerechnet, die Wahl beim Verwaltungsgericht anfechten, wenn gegen wesentliche Vorschriften über das Wahlrecht, die Wählbarkeit oder das Wahlverfahren verstoßen worden und eine Berichtigung nicht erfolgt ist, es sei denn, dass durch den Verstoß das Wahlergebnis nicht geändert oder beeinflusst werden konnte.

§ 46
[Kosten der Personalratstätigkeit]

(1) Die durch die Tätigkeit des Personalrats und seiner Mitglieder entstehenden Kosten trägt der Bund.
(2) Mitglieder des Personalrats erhalten bei Reisen, die zur Erfüllung ihrer Aufgaben notwendig sind, Aufwendungsersatz in entsprechender Anwendung der beamtenrechtlichen Bestimmungen zu Reisekosten und Trennungsgeld. Für den Ersatz von Sachschäden an privaten Kraftfahrzeugen gelten die beamtenrechtlichen Bestimmungen entsprechend.

§ 47
[Sachaufwand und Büropersonal]

Für die Sitzungen, die Sprechstunden und die laufende Geschäftsführung hat die Dienststelle dem Personalrat Räume, Geschäftsbedarf, in der Dienststelle üblicherweise genutzte Informations- und Kommunikationstechnik sowie Büropersonal in dem zur sachgerechten Wahrnehmung seiner Aufgaben erforderlichen Umfang zur Verfügung zu stellen.

§ 48
[Bekanntmachung und Aushänge]

Dem Personalrat werden in den Dienststellen geeignete Plätze für Bekanntmachungen und Aushänge zur Verfügung gestellt. Er kann Mitteilungen an die Beschäftigten über Angelegenheiten, die sie betreffen, herausgeben. Für Informationen nach den Sätzen 1 und 2 kann der Personalrat die in der Dienststelle üblicherweise genutzten Informations- und Kommunikationssysteme nutzen.

§ 49
[Verbot der Beitragserhebung]

Der Personalrat darf für seine Zwecke von den Beschäftigten keine Beiträge erhaben oder annehmen.

§ 50
[Ehrenamtlichkeit]

Die Mitglieder des Personalrats führen ihr Amt unentgeltlich als Ehrenamt.

§ 51
[Versäumnis von Arbeitszeit]

Die zur ordnungsgemäßen Durchführung der Aufgaben des Personalrats erforderliche Versäumnis von Arbeitszeit hat keine Minderung der Dienstbezüge oder des Arbeitsentgelts zur Folge. Werden Personalratsmitglieder durch die Erfüllung ihrer Aufgaben über ihre regelmäßige Arbeitszeit hinaus beansprucht, so ist ihnen Dienstbefreiung in entsprechendem Umfang zu gewähren.

§ 52
[Freistellung]

(1) Mitglieder des Personalrats sind von ihrer dienstlichen Tätigkeit freizustellen, wenn und soweit es nach Umfang und Art der Dienststelle zur ordnungsgemäßen Durchführung ihrer Aufgaben erforderlich ist. Die Freistellung darf nicht zur Beeinträchtigung des beruflichen Werdegangs führen.
(2) Von ihrer dienstlichen Tätigkeit sind nach Absatz 1 freizustellen in Dienststellen mit in der Regel

1. 300 bis 600 Beschäftigten ein Mitglied,
2. 601 bis 1000 Beschäftigten zwei Mitglieder,
3. 1001 bis 2000 Beschäftigten drei Mitglieder,
4. 2001 bis 3000 Beschäftigten vier Mitglieder,
5. 3001 bis 4000 Beschäftigten fünf Mitglieder,
6. 4001 bis 5000 Beschäftigten sechs Mitglieder,
7. 5001 bis 6000 Beschäftigten sieben Mitglieder,
8. 6001 bis 7000 Beschäftigten acht Mitglieder,
9. 7001 bis 8000 Beschäftigten neun Mitglieder,
10. 8001 bis 9000 Beschäftigten zehn Mitglieder,
11. 9001 bis 10 000 Beschäftigten elf Mitglieder.

In Dienststellen mit mehr als 10 000 Beschäftigten ist für je angefangene weitere 2000 Beschäftigte ein weiteres Mitglied freizustellen. Von den Sätzen 1 und 2 kann im Einvernehmen zwischen Personalrat und der Leiterin oder dem Leiter der Dienststelle abgewichen werden.

(3) Freistellungen können in Form von Teilfreistellungen erfolgen. Diese dürfen zusammengenommen nicht den Umfang der Freistellungen nach Absatz 2 überschreiten. Freistellungen müssen mindestens 20 Prozent der regelmäßigen wöchentlichen Arbeitszeit betragen.

(4) Die von ihrer dienstlichen Tätigkeit vollständig freigestellten Personalratsmitglieder erhalten eine monatliche Aufwandsentschädigung. Die Bundesregierung bestimmt durch Rechtsverordnung, die nicht der Zustimmung des Bundesrates bedarf, die Höhe der Aufwandsentschädigung. Nur teilweise, aber mindestens für die Hälfte der regelmäßigen Arbeitszeit freigestellte Personalratsmitglieder erhalten die Hälfte der Aufwandsentschädigung.

§ 127
[Besonderer Schutz von Funktionsträgern]

(1) Die außerordentliche Kündigung von Mitgliedern der Personalvertretungen, der Jugendvertretungen oder der Jugend- und Auszubildendenvertretungen, der Wahlvorstände sowie von Wahlbewerberinnen und Wahlbewerbern, die in einem Arbeitsverhältnis stehen, bedarf der Zustimmung der zuständigen Personalvertretung. Verweigert die zuständige Personalvertretung ihre Zustimmung oder äußert sie sich nicht innerhalb von drei Arbeitstagen nach Eingang des Antrags, so kann das Verwaltungsgericht sie auf Antrag der Leiterin oder des Leiters der Dienststelle ersetzen, wenn die außerordentliche Kündigung unter Berücksichtigung aller Umstände gerechtfertigt ist. In dem Verfahren vor dem Verwaltungsgericht ist die betroffene Person Beteiligte.

(2) Auf Auszubildende, die Mitglied einer Personalvertretung oder einer Jugend- und Auszubildendenvertretung sind, ist § 56 anzuwenden.

§ 128
[Beteiligung bei Kündigungen]

Eine durch den Arbeitgeber ausgesprochene Kündigung des Arbeitsverhältnisses einer oder eines Beschäftigten ist unwirksam, wenn die Personalvertretung nicht beteiligt worden ist.

Anhang 5
Kündigungsschutzgesetz (KSchG)

in der Fassung vom 25. August 1969 (BGBl. I S. 1217), zuletzt geändert durch Art. 2 des Gesetzes vom 14. Juni 2021 (BGBl. I S. 1762).

– Auszüge –

§ 15
Unzulässigkeit der Kündigung

(1) Die Kündigung eines Mitglieds eines Betriebsrats, einer Jugend- und Auszubildendenvertretung, einer Bordvertretung oder eines Seebetriebsrats ist unzulässig, es sei denn, daß Tatsachen vorliegen, die den Arbeitgeber zur Kündigung aus wichtigem Grund ohne Einhaltung einer Kündigungsfrist berechtigen, und daß die nach § 103 des Betriebsverfassungsgesetzes erforderliche Zustimmung vorliegt oder durch gerichtliche Entscheidung ersetzt ist. Nach Beendigung der Amtszeit ist die Kündigung eines Mitglieds eines Betriebsrats, einer Jugend- und Auszubildendenvertretung oder eines Seebetriebsrats innerhalb eines Jahres, die Kündigung eines Mitglieds einer Bordvertretung innerhalb von sechs Monaten, jeweils vom Zeitpunkt der Beendigung der Amtszeit an gerechnet, unzulässig, es sei denn, daß Tatsachen vorliegen, die den Arbeitgeber zur Kündigung aus wichtigem Grund ohne Einhaltung einer Kündigungsfrist berechtigen; dies gilt nicht, wenn die Beendigung der Mitgliedschaft auf einer gerichtlichen Entscheidung beruht.
(2) Die Kündigung eines Mitglieds einer Personalvertretung, einer Jugend- und Auszubildendenvertretung oder einer Jugendvertretung ist unzulässig, es sei denn, daß Tatsachen vorliegen, die den Arbeitgeber zur Kündigung aus wichtigem Grund ohne Einhaltung einer Kündigungsfrist berechtigen, und daß die nach dem Personalvertretungsrecht erforderliche Zustimmung vorliegt oder durch gerichtliche Entscheidung ersetzt ist. Nach Beendigung der Amtszeit der in Satz 1 genannten Personen ist ihre Kündigung innerhalb eines Jahres, vom Zeitpunkt der Beendigung der Amtszeit an gerechnet, unzulässig, es sei denn, daß Tatsachen vorliegen, die den Arbeitgeber zur Kündigung aus wichtigem Grund ohne Einhaltung einer Kündigungsfrist berechtigen; dies gilt nicht, wenn die Beendigung der Mitgliedschaft auf einer gerichtlichen Entscheidung beruht.
(3) Die Kündigung eines Mitglieds eines Wahlvorstands ist vom Zeitpunkt seiner Bestellung an, die Kündigung eines Wahlbewerbers vom Zeitpunkt der Aufstellung des Wahlvorschlags an, jeweils bis zur Bekanntgabe des Wahlergebnisses unzulässig, es sei denn, daß Tatsachen vorliegen, die den Arbeitgeber zur Kündigung aus wichtigem Grund ohne Einhaltung einer Kündigungsfrist berechtigen, und daß die nach § 103 des Betriebsverfassungsgesetzes oder nach dem Personalvertretungsrecht erforderliche Zustimmung vorliegt oder durch eine gerichtliche Entscheidung ersetzt ist. Innerhalb von sechs Monaten nach Bekanntgabe des Wahlergebnisses ist die Kündigung unzulässig, es sei denn, daß Tatsachen vorliegen, die den Arbeitgeber zur Kündigung aus wichtigem Grund ohne Einhaltung einer Kündigungsfrist berechtigen; dies gilt nicht für Mitglieder des Wahlvorstands, wenn dieser durch gerichtliche Entscheidung durch einen anderen Wahlvorstand ersetzt worden ist.

(3a) Die Kündigung eines Arbeitnehmers, der zu einer Betriebs-, Wahl- oder Bordversammlung nach § 17 Abs. 3, § 17a Nr. 3 Satz 2, § 115 Abs. 2 Nr. 8 Satz 1 des Betriebsverfassungsgesetzes einlädt oder die Bestellung eines Wahlvorstands nach § 16 Abs. 2 Satz 1, § 17 Abs. 4, § 17a Nr. 4, § 63 Abs. 3, § 115 Abs. 2 Nr. 8 Satz 2 oder § 116 Abs. 2 Nr. 7 Satz 5 des Betriebsverfassungsgesetzes beantragt, ist vom Zeitpunkt der Einladung oder Antragstellung an bis zur Bekanntgabe des Wahlergebnisses unzulässig, es sei denn, dass Tatsachen vorliegen, die den Arbeitgeber zur Kündigung aus wichtigem Grund ohne Einhaltung einer Kündigungsfrist berechtigen; der Kündigungsschutz gilt für die ersten sechs in der Einladung oder die ersten drei in der Antragstellung aufgeführten Arbeitnehmer. 2Wird ein Betriebsrat, eine Jugend- und Auszubildendenvertretung, eine Bordvertretung oder ein Seebetriebsrat nicht gewählt, besteht der Kündigungsschutz nach Satz 1 vom Zeitpunkt der Einladung oder Antragstellung an drei Monate.
(3b) Die Kündigung eines Arbeitnehmers, der Vorbereitungshandlungen zur Errichtung eines Betriebsrats oder einer Bordvertretung unternimmt und eine öffentlich beglaubigte Erklärung mit dem Inhalt abgegeben hat, dass er die Absicht hat, einen Betriebsrat oder eine Bordvertretung zu errichten, ist unzulässig, soweit sie aus Gründen erfolgt, die in der Person oder in dem Verhalten des Arbeitnehmers liegen, es sei denn, dass Tatsachen vorliegen, die den Arbeitgeber zur Kündigung aus wichtigem Grund ohne Einhaltung einer Kündigungsfrist berechtigen. Der Kündigungsschutz gilt von der Abgabe der Erklärung nach Satz 1 bis zum Zeitpunkt der Einladung zu einer Betriebs-, Wahl- oder Bordversammlung nach § 17 Absatz 3, § 17a Nummer 3 Satz 2, § 115 Absatz 2 Nummer 8 Satz 1 des Betriebsverfassungsgesetzes, längstens jedoch für drei Monate.
(4) Wird der Betrieb stillgelegt, so ist die Kündigung der in den Absätzen 1 bis 3a genannten Personen frühestens zum Zeitpunkt der Stillegung zulässig, es sei denn, daß ihre Kündigung zu einem früheren Zeitpunkt durch zwingende betriebliche Erfordernisse bedingt ist.
(5) Wird eine der in den Absätzen 1 bis 3a genannten Personen in einer Betriebsabteilung beschäftigt, die stillgelegt wird, so ist sie in eine andere Betriebsabteilung zu übernehmen. 2Ist dies aus betrieblichen Gründen nicht möglich, so findet auf ihre Kündigung die Vorschrift des Absatzes 4 über die Kündigung bei Stillegung des Betriebs sinngemäß Anwendung.

§ 16
Neues Arbeitsverhältnis; Auflösung des alten Arbeitsverhältnisses

Stellt das Gericht die Unwirksamkeit der Kündigung einer der in § 15 Abs. 1 bis 3b genannten Personen fest, so kann diese Person, falls sie inzwischen ein neues Arbeitsverhältnis eingegangen ist, binnen einer Woche nach Rechtskraft des Urteils durch Erklärung gegenüber dem alten Arbeitgeber die Weiterbeschäftigung bei diesem verweigern. Im übrigen finden die Vorschriften des § 11 und des § 12 Satz 2 bis 4 entsprechende Anwendung.

Anhang 6
Bürgerliches Gesetzbuch (BGB)

in der Fassung der Bekanntmachung vom 2. Januar 2002 (BGBl. I S. 42, 2909; 2003 I S. 738), zuletzt geändert durch Artikel 1 des Gesetzes vom 17. Juli 2025 (BGBl. 2025 I Nr. 163).

– Auszüge –

§ 186
[Geltungsbereich]

Für die in Gesetzen, gerichtlichen Verfügungen und Rechtsgeschäften enthaltenen Frist- und Terminbestimmungen gelten die Auslegungsvorschriften der §§ 187 bis 193.

§ 187
[Fristbeginn]

(1) Ist für den Anfang einer Frist ein Ereignis oder ein in den Lauf eines Tages fallender Zeitpunkt maßgebend, so wird bei der Berechnung der Frist der Tag nicht mitgerechnet, in welchen das Ereignis oder der Zeitpunkt fällt.
(2) Ist der Beginn eines Tages der für den Anfang einer Frist maßgebende Zeitpunkt, so wird dieser Tag bei der Berechnung der Frist mitgerechnet. Das Gleiche gilt von dem Tag der Geburt bei der Berechnung des Lebensalters.

§ 188
[Fristende]

(1) Eine nach Tagen bestimmte Frist endigt mit dem Ablauf des letzten Tages der Frist.
(2) Eine Frist, die nach Wochen, nach Monaten oder nach einem mehrere Monate umfassenden Zeitraum – Jahr, halbes Jahr, Vierteljahr – bestimmt ist, endigt im Falle des § 187 Abs. 1 mit dem Ablauf desjenigen Tages der letzten Woche oder des letzten Monats, welcher durch seine Benennung oder seine Zahl dem Tage entspricht, in den das Ereignis oder der Zeitpunkt fällt, im Falle des § 187 Abs. 2 mit dem Ablauf desjenigen Tages der letzten Woche oder des letzten Monats, welcher dem Tage vorhergeht, der durch seine Benennung oder seine Zahl dem Anfangstage der Frist entspricht.
(3) Fehlt bei einer nach Monaten bestimmten Frist in dem letzten Monat der für ihren Ablauf maßgebende Tag, so endigt die Frist mit dem Ablauf des letzten Tages dieses Monats.

§ 189
[Berechnung einzelner Fristen]

(1) Unter einem halben Jahr wird eine Frist von sechs Monaten, unter einem Vierteljahr eine Frist von drei Monaten, unter einem halben Monat eine Frist von 15 Tagen verstanden.

(2) Ist eine Frist auf einen oder mehrere ganze Monate und einen halben Monat gestellt, so sind die 15 Tage zuletzt zu zählen.

§ 190
[Fristverlängerung]

Im Falle der Verlängerung einer Frist wird die neue Frist von dem Ablauf der vorigen Frist an berechnet.

§ 191
[Berechnung von Zeiträumen]

Ist ein Zeitraum nach Monaten oder nach Jahren in dem Sinne bestimmt, dass er nicht zusammenhängend zu verlaufen braucht, so wird der Monat zu 30, das Jahr zu 365 Tagen gerechnet.

§ 192
[Anfang, Mitte, Ende des Monats]

Unter Anfang des Monats wird der erste, unter Mitte des Monats der 15., unter Ende des Monats der letzte Tag des Monats verstanden.

§ 193
[Sonn- und Feiertag; Sonnabend]

Ist an einem bestimmten Tag oder innerhalb einer Frist eine Willenserklärung abzugeben oder eine Leistung zu bewirken und fällt der bestimmte Tag oder der letzte Tag der Frist auf einen Sonntag, einen am Erklärungs- oder Leistungsorte staatlich anerkannten allgemeinen Feiertag oder einen Sonnabend, so tritt an die Stelle eines solchen Tages der nächste Werktag.

Anhang 7
Schema für den Ablauf des förmlichen Wahlverfahrens

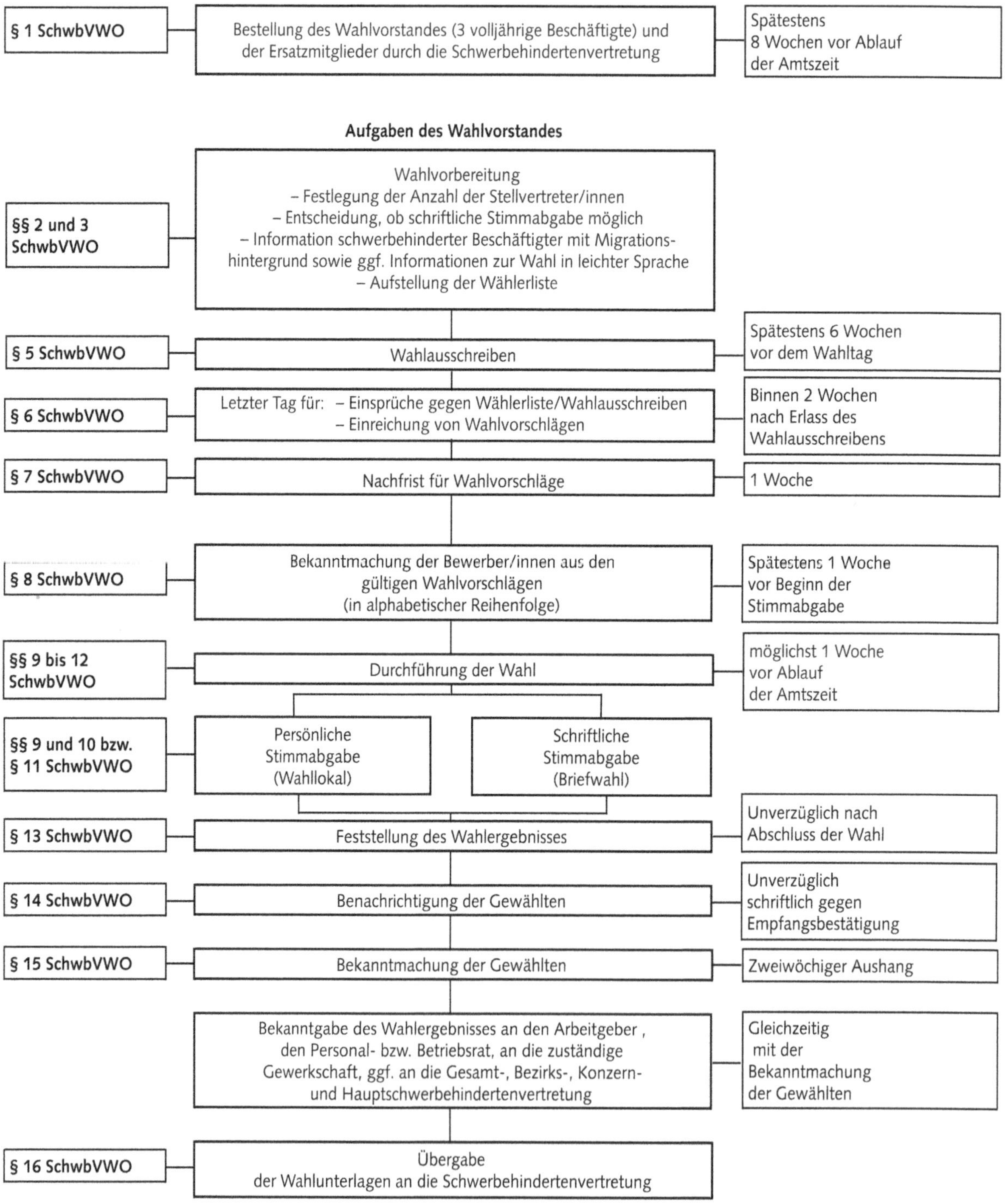

Anhang 8
Terminplan für das förmliche Wahlverfahren

Vorbemerkung:
Die beispielhaft genannten Termine beruhen auf folgenden Annahmen: Die Amtszeit der bisherigen Schwerbehindertenvertretung endet mit Ablauf des 31. Oktober 2026. Die Schwerbehindertenvertretung bestellt am 4. September 2026 den Wahlvorstand. Der Wahlvorstand bestimmt als Wahltag den 24. Oktober 2026.

Die zu beachtenden Fristen werden bis zum Äußersten ausgeschöpft. Das birgt allerdings die Gefahr in sich, dass beim Eintreten unvorhergesehener Verzögerungen der sehr gedrängte Zeitplan nicht eingehalten werden kann und dass die neue Schwerbehindertenvertretung bei Ablauf der Amtszeit der bisherigen Vertrauensperson noch nicht gewählt ist. Um eine vertretungslose Zeit nach Möglichkeit zu vermeiden, empfiehlt es sich deshalb, mit den im Rahmen der Wahlvorbereitung und -durchführung zu treffenden Maßnahmen nicht bis zum jeweils letztmöglichen Termin zu warten.
Insbesondere sollte der Wahlvorstand früher als acht Wochen vor Ende der Amtszeit der bisherigen Vertrauensperson bestellt werden.

Nr.	Ereignisse/Aufgaben	Fristen	Rechtsgrundlagen
1	Ende der Amtszeit der bisherigen Schwerbehindertenvertretung		§ 177 Abs. 5 und 7 SGB IX
2	**Bestellung des Wahlvorstands** durch die bisherige Schwerbehindertenvertretung	Spätestens acht Wochen vor Ablauf der Amtszeit	§ 1 Abs. 1 SchwbVWo
3	**Erste Sitzung des Wahlvorstands,** Beschluss einer Geschäftsordnung, Aufstellung eines Arbeitsplans	Unverzüglichkeit nach Bestellung des Wahlvorstands	§ 2 Abs. 1 Satz 1 und Abs. 3 SchwbVWO
4	Maßnahmen zur Einleitung der Wahl:	Unverzüglichkeit in der Zeit bis zum Erlass des Wahlausschreibens (vgl. Nr. 5)	
	• Festlegung der Zahl der Stellvertreter • Aufstellung der Wählerliste • Beschluss über Briefwahl (§ 11 SchwbVWO)		• § 2 Abs. 4 SchwbVWO • § 3 Abs. 1 SchwbVWO • § 5 Abs. 1 Nr. 13 SchwbVWO • § 2 Abs. 5 SchwbVWO

Nr.	Ereignisse/Aufgaben	Fristen	Rechtsgrundlagen
	• Bestimmung von Ort, Tag und Zeit Stimmabgabe • Information der ausländischen Wahlberechtigten in geeigneter Weise		
5	**Erlass und Aushang des Wahlausschreibens**	Spätestens sechs Wochen vor dem Tag der Wahl (vgl. Nr. 25)	§ 5 Abs. 1 Satz 1 und 2 SchwbVWO
6	**Auslegung der Wählerliste und der Wahlordnung**	Unverzüglich nach Erlass des Wahlausschreibens (vgl. Nr. 25)	§ 3 Abs. 2 in Verbindung mit § 5 Abs. 1 Nr. 4 SchwbVWO
7	**Letzter Tag für Einsprüche** gegen die Richtigkeit der Wählerliste	Ende der Einspruchsfrist von zwei Wochen seit Erlass des Wahlausschreibens	§ 4 Abs. 1 SchwbVWO
8	**Grundsätzlich letzter Tag für die Einreichung von Wahlvorschlägen**	Ende der Einreichungsfrist von zwei Wochen seit Erlass des Wahlausschreibens	§ 6 Abs. 1 Satz 1 SchwbVWO
9	Prüfung der innerhalb der Einreichungsfrist eingereichten Wahlvorschläge durch den Wahlvorstand	Unverzüglich nach Eingang	§ 177 Abs. 6 Satz 2 SGB IX i. V. m. Betriebsverfassungsrecht oder Personalvertretungsrecht
10	Aufforderung an Mehrfachbewerber zur Erklärung, welche Kandidatur aufrechterhalten werden soll; Setzung einer Frist von drei Arbeitstagen	Unverzüglich nach Feststellung der Mehrfachbewertung	§ 6 Abs. 3 Satz 2 SchwbVWO
11	Aufforderung an Mehrfachunterzeichner zur Erklärung, welche Unterschrift aufrechterhalten werden soll; Setzung einer Frist von drei Arbeitstagen	Unverzüglich nach Feststellung der Mehrfachunterzeichnung	§ 6 Abs. 4 Satz 2 SchwbVWO
12	Beanstandung von Wahlvorschlägen mit heilbaren Mängeln dem jeweiligen Listenvertreter gegenüber und Aufforderung zur Mängelbeseitigung	Unverzüglich nach Feststellung der Mängel	§ 177 Abs. 6 Satz 2 SGB IX i. V. m. Betriebsverfassungsrecht oder Personalvertretungsrecht
13	Mitteilung der Ungültigkeit von Wahlvorschlägen an den jeweiligen Listenvertreter	Unverzüglich nach Feststellung der Ungültigkeit	§ 177 Abs. 6 Satz 2 SGB IX. V. m. Betriebsverfassungsrecht oder Personalvertretungsrecht
14	Bekanntmachung, dass innerhalb der Einreichungsfrist kein gültiger Vorschlag für die Wahl der Schwerbehindertenvertretung oder	Unverzüglich nach Ablauf der Einreichungsfrist	§ 7 Abs. 1 und 3 SchwbVWO

Nr.	Ereignisse/Aufgaben	Fristen	Rechtsgrundlagen
	kein ausreichender Wahlvorschlag für den Stellvertreter eingereicht worden ist, und Setzung einer **Nachfrist** für die Einreichung neuer Wahlvorschläge		
15	**Ende der Nachfrist und damit letzter Tag für die Einreichung von Wahlvorschlägen**, wenn wegen fruchtlosen Ablaufs der normalen Einreichungsfrist eine Nachfrist gesetzt worden ist	Ende der Nachfrist von einer Woche seit Bekanntmachung des fruchtlosen Ablaufs der normalen Einreichungsfrist (vgl. Nr. 8 und 14)	§ 7 Abs. 1 und 3 SchwbVWO
16	Prüfung der innerhalb der Nachfrist eingereichten Wahlvorschläge; ggf. Aufforderungen an Mehrfachbewerber und Mehrfachunterzeichner (vgl. Nr. 10 und 11) sowie Beanstandung nachbesserungsfähiger und Mitteilung ungültiger Wahlvorschläge (vgl. Nr. 12 und 13)	Unverzüglich nach Eingang bzw. nach Feststellung der Mehrfachbewerbung oder -unterzeichnung bzw. nach Feststellung der Mängel oder Ungültigkeit	vgl. Nr. 9 bis 13
17	Ausnahmsweise: **Bekanntmachung, dass die Wahl nicht stattfindet – wenn bis zum Ende der Nachfrist kein gültiger Wahlvorschlag vorliegt**	Unverzüglich nach Ablauf der Nachfrist	§ 7 Abs. 2 SchwbVWO
18	Bekanntmachung der Bewerber – getrennt nach Bewerbern für das Amt der Vertrauensperson und für das/die stellvertretende/n Mitglied/er	Spätestens eine Woche vor Beginn der Stimmabgabe	§ 8 SchwbVWO
19	Anfertigung von Stimmzetteln	Rechtzeitig vor Beginn der Stimmabgabe	§ 9 Abs. 2 und 3 SchwbVWO
20	Anfertigung von Wahlumschlägen	Rechtzeitig vor Beginn der Stimmabgabe	§ 9 Abs. 2 SchwbVWO
21	Versendung der Wahlunterlagen für die schriftliche Stimmabgabe	So rechtzeitig, dass die Rücksendung noch vor Abschluss der Stimmabgabe möglich ist	§ 11 SchwbVWO
22	Bestellung von Wahlhelfern	Rechtzeitig vor Beginn der Stimmabgabe	§ 2 Abs. 1 Satz 2 SchwbVWO
23	Beschaffung von Wahlurnen und Einrichtung des Wahllokals	Rechtzeitig vor Beginn der Stimmabgabe	§ 10 Abs. 1 SchwbVWO

Nr.	Ereignisse/Aufgaben	Fristen	Rechtsgrundlagen
24	Letzter Tag für den Zugang der Entscheidungen über Einsprüche gegen die Wählerliste	Spätestens am Tag vor Beginn der Stimmabgabe	§ 4 Abs. 2 Satz 3 SchwbVWO
25	**Tag der Wahl**		
26	Öffnung der Freiumschläge und Entnahme der Wahlumschläge der Briefwähler	Unmittelbar vor Abschluss der Stimmabgabe	§ 12 Abs. 1 SchwbVWO
27	**Feststellung des Wahlergebnisses**	Unverzüglich nach Abschluss der Wahl	§ 13 Abs. 1 SchwbVWO
28	Benachrichtigung der gewählten Bewerber	Unverzüglich nach Feststellung des Wahlergebnisses	§ 14 Abs. 1 Satz 1 SchwbVWO
29	Möglichkeit zur Ablehnung der Wahl	Binnen drei Arbeitstagen nach Zugang der Benachrichtigung (vgl. Nr. 28)	§ 14 Abs. 1 Satz 2 SchwbVWO
30	**Bekanntmachung der Gewählten** mittels zweiwöchigem Aushang	Unverzüglich, nachdem die Gewählten endgültig feststehen	§ 15 SchwbVWO
31	Mitteilung der Gewählten an den Arbeitgeber und an den Betriebs- oder Personalrat	Unverzüglich, nachdem die Gewählten endgültig feststehen	§ 15 SchwbVWO
32	Mitteilung der Gewählten an die zuständige Gewerkschaft	Unverzüglich, nachdem die Gewählten endgültig feststehen	
33	Mitteilung der Gewählten ggf. an die Gesamt-, Bezirks-, Konzern- und Hauptschwerbehindertenvertretung	Unverzüglich, nachdem die Gewählten endgültig feststehen	
34	Benachrichtigung des zuständigen Integrationsamtes und der zuständigen Arbeitsagentur durch den Arbeitgeber	Unverzüglich nach Erhalt der Mitteilung nach Nr. 31	§ 163 Abs. 8 SGB IX
35	**Letzter Tag für die Anfechtung der Wahl** im Geltungsbereich	Ende der Anfechtungsfrist von	§ 177 Abs. 6 Satz 2 SGB IX – i. V. m. Betriebsverfassungsrecht
	a) des Betriebsverfassungsgesetzes sowie des Landespersonalvertretungsrechts in Bayern, Berlin, Bremen, Hamburg, Hessen, Mecklenburg-Vorpommern, Niedersachsen, Nordrhein-Westfalen, im Saarland, in Sachsen-Anhalt und in Schleswig-Holstein;	a) zwei Wochen bzw. vierzehn Kalendertagen;	

Nr.	Ereignisse/Aufgaben	Fristen	Rechtsgrundlagen
	b) des Bundespersonalvertretungsgesetzes sowie des Landespersonalvertretungsrechts in Baden-Württemberg, Rheinland-Pfalz, Sachsen und Thüringen;	b) zwölf Arbeitstagen	
	c) Landespersonalvertretungsrecht in Brandenburg	c) zehn Arbeitstage jeweils seit Bekanntmachung der Gewählten (vgl. Nr. 30)	
36	Vernichtung verspätet eingegangener Briefwahlumschläge	Ein Monat nach Bekanntgabe des Wahlergebnisses, wenn die Wahl nicht angefochten worden ist, andernfalls nach rechtskräftiger Entscheidung über die Wahlanfechtung	§ 12 Abs. 2 Satz 2 SchwbVWO
37	**Aufbewahrung der Wahlakten**	Mindestens bis zur Beendigung der Wahlperiode der gewählten Schwerbehindertenvertretung	§ 16 SchwbVWO

Anhang 9
Schema für den Ablauf des vereinfachten Wahlverfahrens

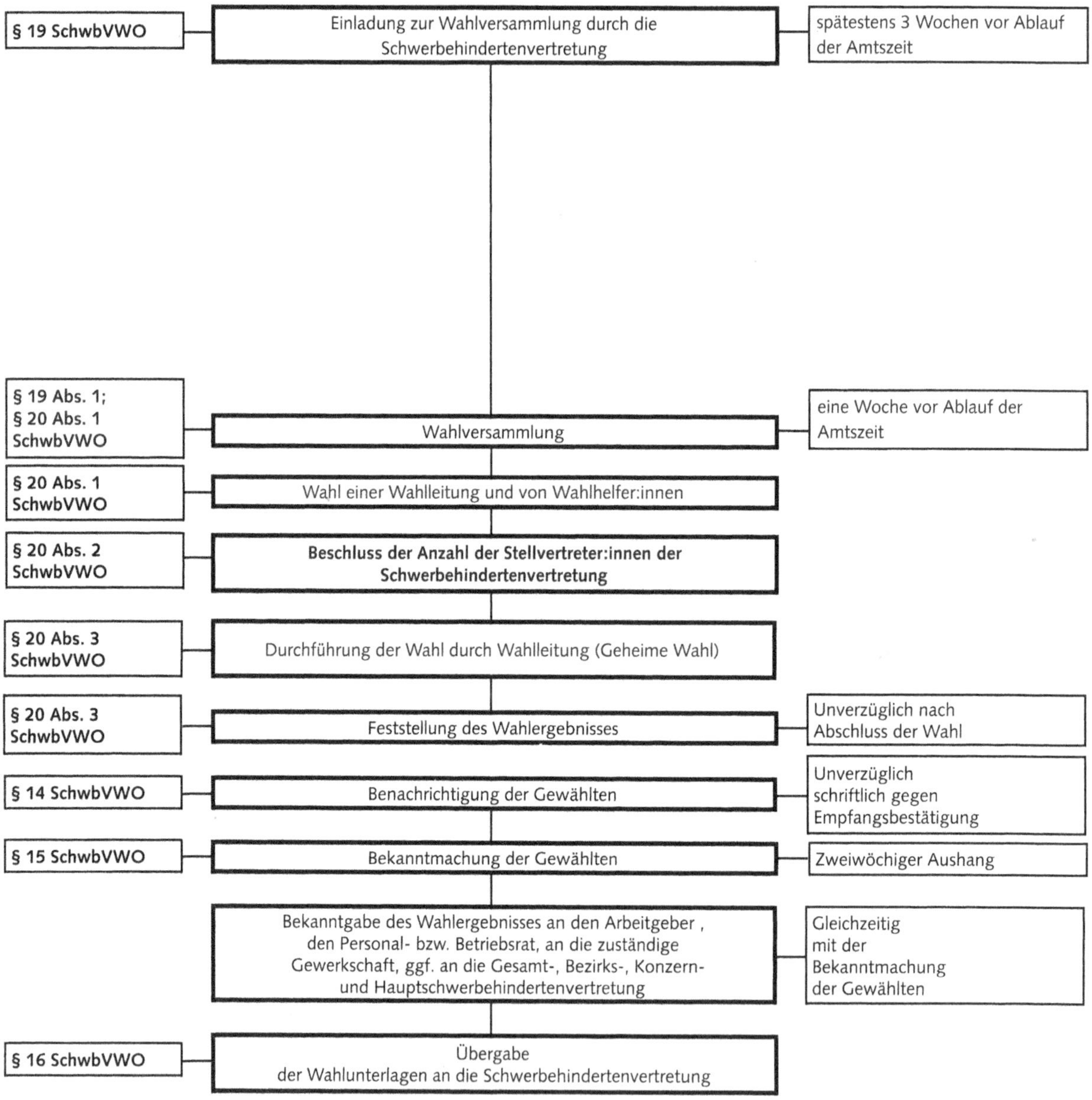

Anhang 9a
Schema für den Ablauf des vereinfachten Wahlverfahrens (online Variante)

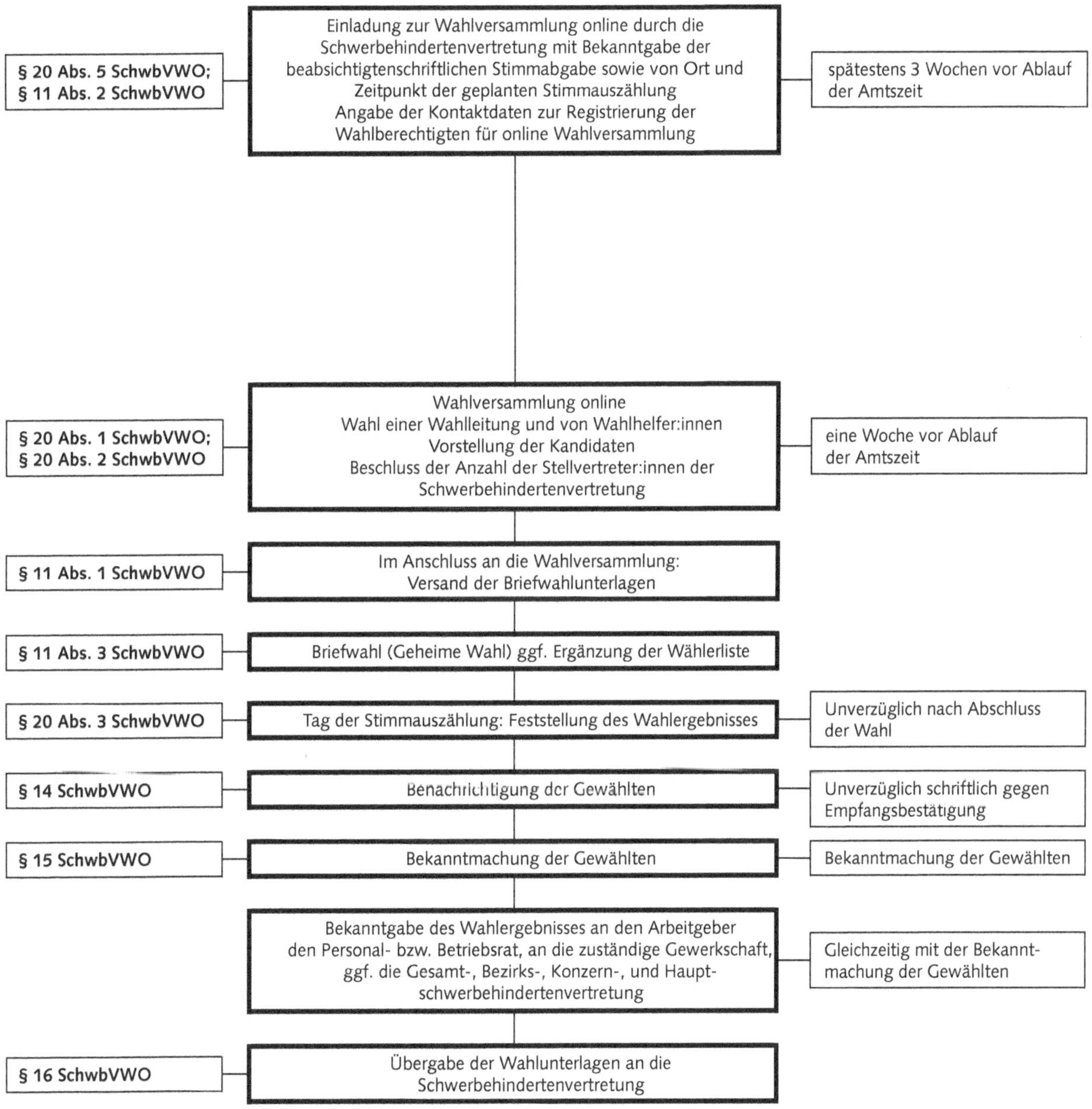

Anhang 10
Terminplan für das vereinfachte Wahlverfahren

Vorbemerkung:
Die beispielhaft genannten Termine beruhen auf folgenden Annahmen: Die Amtszeit der bisherigen Schwerbehindertenvertretung endet mit Ablauf des 31. Oktober 2026. Die Schwerbehindertenvertretung lädt am 9. Oktober 2026 zur Wahlversammlung ein. Die Wahlversammlung findet am 23. Oktober 2026 statt.

Die zu beachtenden Fristen werden bis zum Äußersten ausgeschöpft. Es empfiehlt sich jedoch, mit den im Rahmen der Wahlvorbereitung und Durchführung zu treffenden Maßnahmen nicht bis zum letztmöglichen Termin zu warten. Insbesondere sollte die Wahlversammlung früher als drei Wochen vor Ablauf der Amtszeit der bisherigen Schwerbehindertenvertretung einberufen werden.

Nr.	Ereignisse/Aufgaben	Fristen	Rechtsgrundlagen
1	Ende der Amtszeit der bisherigen Schwerbehindertenvertretung		§ 177 Abs. 5 und 7 SGB IX
2	**Einladung** der Wahlberechtigten durch bisherige Schwerbehindertenvertretung zur **Wahlversammlung**	Spätestens drei Wochen vor Ablauf der Amtszeit der bisherigen Schwerbehindertenvertretung	§ 19 Abs. 1 SchwbVWO
3	**Technische Vorbereitung der Wahlversammlung** • Erstellung einer Liste der Wahlberechtigen • Vorbereitung von Stimmzetteln gleicher Farbe und Größe • Beschaffung von Bleistiften gleicher Farbe • Beschaffung einer Wahlurne • Einrichtung des Versammlungsraums (Aufstellung einer Wahlurne)	Rechtzeitig vor Durchführung der Wahlversammlung	§ 20 Abs. 3 SchwbVWO
4	**Durchführung der Wahlversammlung**	Spätestens eine Woche vor Ablauf der Amtszeit der bisherigen Schwerbehindertenvertretung	

Nr.	Ereignisse/Aufgaben	Fristen	Rechtsgrundlagen
	4.1 Wahl eines Wahlleiters/ einer Wahlleiterin 4.2 Bestimmung von Wahlhelfern (im Bedarfsfall) 4.3 Beschluss über die Zahl der Stellvertreter:innen der Schwerbehindertenvertretung **4.4 Wahl der Schwerbehindertenvertretung** • Sammlung von Vorschlägen für Kandidaten/Kandidatinnen • Vorbereitung des Wahlgangs (Benennung der Kandidaten, Ausstellung der Stimmzettel) • Stimmabgabe • Öffentliche Stimmenauszählung und Feststellung des Wahlergebnisses **4.5 Wahl des (der) Stellvertreter(s)** (entsprechend Nr. 4.4)	Unverzüglich nach Beendigung der Wahl Unmittelbar nach der Wahl der Vertrauensperson	§ 20 Abs. 1 Satz 1 SchwbVWO § 20 Abs. 1 Satz 2 SchwbVWO § 20 Abs. 2 Satz 1 SchwbVWO § 20 Abs. 2 Satz 3 SchwbVWO § 20 Abs. 3 Satz 1 SchwbVWO § 20 Abs. 3 Satz 2–4 SchwbVWO § 20 Abs. 3 Satz 5 SchwbVWO
5	Benachrichtigung der gewählten Bewerber:innen	Unverzüglich nach Feststellung des Wahlergebnisses	§ 20 Abs. 4 Satz 3 i. V. m. § 14 Abs. 1Satz 1 SchwbVWO
6	Möglichkeit zur Ablehnung der Wahl	Binnen drei Arbeitstagen nach Zugang der Benachrichtigung (vgl. Nr. 5)	§ 20 Abs. 4 Satz 3 i. V. m. § 14 Abs. 1 Satz 2 SchwbVWO
7	**Bekanntmachung der Gewählten** mittels zweiwöchigem Aushang	Unverzüglich, nachdem die Gewählten endgültig feststehen	§ 20 Abs. 4 Satz 3 i. V. m. § 15 SchwbVWO
8	Mitteilung der Gewählten an den Arbeitgeber und an den Betriebs- oder Personalrat	Unverzüglich, nachdem die Gewählten endgültig feststehen	§ 20 Abs. 4 Satz 3 i. V. m. § 15SchwbVWO
9	Mitteilung der Gewählten an die zuständige Gewerkschaft	Unverzüglich, nachdem die Gewählten endgültig feststehen	
10	Mitteilung der Gewählten ggf. an die Gesamt-, Bezirks-, Konzern- und Hauptschwerbehindertenvertretung	Unverzüglich, nachdem die Gewählten endgültig feststehen	
11	Benachrichtigung des zuständigen Integrationsamtes und der zuständigen Arbeitsagentur durch den Arbeitgeber	Unverzüglich nach Erhalt der Mitteilung nach Nr. 8	§ 163 Abs. 8 SGB IX
12	**Letzter Tag für die Anfechtung der Wahl** im Geltungsbereich	Ende der Anfechtungsfrist von	§ 177 Abs. 6 Satz 2 SGB IX

Nr.	Ereignisse/Aufgaben	Fristen	Rechtsgrundlagen
	a) des Betriebsverfassungsgesetzes sowie des Landespersonalvertretungsrechts in Bayern, Berlin, Bremen, Hamburg, Hessen, Mecklenburg-Vorpommern, Niedersachsen, Nordrhein-Westfalen, im Saarland, in Sachsen-Anhalt und in Schleswig-Holstein; b) des Bundespersonalvertretungs- sowie des Landespersonalvertretungsrechts in Baden-Württemberg, Rheinland-Pfalz, Sachsen und Thüringen c) des Landespersonalvertretungsrechts in Brandenburg	a) zwei Wochen bzw. 14 Kalendertagen b) zwölf Arbeitstagen c) zehn Arbeitstage jeweils seit Bekanntmachung der Gewählten (vgl. Nr. 7)	i. V. m. Betriebsverfassungsrecht oder Personalvertretungsrecht
13	Aufbewahrung der Wahlunterlagen	Mindestens bis zur Beendigung der Wahlperiode der vollen Amtszeit der gewählten Schwerbehindertenvertretung.	§ 20 Abs. 4 Satz 3 i. V. m. § 16 SchwbVWO

Anhang 11
Übersicht: Aktives und passives Wahlrecht

	§ 177 Abs. 2 SGB IX: Wahlrecht (aktives Wahlrecht)	§ 177 Abs. 3 SGB IX: Wählbarkeit (passives Wahlrecht)
Allgemein	**alle im Betrieb/in Dienststellen beschäftigten schwerbehinderten oder gleichgestellten Menschen (auch Beschäftigte der WfbM im eigenen Werkstattbetrieb)**	**alle im Betrieb/in Dienststellen nicht nur vorübergehend Beschäftigten, die am Wahltag das 18. Lebensjahr vollendet haben und dem Betrieb/der Dienststelle seit 6 Monaten angehören**
Überlassene AN echte/unechte Leih-AN Konzernleihe Beschäftigte der WfbM auf Außenarbeitsplätzen/in Fremdbetrieben	Wenn der AN »geplant« länger als drei Monate eingesetzt ist (JA)	(NEIN)
Personalgestellung	(JA)	(JA)
ATZ Arbeitsphase Blockmodell	(JA)	(JA)
ATZ Blockmodell in Vollzug Freistellungsphase	(NEIN)	(NEIN)
ATZ deren Freistellungsphase nach der Wahl beginnt.	(JA)	(JA)
EU-Rente auf Zeit	Wie ruhendes AV (JA)	(JA)
Widerrufliche Freistellung	Wie ruhendes AV (JA)	(JA)
Unwiderrufliche Freistellung	Wie ATZ Freistellungsphase (NEIN)	(NEIN)
Ordentlich gekündigte AN	Bis zum Ablauf der Kündigungsfrist (JA)	Bis zum Ablauf der Kündigungsfrist (JA)
Ordentlich gekündigter AN nach Kündigungsfrist in Weiterbeschäftigung (Prozessbeschäftigung)	(JA)	(JA)

Übersicht: Aktives und passives Wahlrecht

	§ 177 Abs. 2 SGB IX: Wahlrecht (aktives Wahlrecht)	§ 177 Abs. 3 SGB IX: Wählbarkeit (passives Wahlrecht)
Ordentlich gekündigter AN nach Ablauf der Kündigungsfrist ohne Weiterbeschäftigung mit erhobener Kündigungsschutzklage ohne erstinstanzlicher pos. Entscheidung	Rechtsprechung Widersprüchlich (JA)	Ansonsten könnte der AG unliebsame Kandidatur verhindern (JA)
Ordentlich gekündigter AN nach Ablauf der Kündigungsfrist ohne Weiterbeschäftigung mit erhobener Kündigungsschutzklage mit erstinstanzlicher pos. Entscheidung	(JA)	(JA)
Außerordentlich gekündigte AN	(JA)	(JA)
Praktikanten (betrieblich und überbetrieblich)	Wenn sie in den Betrieb eingegliedert sind (JA)	(JA)
Trainees	Wenn sie in den Betrieb eingegliedert sind (JA)	(JA)
Umschüler	Wenn sie in den Betrieb eingegliedert sind (JA)	(JA)
Azubis	Wenn sie in den Betrieb eingegliedert sind (JA)	(JA)
Kranke (Entgeltfortzahlung)	(JA)	(JA)
Kranke (Krankengeld)	(JA)	(JA)
Kranke (Aussteuerung)	Wie ruhendes AV (JA)	(JA)
Mutterschutz	Wie ruhendes AV (JA)	(JA)
Elternzeit	Wie ruhendes AV (JA)	(JA)
Wehrdienst	Wie ruhendes AV (JA)	(JA)
Kurzarbeit null	(JA)	(JA)
AN, denen aufgrund eines Sozialplanes wahrscheinlich gekündigt wird	(JA)	(JA)
Aushilfen	Wenn zum Zeitpunkt der BR Wahl eine Eingliederung vorliegt (JA)	(JA)
Befristete Beschäftigte	Wenn zum Zeitpunkt der BR Wahl eine Eingliederung vorliegt (JA)	(JA)

Quelle: IG Metall

Stichwortverzeichnis

Z

Kompetenz verbindet

Conrad-Giese / Hlava / Ramm

Behindertenrecht in der Arbeitswelt 2025/2026

Gesetzessammlung mit Einleitungen und Übersichten
7., aktualisierte Auflage
2025. 581 Seiten, kartoniert
€ 46,–
ISBN 978-3-7663-7478-3

Die solide Grundlage für die Arbeit in der Schwerbehindertenvertretung. Neben den relevanten Gesetzen enthält das Buch die wichtigsten Verordnungen und Gemeinsamen Empfehlungen kompakt in einem Band, auf neuestem Stand. Kurze Einleitungen und Hinweise geben den Vertrauenspersonen wichtiges Hintergrundwissen an die Hand.

Vorteile auf einen Blick:
- Alle Gesetze und Verordnungen für die Vertretung von Beschäftigten mit Behinderung
- Erläuternde Einleitungen zu den in der Praxis wichtigen Normen
- Einschlägige Rechtsprechungsübersicht

Bund-Verlag

Deinert

Sozialrecht

Handbuch für die betriebliche Arbeit
2025. 779 Seiten, gebunden
€ 59,–
ISBN 978-3-7663-7412-7

Kenntnisse des Sozialrechts sind im Betrieb unerlässlich. Kaum ein Vorgang bleibt ohne sozialrechtliche Konsequenzen. Schon der Abschluss des Arbeitsvertrags etwa führt im Allgemeinen zur Sozialversicherungspflicht.

Das Sozialrecht ist allerdings komplex und schwer überschaubar. Das Handbuch Sozialrecht gibt Orientierung und erschließt seinen Nutzerinnen und Nutzern die für sie persönlich, für ihre Aufgaben im Beruf oder fürs Studium wichtigen Aspekte und Zusammenhänge. Es übernimmt eine Lotsenfunktion, holt die Leserin oder den Leser an den typischen Situationen in der Arbeitswelt mit einem »kurzen Blick« auf das Arbeitsrecht ab. Die damit verbundenen sozialrechtlichen Themen werden verständlich und ausführlich erläutert. Der Autor behandelt die Unfallverhütung und Folgen eines Arbeitsunfalls genauso wie die sozialrechtlichen Auswirkungen von Urlaub, Krankheit, Behinderung, Erwerbsminderung, Verlust des Arbeitsplatzes oder Arbeitskampf.

Abgerundet wird die Darstellung durch einen Blick auf das arbeits- und sozialrechtliche Gesamtsystem, auf Grundsatzfragen, grenzüberschreitende Fälle und auf die Möglichkeiten der Durchsetzung des Sozialrechts bei Behörden und vor Gericht. Das Handbuch leitet sicher durch alle sozialrechtlichen Fragestellungen. Es bietet wertvolle Informationen und Wissen für die betriebliche Praxis, für die Rechtsberatung und fürs Studium.

Vorteile auf einen Blick:

- Die Verzahnung von Arbeits- und Sozialrecht in der Praxis
- Verständliche, umfassende und vollständige Darstellung
- Wertvolles Expertenwissen für juristische Laien und Profis